# MAITRE GASPARD FIX

SUIVI DE

# L'ÉDUCATION D'UN FÉODAL

PAR

ERCKMANN-CHATRIAN

PARIS
J. HETZEL ET Cie, ÉDITEURS
18, RUE JA[illegible] 18

# COLLECTION J. HETZEL & C^ie

## HISTOIRE, POÉSIE, VOYAGES, ROMANS, LITTÉRATURE FRANÇAISE ET ÉTRANGÈRE

### Volumes in-18 à 3 francs.

vol.

- AUDEVAL. Les Demi-Dots .... 1
- — La Dernière .......... 1
- BENTZON (Th.). Un Divorce.. 1
- BIART (Lucien). Le Bizco.... 1
- — Benito Vasquez.......... 1
- — La Terre chaude.......... 1
- — La Terre tempérée....... 1
- — Pile et face............. 1
- — Les Clientes du docteur Bernagius.............. 1
- CHAMFORT (édition Stahl)... 1
- CHEUVREUX (Mme). André-Marie et J.-J. Ampère...... 1
- COLOMBEY. Esprit des voleurs. 1
- DAUDET (A.). Le petit Chose.. 1
- — Lettres de mon moulin..... 1
- DEVIC (M.). Le Roman d'Antar. 1
- DOMENECH (l'abbé). La Chaussée des Géants......... 1
- — Voyage et Aventures en Irlande.................. 1
- DROZ (G.). Monsieur, Madame et Bébé............... 1
- — Entre nous............... 1
- — Le Cahier bleu de M^lle Cibot.................... 1
- — Autour d'une source...... 1
- — Un Paquet de lettres. (*Pr. 1 f.; sur papier vergé, 3 f.*) 1
- — Babolain................ 1
- DURANDE (A.). Carl, Joseph et Horace Vernet......... 1
- ERCKMANN-CHATRIAN. Le Blocus...................... 1
- — Une Campagne en Kabylie. 1
- Confidences d'un joueur de clarinette............... 1
- — Contes de la montagne. 1
- — Contes des bords du Rhin. 1
- — Contes populaires......... 1
- — Le Fou Yégof........... 1
- — La Guerre.............. 1
- — Histoire d'un conscrit de 1813 .................. 1
- — Histoire d'un homme du peuple ................... 1
- — Histoire d'un paysan, complète.................. 4
- — Histoire d'un sous-maître. 1
- — L'illustre docteur Mathéus. 1
- — Madame Thérèse.......... 1
- — *Edition allemande, avec les dessins hors texte, 1 v., 3 fr.*
- — La Maison forestière..... 1
- — Maître Daniel Rock........ 1
- — Waterloo................ 1
- — Histoire du plébiscite..... 1
- — Les Deux Frères......... 1
- — Le Juif polonais, pièce à 1 50 .................. 1
- ESQUIROS (A.). L'Angleterre et la Vie anglaise.......... 5
- FAVRE (J.). Discours du bâtonnat.................. 1

vol.

- FLAVIO. Où mènent les chemins de traverse......... 1
- GENEVRAY. Une Cause secrète. 1
- GOURNOT. Essai sur la jeunesse contemporaine...... 1
- GOZLAN (L.). Émotions de Polydore Marasquin........ 1
- GRAMONT (comte DE). Les Gentilshommes pauvres...... 1
- — Les Gentilshommes riches. 1
- JANIN (J.). Variétés littéraires. 1
- — La Fin d'un monde. Le neveu de Rameau........... 1
- LAVALLÉE (Th.). Jean sans Peur.................. 1
- MALOT (H.). Un Beau-Frère.. 1
- MULLER (E.). La Mionette.... 1
- MORALE UNIVERSELLE. Esprit des Allemands.......... 1
- — Esprit des Anglais........ 1
- — — Espagnols...... 1
- — — Grecs.......... 1
- — — Italiens........ 1
- — — Latins......... 1
- — — Orientaux...... 1
- OLIVIER (J.). Le Batelier de Clarens................ 2
- PICHAT (L.). Gaston......... 1
- — Les Poëtes de combat.... 1
- — Le Secret de Polichinelle.. 1
- POUJARD'HIEU. Les Chemins de fer................. 1
- — La Liberté et les Intérêts matériels............. 1
- PRINCESSE PALATINE. Lettres inédites (traduites par Rolland)................. 1
- QUATRELLES. Voyage autour du grand monde........ 1
- — La Vie à grand orchestre. 1
- — Sans Queue ni Tête........ 1
- RIVE (DE LA). Souvenirs sur M. de Cavour............ 1
- ROBERT (Adrien). Le Nouveau Roman comique.......... 1
- ROQUEPLAN. Parisine........ 1
- SAND (George). Promenade autour d'un village....... 1
- STAHL (P.-J.). LES BONNES FORTUNES PARISIENNES.
- — — Les Amours d'un pierrot.............
- — — Les Amour[illegible]taire.............. 1
- — Histoire d'un homme enrhumé.................. 1
- — Voyage d'un étudiant..... 1
- TEXIER et KÆMPFEN. Paris, capitale du monde....... 1
- TOURGUÉNEFF (J.). Dimitri Roudine.................. 1
- — Fumée (préface de MÉRIMÉE). 1
- — Une Nichée de gentilshom.. 1
- — Nouvelles moscovites..... 1

vol.

- TOURGUÉNEFF. Histoires étranges.................. 1
- — Les Eaux printanières.... 1
- WILKIE COLLINS. La Femme en blanc................. 2
- — Sans nom ............... 2

*Livres in-18 en commission (3 f.)*

- ANONYME. Mary Briant...... 1
- ARAGO (Étienne). Les Bleus et les Blancs.......... 2
- BAIGNIÈRES. Histoires modernes................. 1
- — Histoires anciennes....... 1
- BASTIDE (A.). Le Christianisme et l'Esprit moderne....... 1
- BERCHÈRE. L'Isthme de Suez. 1
- BOULLON (E.). Chez nous..... 1
- BUGEAUD (Jérôme). Jacquet-Jacques.................. 1
- CARTERON (C). Voyage en Algérie................ 1
- CHAUFFOUR. Les Réformateurs du XVI^e siècle....... 2
- DOLLFUS (Charles). La Confession de Madeleine...... 1
- DUVERNET. La Canne de M^e Desrieux.............. 1
- FAVIER (F.). L'Héritage d'un misanthrope.............. 1
- FOS (MARIA DE). Les Cercles de feu.................. 1
- GRENIER. Poëmes dramatiques.................... 1
- HABENECK (Ch.). Chefs-d'œuvre du théâtre espagnol.. 1
- HURT (F.). Histoire de Bordas Dumoulin............... 1
- LANCRET (A.). Les Fausses Passions................. 1
- LAVALLEY (Gaston). Aurélien. 1
- LAVERDANT (Désiré). Don Juan converti............ 1
- — Les Renaissances de don Juan................... 2
- LEFÈVRE (A.). La Flûte de Pan. 1
- — La Lyre intime........... 1
- — Les Bucoliques de Virgile. 1
- [illegible]EZAACK (D^r). Les Eaux de Spa.................... 1
- NAGRIEN (X.). Prodigieuse Découverte............... 1
- PAULIN PARIS. Garin le Loherain................... 1
- RÉAL (Antony). Les Atomes. 1
- SIMONIN (Louis). Les Pays lointains................ 1
- STEEL. Haôma.............. 1
- VALLORY (M^me). A l'aventure en Algérie.............. 1
- WORMS DE ROMILLY. Horace (traduction)............... 1

Paris. — Imp. Gauthier-Villars.

MAÎTRE

# GASPARD FIX

## OUVRAGES DU MÊME AUTEUR

ŒUVRE COMPLÈTE. — VOLUMES IN-18 A 3 FR.

| | | |
|---|---|---|
| LE BRIGADIER FRÉDÉRIC, 7e édition. . . | 1 | volume. |
| UNE CAMPAGNE EN KABYLIE, 6e édition. | 1 | — |
| LES DEUX FRÈRES, 10e édition. . . . . | 1 | — |
| HISTOIRE D'UN SOUS-MAÎTRE, 8e édit. | 1 | — |
| HISTOIRE DU PLÉBISCITE, 13e édition. . | 1 | — |
| L'ILLUSTRE DOCTEUR MATHÉUS, 5e édition. . . . . . . . . . . . . . . | 1 | — |
| LA MAISON FORESTIÈRE, 6e édition. . . | 1 | — |
| MAÎTRE DANIEL ROCK, 4e édition. . . . | 1 | — |
| MAÎTRE GASPARD FIX, 6e édition. . . . . | 1 | — |
| CONTES POPULAIRES, 4e édition. . . . | 1 | — |
| CONTES DES BORDS DU RHIN, 4e édit. . | 1 | — |
| CONTES DE LA MONTAGNE, 5e édition. | 1 | — |
| CONFIDENCES D'UN JOUEUR DE CLARINETTE, 5e édition. . . . . . . . . . | | |
| HISTOIRE D'UN CONSCRIT DE 1813, | | — |
| 36e édition. . . . . . . . . . . . . . . | 1 | — |
| L'INVASION, 15e édition . . . . . . . | 1 | — |
| MADAME THÉRÈSE, 24e édition. . . . . | 1 | — |
| WATERLOO, 26e édition. . . . . . . . . | 1 | — |
| LA GUERRE, 6e édition. . . . . . . . . | 1 | — |
| LE BLOCUS, 15e édition . . . . . . . . | 1 | — |
| HISTOIRE D'UN HOMME DU PEUPLE, 10e édition. . . . . . . . . . . . . . . | 1 | — |
| HISTOIRE D'UN PAYSAN : | | |
| 1re Partie. Les États Généraux, 1789, 20e édit. | 1 | — |
| 2e Partie. La Patrie en danger, 1792, 13e éd. | 1 | — |
| 3e Partie. L'an I de la République, 1793, 11e édition. | 1 | — |
| 4e Partie. Le citoyen Bonaparte, 1794 à 1815, 9e édition. | 1 | — |

LE JUIF POLONAIS, drame en 3 actes et 5 tableaux, avec airs notés. 1 vol. in-18. Prix : . . 1 fr. 50 c.

LETTRE D'UN ÉLECTEUR A SON DÉPUTÉ. — Prix : . . . . . . . . . . . . . . . . . . 50 c.

Typographie Lahure, rue de Fleurus, 9, à Paris.

# MAÎTRE

SUIVI DE

# L'ÉDUCATION D'UN FÉODAL

PAR

ERCKMANN-CHATRIAN

PARIS
J. HETZEL ET Cie, ÉDITEURS
18, RUE JACOB, 18

---

# MAÎTRE GASPARD FIX

## I

Maître Gaspard Fix avait beaucoup voyagé dans sa jeunesse, en faisant son tour de France comme garçon brasseur; il avait vu Paris, Lyon, Marseille; il était même allé jusqu'en Italie, dans la Romagne, à sept lieues de Rome; mais, ayant appris qu'il ne se brassait pas de bière dans la ville éternelle, Gaspard était revenu sans pousser jusque-là.

Quand il rentra à la Neuville, vers 1825, pour se marier et s'établir, plus d'une jolie fille n'aurait pas demandé mieux que d'entendre ses propositions; c'était un beau garçon, un bon ouvrier, rangé, laborieux, économe; malheureusement Gaspard ne tenait pas à la beauté. Il demanda Simone, la fille aînée du meunier Hardy, des

Trois-Ponts. Elle avait cinq ans de plus que lui, elle était sèche, mélancolique et même un peu bossue; mais le meunier donnait à Simone, à cause de son infirmité, une dot de douze mille livres, et cette considération avait tout de suite décidé Gaspard.

Il épousa donc Simone et reçut douze mille francs, argent comptant. C'est avec cette somme qu'il fonda sa brasserie et se mit à fabriquer de la bière pour son propre compte.

Au lieu d'employer de l'orge, qui coûte cher, il avait appris quelque part qu'on pouvait aussi bien se servir de mélasse; voilà pourquoi si longtemps la bière fut très-brune et très-douce dans nos environs : on faisait la bière très-épaisse; les rats-de-cave, ne se doutant de rien, n'inscrivaient que la contenance du brassin; puis, eux partis, Gaspard dédoublait sa bière en y versant de l'eau, — qui ne payait pas un centime de droits et se débitait comme le reste, — et le tour était fait; chaque brassin lui rapportait le double de sa valeur.

Cette belle invention permit à maître Gaspard de s'étendre; il acheta la vieille auberge du *Mouton-d'Or*, de Jacques Briot, son voisin, et la baraque à côté de Jeannette Tribolin, la matelassière; il y fit de grandes caves; il rebâtit tout à neuf, avec de hautes fenêtres, la porte à doubles battants, deux étages au-dessus, et, derrière, la grange, les écuries, les hangars.

Cette auberge, tout en grès rouge, le pignon sur la place du marché, l'escalier en perron garni de belles ferrures, produisait l'effet d'un véritable palais, au milieu de la vieille bourgade.

Maître Gaspard n'avait qu'une idée : gagner de l'argent! Et dès ce temps-là commencèrent tout doucement ses prêts à usure, avec l'assistance et les conseils de l'huissier Frionnet, son compère, un homme à profil de hibou, roux de barbe et de cheveux, court, trapu, grand rieur avec ceux qui lui donnaient des affaires, impitoyable dans l'exercice de ses fonctions; il aurait arraché la paillasse d'une femme en couches, si la loi n'avait formellement excepté cet objet de la saisie.

Voici comment s'y prenait Gaspard pour faire ce petit commerce sans accidents.

Quand Frionnet avait découvert un malheureux ne sachant plus où donner de la tête, il l'adressait à M. Gaspard Fix. Alors celui-ci, après s'être fait longtemps prier, après avoir dit que les temps étaient durs, qu'il n'avait pas d'argent, etc., finissait par prêter la somme demandée, sur bonne hypothèque, pour rendre service.... à dix, quinze ou vingt pour cent d'intérêt, quelquefois moins, quelquefois plus! Mais comme la justice aurait pu mettre le nez dans ces sortes d'affaires, on n'inscrivait que cinq pour cent sur le papier, Gaspard retenant d'avance le surplus sur la somme prêtée. Ainsi, lorsqu'il prêtait cent francs à quinze pour cent, il n'en donnait que quatre-vingt-dix à l'emprunteur; l'année suivante, si le débiteur ne pouvait pas payer, on renouvelait le billet dans les mêmes conditions, et tout se trouvait en règle:

le papier, à cinq pour cent, pouvait toujours se produire en justice !

C'est Frionnet qui avait enseigné à maître Gaspard cette manière ingénieuse d'écorcher son prochain, en se donnant l'air de lui rendre service.

Tout marchait donc très-bien, la brasserie et l'usure, et Gaspard aurait été le plus heureux des hommes, sans la mauvaise habitude qu'avait sa femme d'aller tous les dimanches à la messe. « C'est du temps perdu ! » criait-il ; et, chaque fois qu'il voyait Simone s'habiller pour se rendre aux offices, il ne pouvait s'empêcher de lui dire, d'un ton de mauvaise humeur : « Qu'est-ce que ça te rapporte ?... Le bon Dieu se moque bien de toi.... Tu ferais mieux de rester à ton ouvrage ! » Mais Simone, très-soumise aux volontés de son mari sous tous les autres rapports, tenait ferme sur le chapitre de la religion.

Du reste, aussitôt rentrée de l'église, la bonne femme se débarrassait de ses affiquets et courait bien vite à la cuisine. C'était, à proprement parler, la cuisinière de maître Gaspard ; jamais elle ne s'asseyait à table, allant, venant, pour apporter les plats, les bouteilles, et puis attendant les ordres de son mari, debout derrière sa chaise.

« Cette femme m'épargne au moins deux servantes, pensait maître Gaspard ; c'est une fameuse cuisinière ; elle n'a pas sa pareille pour les sauces ; je ne pouvais pas mieux tomber. Le malheur, c'est qu'elle soit trop dévote et qu'elle n'ait que des filles. »

En effet, de 1826 à 1837, trois filles s'étaient

succédé à la maison, ce qui ne laissait pas que de préoccuper maître Fix. La première s'appelait Simone, la deuxième Thérèse, et la troisième Catherine. C'étaient trois jolies filles, on ne pouvait pas dire le contraire, surtout la petite Catherine, dont les beaux cheveux blonds et les joues d'un rose tendre faisaient plaisir à voir. Les deux autres, vives et brunes, ressemblaient à la mère; elles aidaient déjà Mme Simone; elles aimaient le travail, et couraient à six ans servir la pratique; mais il fallait songer à doter tout cela : Gaspard Fix y pensait!

Depuis quelques années il faisait le commerce de salin avec les verreries de Tiefenthâl, courant les villages de grand matin, été comme hiver, dans le plus grand secret, achetant les cendres de tous les ménages, presque pour rien, et les conduisant lui-même aux verreries, à quatre lieues de là, avec deux grandes voitures attelées chacune de quatre solides chevaux.

Le matin, vers dix heures, il était de retour; les chevaux à l'écurie mangeaient leur pitance, et maître Gaspard Fix, en camisole de laine, les pieds dans ses pantoufles, déjeunait de bon appétit.

Pas une âme, à la Neuville, ne se doutait de son commerce, excepté son compère Frionnet; car il ne fréquentait pas les environs, allant au loin, à Saint-André, Pargny, Viviers, pour ne pas éveiller l'attention et s'attirer la concurrence. Ainsi font les renards, qui ne travaillent jamais autour de leur tanière.

En quelques années, au moyen de l'usure, de la

bière faite avec de la mélasse, du commerce de salin et de son auberge, qui marchaient ensemble, maître Gaspard perdit le souci de pouvoir un jour doter ses filles. En calculant bien, il se disait :

« J'ai près de cinquante mille livres solidement placées; j'ai les prairies de la Rougeau, la vigne de Saint-Blaise, ma brasserie, mon auberge, ce qui fait bien encore autant.... Si ma femme le savait!... Mais il ne faut rien lui dire, toutes les femmes sont bavardes, elles vont à confesse; et puis Simone voudrait avoir deux servantes, elle deviendrait dépensière pour ses filles! »

Maître Fix lui-même ne se mettait ni mieux ni plus mal qu'avant; il avait toujours le même casaquin de laine, le même gilet, les mêmes gros souliers et le même bonnet de peau de renard; il buvait toujours du même petit vin blanc à cinq sous le litre; il mangeait du lard aux choux, du jambon, de temps en temps un poulet avec une bonne salade, comme autrefois.

Son seul véritable ennui était d'avoir pour beau-frère le docteur Laurent, de la Neuville. Ce docteur, grand, sec, habillé de gris en toute saison, des éperons à ses bottes, la barbiche en pointe et le feutre mou sur la nuque, faisait dire à maître Gaspard :

« Quel braque!... Est-ce qu'il ne pourrait pas s'habiller comme tout le monde et couper sa barbe de bouc?... Est-ce qu'une barbe pareille peut donner de la confiance aux gens riches? »

Ils avaient épousé les deux sœurs, à peu près vers le même temps. Seulement, le docteur ne se mariant pas pour de l'argent, avait choisi Jeanne Hardy, la belle Jeanne, avec son beau teint blanc et ses magnifiques cheveux blonds, laissant à Gaspard la petite Simone, maigre, triste et contrefaite.

Ce souvenir aigrissait maître Fix; et, depuis, M. Laurent ayant eu deux beaux garçons, au lieu de trois filles, chaque fois que Gaspard rencontrait ses neveux dans la rue, leur petit sac d'écolier sous le bras, il murmurait :

« Les fous seuls ont de la chance! »

Il considérait son beau-frère comme un fou, parce qu'étant le meilleur médecin du pays, et pouvant s'enrichir, M. Laurent ne paraissait pas s'en occuper; qu'il recevait ouvriers, bourgeois, paysans, mendiants, pêle-mêle dans la même chambre, sans établir aucune différence entre eux, sauf pour le prix des consultations : les riches payaient pour les pauvres! En outre, tous les matins, après déjeuner, M. Laurent sellait lui-même son cheval, et courait de village en village, chez ses malades, montrant autant d'empressement pour un bûcheron que pour un rentier.

Voilà ce que maître Fix ne pouvait concevoir.

Un jour même, s'étant permis de lui faire des représentations à ce sujet, le docteur, après l'avoir écouté quelques minutes, se mit à lui rire au nez.

« Beau-frère, s'écria-t-il, si vous avez quelques écus de reste, donnez-les-moi pour mes malades pauvres ; ils en ont grand besoin, et je vous en rendrai compte sou par sou, liard par liard ; mais si vous n'avez que des conseils à me donner, j'en ai autant à votre service, entre autres ceux-ci, qui viennent de l'église : « Mauvaise bière tu ne feras, ni l'usure mêmement ! »

Il s'apprêtait à lui dévider tout le chapitre, mais Fix s'en allait déjà, les épaules hautes, en murmurant :

« Grand pendard, tu finiras sur un fumier ! »

Ils restèrent brouillés jusqu'au jour où maître Gaspard, vers l'automne, rentrant de décharger ses regains, sentit tout à coup un frisson, et ce qu'on appelle « le point de côté ». Ce point-là vous coupe la respiration. Il était minuit, Fix d'une voix terrible s'écria :

« Simone... Simone... cours vite chez le beau-frère... J'ai le point... il me perce le cœur ! »

Et la pauvre Simone, tout effarée, courut éveiller M. Laurent. Il vint tranquillement, fit prendre à maître Gaspard un verre d'eau et lui mit des ventouses ; la réconciliation s'ensuivit.

A la moindre indisposition de maître Fix ou de ses enfants, il fallait courir chez le beau-frère, cela ne coûtait rien ! Aussitôt l'alerte passée et les gens rétablis, Laurent n'était plus que le grand braque, le fou qui ne pensait pas à sa femme et à ses enfants.

Ainsi vivaient les deux beaux-frères depuis des années, sans pouvoir s'entendre ni s'accorder sur rien, mais forcés de se ménager à cause des femmes, qui s'aimaient et vivaient en bonne intelligence. C'est ce qu'on appelle très-souvent « l'union des familles ! »

## II

Vers la fin du mois de janvier 1840, le garçon que maître Gaspard attendait depuis si longtemps, arriva pourtant à la fin; un gros garçon joufflu, ventru, tout le portrait de son père, à ce que disaient Frionnet et la sage-femme Bodinette.

Alors, maître Fix fut vraiment attendri. Oui, en voyant ce chef-d'œuvre, ses yeux se troublèrent, il eut envie de pousser des cris de triomphe, et prit son rejeton dans ses larges mains, pour le contempler et l'embrasser. Il aurait fait tirer le canon comme bien d'autres, s'il en avait eu le moyen.

Puis, ce premier mouvement d'enthousiasme passé, il devint grave, se promettant à lui-même que son petit Michel serait le plus riche garçon du pays, qu'il deviendrait même avocat, avoué, notaire au chef-lieu d'arrondissement, que sa charge serait payée comptant, et qu'il enfoncerait tous ses confrères !

Quelque temps après cet événement mémorable, les idées de maître Gaspard, jusqu'alors bornées à ses affaires, firent un progrès. Quantité de voyageurs passaient par la Neuville, des étrangers, des commis-voyageurs en vins, en draps, en épiceries, en verreries, des curieux et même quelquefois des Anglais, qui vont partout et veulent tout savoir. Ils logeaient au *Mouton-d'Or* et demandaient le journal ; on ne connaissait à la Neuville que le *National* et la *Gazette des hôpitaux*, que recevait le docteur Laurent ; le facteur Joseph apportait aussi l'*Espérance de la Meurthe* à M. le curé Rigaut, c'était tout !

Ces étrangers s'étonnaient et même s'indignaient, disant que dans toute la France on recevait des journaux, excepté dans ce pays de sauvages. Maître Fix voulut les contenter ; il s'abonna au *Constitutionnel* et lut dès lors la gazette à ses moments perdus.

En même temps, M. le notaire Méchini, M. le juge de paix Péters, M. le garde général Adrian, M. le contrôleur Couleau et quelques notables, tels que le boucher Hodel, maire du village, et le petit tanneur Périola, son adjoint, eurent l'idée de fonder un casino. Depuis l'arrivée de Louis-Philippe c'était la grande mode de fonder des casinos ; les bourgeois et les fonctionnaires ne pensaient plus qu'à se réunir entre eux, à se séparer du peuple.

Il fallait une autorisation du roi, M. le maire se chargea de la demander ; l'autorisation arriva bientôt, et c'est à l'auberge du *Mouton-d'Or*, dans les deux grandes salles du premier, qu'on s'établit. Des peintres, des tapissiers de Houdemont vinrent tout arranger, poser des glaces, badigeonner les escaliers, mettre des rideaux à coulisse aux fenêtres. Moyennant un bon loyer, et les consommations, qui devaient se prendre en bas, maître Fix trouva que c'était une excellente affaire ; il fournissait le vin chaud, le punch, la bière, les gloria. Ces messieurs s'entendirent pour le règlement et les journaux ; ils voulaient avoir une bibliothèque, où devaient figurer les œuvres complètes de Voltaire, les pamphlets de Paul-Louis, les chansons de Béranger. Quelques-uns réclamaient un billard, mais le billard n'arriva que par la suite.

Alors une vie nouvelle commença ; messieurs les bourgeois furent séparés du populaire ; on était plus chez soi, tous les rangs, comme on disait, ne se confondaient plus ensemble ; on n'avait plus l'ennui de boire sa chope et de faire sa partie de cartes à côté d'un menuisier, d'un charpentier, d'un bûcheron, du premier venu, chose vraiment triste pour des gens d'un autre rang, d'une autre éducation.

Tout bourdonnait à l'auberge, on chantait en bas : *Père capucin, confessez ma femme*, et *Fanfan la Tulipe;* en haut, c'était le *Gloria tibi Domine*, de notre chansonnier populaire, et le *Dieu des bonnes gens*. Le gros maire Hodel, avec ses larges favoris à la Louis-Philippe, riait à faire trembler les murs. On jouait, on tapait du poing sur la table en abattant les atouts, on buvait. M. le garde général Adrian, un beau brun, en petit frac vert bien serré à la taille, aimait à lire haut les discours de la Chambre ; on l'écoutait, c'était sa spécialité ; le petit notaire Méchini se plaisait surtout à la chansonnette, qu'il disait très-bien.

Le soir, après souper, les punchs flamboyaient ; la petite Simone, avec une grande cuiller d'argent, debout près de la table, les faisait monter et pétiller. Jamais on n'avait rien espéré de pareil à la Neuville ; maître Gaspard lui-même arrivait s'asseoir tout doucement avec la société choisie, écoutant batailler les gens instruits sur la politique, et riant tout bas, lorsque M. Méchini chantait : « *Un jour le bon Dieu s'éveillant...* » Il comprenait très-bien la malice.

On a vu depuis, les dangers de ces casinos, de ces réunions autorisées pour les uns et défendues aux autres. Si les paysans, les ouvriers avaient beaucoup à apprendre des bourgeois, des fonctionnaires de toute sorte, notaires, avoués, avocats, juges, percepteurs, les autres avaient également à s'instruire chez le peuple ; un chef ouvrier en sait souvent plus dans sa partie, que bien des finauds instruits dans les livres. Enfin les bourgeois ont perdu par là leur influence sur le peuple, et le peuple sa véritable direction dans les affaires générales ; car, au fond, leurs intérêts étaient communs, ils étaient de la même famille, nés sous le même rayon de soleil de 89 ; les plus avancés devaient soutenir les derniers venus. L'orgueil, la vanité, la sottise de quelques-uns furent cause de ce grand malheur. Cela s'étendit à toute la France; partout on se séparait des ouvriers, des paysans, des travailleurs; on formait de petites réunions, des sociétés de rentiers, de retraités, de fonctionnaires, sortis de la plèbe comme tous les autres, et qui se croyaient bien au-dessus du commun, parce qu'ils avaient une place. Le mot de M. le député Dupin, « chacun pour soi, chacun chez soi », cette idée fausse, égoïste, mauvaise, divisa le pays et l'affaiblit d'autant.

Le docteur Laurent ne tarda point à s'apercevoir combien la séparation du peuple et de la bourgeoisie pouvait être nuisible à tous les deux; il essaya un jour de le faire comprendre aux membres du casino; mais Gaspard, devenu furieux, s'écria qu'il voulait nuire à l'auberge du *Mouton-d'Or*, et le docteur, pour éviter une nouvelle brouille, ne dit plus rien.

Ce brave maître Fix ne connaissait que ses intérêts particuliers; il ne s'inquiétait jamais des autres.

Plus d'une fois ses débiteurs étaient venus lui dire en secret :

« Monsieur Gaspard, voulez-vous entrer au conseil municipal ? Vous n'avez qu'à parler ! »

Mais lui s'écriait :

« Mon Dieu, laissez-moi donc tranquille.... Tout ce que je vous demande, c'est de me payer, car j'ai besoin d'argent ; les affaires vont mal, on se ruine à vouloir rendre service, on ne sait plus où donner de la tête. A quoi me servirait d'être conseiller municipal? Est-ce que cela me remplirait la bourse?... Est-ce que cela me rapporterait un liard? Allez, et souvenez-vous qu'il faut m'apporter l'argent tel jour, si vous ne voulez pas recevoir la visite de Frionnet! »

Ils s'en allaient l'oreille basse, et maître Fix pensait:

« S'ils se figurent me prendre par ce moyen, ils se trompent. Que Hodel et Périola se fassent renommer! Pourvu que mes affaires marchent.... est-ce que j'ai besoin de m'inquiéter de la commune? »

L'honneur d'aller au chef-lieu d'arrondissement nommer un député et de figurer sur la liste des jurés ne le touchait pas davantage; il faisait tout son possible pour en être dispensé, contestant sa qualité de marchand en gros, dissimulant la valeur réelle de ses biens, et mettant les impôts directs à la charge de ses locataires.

On finit pourtant par délivrer à maître Gaspard une patente de première classe, qui le rendit électeur malgré lui.

« C'est une abomination! disait-il. Ce Louis-Philippe, à force d'avarice, à force de dotations pour ses fils et pour ses filles, nous ruinera tous. Il regarde la France comme une vache à lait.... Cela ne peut pas durer.... Cet homme nous ronge jusqu'à la moelle des os! »

Le compère Frionnet lui donnait raison; ils ne parlaient plus que des deux cents francs d'impôts directs. Mais s'ils avaient connu le chiffre des impôts indirects!... Si maître Fix s'était douté que le dixième de ses revenus entrait par ce moyen dans les caisses de l'Etat, c'est alors qu'il aurait crié contre Louis-Philippe, les princes et tout le gouvernement !

Enfin, il ne le savait pas, et se trouvait être électeur à son grand chagrin, ne voyant pas encore ce que cela pourrait lui rapporter.

Il le sut bientôt.

Un soir que maître Gaspard et Frionnet venaient d'éplucher le portefeuille des débiteurs, et d'arrêter les poursuites qu'on ferait dans la quinzaine contre Pierre, Paul ou Jacques, tous les deux, pensifs en face de la chandelle, rêvaient à la vie de ce monde. Et comme maître Fix s'apprêtait à refermer le secrétaire, tout à coup son compère lui dit :

« Eh bien, les élections s'approchent ; dans quelques jours vous recevrez la visite de M. Thomassin, notre député, et de son concurrent, M. Brunel.

— Qu'est-ce que cela me fait, répondit maître Gaspard, que ce soit M. Thomassin ou M. Brunel qu'on nomme ? Est-ce que vous croyez que j'irai perdre mon temps pour eux à l'arrondissement ? Moi je reste à la maison, et je m'occupe de mes affaires. »

Au bout d'un instant, Frionnet dit :

« Un petit chemin vicinal, qui passerait le long de vos prairies de la Rougeau, ne serait pas mauvais.... ça mettrait joliment en valeur vos foins et vos regains.... hé ! hé ! hé ! »

Maître Fix dressa l'oreille. Ils se regardèrent une minute. Dehors, dans la grande salle, on chantait, les chopes, les canettes tintaient; en haut, le notaire, le garde général et les autres membres du casino riaient comme des fous ; eux, ils se regardaient dans le petit cabinet sombre. Finalement maître Gaspard dit :

« Oui !... Mais la commune n'a pas le sou ; et puis le chemin passerait peut-être ailleurs.

— Quand on est électeur, dit Frionnet, quand on a le député dans sa manche, le gouvernement vient au secours de la commune, et le chemin passe où l'on veut. »

Maître Fix, les yeux à demi fermés et les lèvres serrées, écoutait toujours, la main sur la clef du tiroir, sans bouger.

« A quoi allez-vous penser, Frionnet! » dit-il.

Et l'autre reprit :

« Savez-vous, monsieur Gaspard, que c'est une véritable honte pour le village, d'avoir une place de marché comme la nôtre, encombrée de hangars, avec de vieilles auges pourries autour de la fontaine, juste en face du *Mouton-d'Or;* est-ce que ça ne devrait pas être changé depuis longtemps ? Ça nuit beaucoup à la valeur de la propriété, un état pareil. »

Maître Fix le regardait, tout étonné.

« C'est bon, dit-il enfin, en prenant brusquement une prise, nous penserons à tout ça, Frionnet. Vous avez raison, cette pauvre commune est conduite contre toutes les règles du bon sens; Hodel ne s'occupe que de sa boucherie. S'il faut se sacrifier, on se sacrifiera. »

Il tourna la clé du tiroir, et, se levant :

« Vous avez aussi des prés vers la Rougeau ? dit-il à son compère.

— Quelques petites parcelles ! » dit Frionnet, clignant de ses gros yeux.

Ils riaient ensemble et sortirent du cabinet, en s'offrant une bonne prise, que chacun prit dans la tabatière de l'autre.

Quelques jours après commencèrent les nouvelles élections.

Maître Fix reçut d'abord la visite de M. Nicolas Thomassin, propriétaire des verreries de Tiefenthâl, député de l'arrondissement, et qui naturellement voulait être réélu. C'était un homme sec, long et maigre, vêtu de noir des pieds à la tête, et soigneusement rasé, sauf le collier de barbe grisonnante, qui lui passait sous le menton, d'une oreille à l'autre. Son air avait de la gravité, de la dignité dans cette circonstance. Le gros maire Hodel l'accompagnait, très-flatté de présenter à M. Fix le plus riche propriétaire du pays.

Du reste, maître Gaspard le connaissait de longue date, ayant vendu du salin pendant dix ans aux verreries de Tiefenthâl ; mais alors il arrivait à l'usine en blouse, le fouet sur l'épaule et le chapeau bas; et M. Nicolas Thomassin, sans même lui parler, donnait des ordres aux commis, pour le règlement de compte du nommé Gaspard Fix.

Les rôles étaient ehangés!

Maître Gaspard reçut ces messieurs dans son

cabinet. Ils prirent place en silence. M. Thomassin, plein de réserve, cherchait une tournure pour exposer à M. l'électeur l'objet de sa démarche, lorsque le gros Hodel expliqua la chose rondement.

Maître Fix s'inclina deux fois dans son fauteuil en souriant; et, la glace étant rompue, on causa politique, des progrès du commerce, puis des besoins de la commune : du chemin vicinal, de la fontaine, etc., etc.

M. Thomassin se rappela les bonnes affaires qu'on avait faites ensemble, les excellentes relations qu'on avait eues ; il paraissait attendri.

Maître Gaspard, de son côté, se laissait captiver par ces bons souvenirs; il revint deux fois sur le chemin vicinal, indispensable à la prospérité de la commune. Hodel s'écria qu'il s'en était toujours occupé, mais que les fonds manquaient. M. Nicolas Thomassin assura ces messieurs qu'il ne perdrait pas cet objet de vue, et que, s'il était renommé, ce serait l'une de ses premières préoccupations ; qu'il ne doutait pas d'enlever le vote du conseil général, dont il était membre, et d'obtenir la subvention nécessaire.

Alors on se donna la main. Maître Fix promit non-seulement sa voix à M. Thomassin, mais encore celles de plusieurs amis et connaissances, dont il se portait fort.

On sortit sur cette assurance réciproque.

Maître Gaspard accompagna les visiteurs jusque dans la rue. Toutes les fenêtres du voisinage étaient garnies de figures ; M. le juge de paix Péters et M. le garde général Adrian, sur le balcon du Casino, regardaient émerveillés.

Après les derniers saluts, on se sépara de la sorte.

Maître Fix riait intérieurement ; il se disait :

« Celui-ci sera nommé coûte que coûte ; nous aurons le chemin vicinal ! »

Sa résolution de s'occuper à l'avenir des affaires de la commune et de se dévouer au bien public, devint inébranlable.

On savait déjà que M. le docteur Laurent et son ami Brunel, avocat distingué, dont les opinions libérales étaient connues de tous, parcouraient les villages dans le même but que M. Thomassin. Le docteur Laurent avait décidé son ami Brunel à se mettre sur les rangs. Ayant rendu, depuis dix ans au conseil général de véritables services au pays, et pris souvent en mains la défense de la presse libérale, M. Brunel se croyait de l'influence.

Ils arrivèrent le lendemain chez maître Gaspard, qui, les voyant descendre de voiture devant son auberge, comprit aussitôt ce que c'était.

La grosse capote noire de M. Brunel, sa cravate mal mise et son chapeau légèrement usé sur les bords, lui firent dire :

« Celui-là ne sera jamais rien ; il est du même acabit que le beau-frère, ils vont bien ensemble. »

Ne pouvant leur fermer la porte au nez, il les reçut, à contre-cœur.

Une fois dans le cabinet de maître Fix, les choses se passèrent à peu près comme pour l'autre visite. C'est le docteur Laurent qui prit d'abord la parole et dit ce dont il s'agissait. Ensuite M. Brunel exposa la conduite inconséquente de M. Thomassin, lequel s'était présenté comme libéral aux électeurs, ce qui ne l'avait pas empêché de voter la dotation du duc de Nemours; puis le droit de visite pour les Anglais dans tous nos bâtiments; puis, après la mort du duc d'Orléans, la régence du duc de Nemours, et finalement l'indemnité de Pritchard, un apothicaire anglais dont la boutique avait été ravagée par quelques matelots, à l'île de Taïti. M. Brunel dit que la façon hautaine dont cette indemnité était exigée devait la faire refuser; mais que M. Thomassin, ami de M. Guizot, voulait la paix à tout prix ; qu'il faisait passer son commerce de verreries et son intérêt de député ministériel avant tout; chose honteuse et qui huliait la France devant l'Europe.

Maître Fix, penché dans son fauteuil les mains sur les genoux et les yeux à terre, l'écoutait d'un air ennuyé, comme il faisait pour les débiteurs qui lui demandaient du temps. Il ne disait ni oui ni non; et l'avocat, malgré son éloquence naturelle, paraissait à la fin assez embarrassé.

Quand il eut fini, maître Gaspard ne répondant pas un mot, le docteur Laurent, vexé, lui demanda :

« Eh bien, beau-frère, êtes-vous pour ou contre nous? »

Alors Fix, comme se réveillant, dit :

« Ah! oui!... Tout ça, c'est possible.... Il faudra voir.... nous verrons.... Enfin, ça me fait toujours plaisir, monsieur l'avocat, d'avoir reçu votre visite. La dotation du duc de Nemours, je ne dis pas.... on aurait pu un peu rogner là-dessus; mais puisque son père se sacrifie pour la France, il faut pourtant bien que ce jeune homme vive!... Puis le droit de visite.... Ça n'est pas un si grand mal que les Anglais nous fassent des visites.... Chacun son tour.... ils viennent chez nous, nous allons chez eux, c'est tout simple.... Si nous n'avons pas de nègres, il n'y a rien à dire. Et quant à Pritchard, si l'on me ravageait ma brasserie, j'aimerais aussi à être indemnisé....

— Mais il ne s'agit pas de votre brasserie, lui dit M. Laurent, il s'agit de l'honneur de la France!

— C'est égal, beau-frère; j'aurais une pharmacie que ça reviendrait au même.... Les Anglais ont eu raison.... il ne fallait pas ravager cet homme.... J'aurais voté comme M. Thomassin, il a bien fait; l'honneur, c'est de payer avant que l'huissier n'arrive. Et la paix fait autant de bien à mon auberge, qu'au commerce de verreries; la paix ne coûte jamais trop cher. »

M. Brunel et le docteur Laurent se lancèrent un coup d'œil, puis ils saluèrent poliment et se retirèrent.

Fix, tout aussitôt fit appeler Frionnet; on attela le char-à-bancs, et les deux compères, tout joyeux, allèrent de village en village, recruter des voix pour M. Thomassin. C'était leur première campagne électorale; mais les deux renards, parlant à toutes leurs haltes, de chemins, de subventions, de canaux, de ponts, de réparations d'églises, de construction d'écoles aux frais du gouvernement, de tout ce qu'on souhaitait, et laissant entendre que M. Brunel était un panier percé, qui voulait faire fortune avec la politique, entraînèrent meuniers, gros fermiers, marchands de bois, aubergistes, bref tous les électeurs à plus de trois lieues autour de la Neuville.

Les promesses ne leur coûtaient rien, non plus qu'au député.

Fix, comme pour toutes ses entreprises de bière, de salin, d'usure, déployait alors une activité surnaturelle. Le jour de l'élection, il partit lui-même, à trois heures du matin, pour aller chercher les électeurs et les conduire au chef-lieu d'arrondissement. Ils arrivèrent les premiers, sur cinq grandes voitures à échelles, trois électeurs côte à côte pour chaque botte de paille; et je vous laisse à penser la noce que l'on fit chez la mère Bertignon, avant d'aller voter; le vin, la bière, les gloria n'en finissaient plus; les vitres tremblaient aux cris de : « Vive Thomassin! » et puis, à mesure de l'appel, on partait pour la mairie, deux à deux, bras-dessus bras-dessous, en riant comme des bienheureux.

Au dépouillement du scrutin, vers huit heures du soir, M. Thomassin avait toutes les voix, sauf une dizaine, et les trépignements, les cris d'enthousiasme redoublèrent.

Mais c'est à la nuit noire, au retour de tous les électeurs sur leurs voitures, à travers champs, qu'il aurait fallu entendre les hourras! les coups de fouet de toute la bande, les éclats de rire en parlant de la déconfiture de Brunel.

Fix ne se possédait plus d'enthousiasme. Le lendemain, bon nombre de « ses électeurs » comme il les appelait, firent encore le lundi de la fête au *Mouton-d'Or*. Toute la Neuville était en l'air, pour admirer leurs mines rubicondes. Maître Gaspard les défrayait de tout, et Frionnet s'étonnait des prodigalités d'un homme qu'il connaissait avare au point de batailler pour un centime; mais Fix était alors possédé de l'amour du bien public; il avait découvert une nouvelle terre promise; les raisons de Chanaan captivaient son âme, sous la forme de subventions et d'autorisations de toute sorte, qu'il se flattait d'obtenir, en montrant à M. le député de quoi il était capable.

Son horizon s'était agrandi d'un coup; il se disait :

« En me faisant nommer conseiller municipal, puis maire, — c'est tout simple, puisque j'ai bien fait nommer un député! — je vais réclamer au nom de la commune, tantôt ci, tantôt ça : des routes, des réparations, des lavoirs, des fontaines, toujours aux environs de mon bien! Frionnet m'arrangera les pétitions; tous ceux qui me doivent, signeront des deux mains; et si le député ne marche pas, gare! nous en ferons nommer un autre, qui ne refusera jamais rien. Je serai le Louis-Philippe de la Neuville, et Frionnet sera mon premier ministre. »

Ces choses, il les voyait clairement; aussi l'invitation qu'il reçut quelques jours après de M. Nicolas Thomassin, de venir assister aux grandes chasses de Tiefenthâl, avec des remerciements sans nombre et l'annonce d'être regardé comme un ami de la famille, cette invitation ne l'étonna pas du tout; il la trouva naturelle, puisqu'ils étaient maintenant ensemble; et tout de suite il donna l'ordre à son domestique Faxland, un ancien hussard de Napoléon Ier, de laver le char-à-bancs, de cirer les harnais, enfin de tout préparer pour se rendre le surlendemain à Tiefenthâl.

## III

Le surlendemain donc, de bonne heure, maître Gaspard, en large habit carré, gilet de velours et grand chapeau de feutre noir, après avoir donné un coup d'œil satisfait à son équipage, s'assit derrière Faxland, sur la banquette du milieu, en faisant le gros dos, comme il convient lorsqu'on est invité par un millionnaire; et le petit cheval, tout joyeux de respirer le grand air, partit au trot sur la grande route.

Les arbres, les maisons défilaient.

A deux lieues de la Neuville, le docteur Laurent et Fix se croisèrent sans se saluer. Le docteur, appelé dans la nuit pour un malade, revenait déjà du hameau des Aubiers; la vue de son beau-frère sur le chemin de Tiefenthâl, le rendit tout pâle.

« Hue! » cria-t-il, en frappant vigoureusement son cheval.

Maître Gaspard sourit.

« Le braque, se dit-il, m'en veut à cause de la déconfiture de son ami Brunel. Imbécile! Au lieu de se mettre avec nous, il va se ranger avec la canaille; il se plaît dans la société des savetiers, des bûcherons, des batteurs en grange, d'un tas de gueux qui ne lui paient pas ses visites, et qui lui tourneraient le dos s'il avait besoin d'argent. Avec un peu de bon sens, est-ce qu'il ne pourrait pas être médecin de la fabrique de M. Thomassin? Est-ce qu'il ne serait pas décoré pour toutes ses médailles de vaccination et ses rapports à la *Gazette des hôpitaux?* Il a déjà gagné la croix dix fois pour une! Est-ce qu'il n'aurait pas des bourses pour ses deux garçons, soit au collége de Nancy, soit ailleurs? M. Thomassin, si Laurent était des nôtres, ne demanderait pas mieux que de faire la démarche. Mais allez donc prêcher un fou pareil; rien que d'entendre parler raison, il deviendrait furieux. Hue! Ragot! Hue! »

Ainsi pensait maître Gaspard.

Quant au docteur Laurent, chacun peut se figurer son opinion sur le beau-frère; il le regardait comme un usurier, comme la ruine du pays, et le défenseur naturel de toutes les mauvaises causes, dès qu'il y trouvait son intérêt.

Plus loin, maître Fix revint à songer aux avantages de la politique; non-seulement il y voyait du profit pour le moment, mais encore plus dans l'avenir; ses filles avaient grandi, Mlle Simone, l'aînée des trois, avait alors dix-huit ans, elle tenait le comptoir; M. Adrian, le garde général, la regardait d'un œil tendre; Simone rougissait à son approche. Fix avait vu cela, il n'en était pas fâché, la partie forestière était celle qu'il estimait le plus. La petite Thérèse, elle, se plaisait à la cuisine, elle aidait sa mère, et se connaissait à toutes les sauces; aussi M. le juge de paix Péters, très-gourmand de sa nature, avait toujours la bouche pleine de son éloge, et la proclamait une personne accomplie sous tous les rapports.

Maître Gaspard se serait volontiers accommodé d'avoir un garde général et un juge de paix dans sa famille, à la condition, bien entendu, de garder les dots, et d'en servir seulement la rente à ses gendres, car d'aller lâcher le portefeuille, une pareille idée ne pouvait lui venir; il aurait mieux aimé garder ses filles et les faire travailler pour lui, jusqu'à l'âge de cent ans!

Comme ces pensées allaient et venaient dans sa tête, il arrivait sous bois, et le petit Ragot se remettait à trotter dans l'ombre des hêtres et des sapins.

Il faisait un temps magnifique; les geais, par bandes, traversaient l'étroite vallée du Tiefenthâl; en bas, l'eau dormante de l'étang des Mésanges brillait au soleil levant, à travers le feuillage des trembles et des saules; quelques poissons, venant prendre l'air, ou happer une mouche à la surface, jetaient parfois un éclair dans les hautes herbes de la rive. Mais Gaspard ne se souciait pas de tout cela; le plus beau paysage du monde ne lui aurait pas produit autant d'effet que la vue d'une pièce de cent sous sur la route; alors il aurait été vraiment émerveillé, et se serait arrêté, pour la mettre dans sa poche.

Enfin, vers sept heures, les hautes cheminées des verreries de Tiefenthâl, leurs lourdes bâtisses en briques rouges, leurs tas de houille dans la ruelle montante, les petits jardins et les maisonnettes des ouvriers verriers apparurent à maître Fix au tournant de la côte, et dans l'autre branche du vallon, la demeure de M. Thomassin, une sorte de château couvert d'ardoises, des pavillons, des écuries, des chenils autour, à demi cachés par le feuillage. Une cour fermée de grilles précédait le tout; et Gaspard découvrait déjà dans cette cour un mouvement extraordinaire de voitures, de chevaux qu'on détèle et qu'on emmène, de gens qu'on reçoit.

« La bataille est gagnée, se disait-il, tout le monde vient crier victoire. »

Quelques instants après, maître Fix s'arrêtait à la porte principale; et M. Thomassin, sachant apprécier un tel homme et les services qu'il pouvait rendre, vint le recevoir avec une effusion véritable.

« A la bonne heure, mon cher monsieur Fix, s'écria-t-il en lui tendant les deux mains, vous arrivez à notre rendez-vous!

— Comme c'était mon devoir, monsieur le député, » lui répondit maître Gaspard, en descendant de voiture et saluant les messieurs et les dames qui regardaient du péristyle.

Une quantité de notables, de maires, de conseillers d'arrondissement, de chefs d'usines, tous les gros bonnets du pays, se trouvaient là, regardant, écoutant, et mesurant à la parole du maître la considération que méritaient les nouveaux venus.

Maître Gaspard leur parut, à cet accueil, un personnage d'importance, d'autant plus qu'il n'avait pas jugé nécessaire de mettre la cravate blanche, et qu'il était habillé à la paysanne.

Les dames elles-mêmes subissaient cette influence; Mme Reine Thomassin lui fit un accueil des plus distingués, l'appelant un vieil ami de la maison et lui demandant des nouvelles de Mme Fix et de toute sa famille.

Qu'on juge de la satisfaction de maître Gaspard, car si l'estime des pauvres gens l'ennuyait, celle des richards le comblait d'une joie intérieure inexprimable. Il ne savait que répondre, et s'inclinait tout attendri, en balançant son grand chapeau.

Les domestiques emmenaient déjà son char-à-bancs, et maître Fix entrait avec M. Thomassin dans la grande salle à manger, où se trouvait servi le repas du départ.

« Vous arrivez au bon moment, lui dit M. Thomassin en riant; êtes-vous chasseur?

— Oh! dit Gaspard du même ton joyeux, pas trop, monsieur le député, pas trop; mon plus fort, c'est la fourchette. »

Alors ils rirent ensemble. Maître Fix était tout à fait remis de sa première émotion.

Les messieurs et les dames entraient deux à deux et s'asseyaient à table. Maître Fix se trouva placé à la droite de M. Thomassin, à côté d'une grande personne rousse, fort jolie et spirituelle.

Gaspard, infiniment flatté de tous ces honneurs, se rappelant qu'il était jadis allé à Tiefenthâl en blouse, avec de gros souliers ferrés, se rengorgeait en lui-même. Il causait bien; la malice et l'aplomb ne lui manquaient pas; le bon vin et la bonne chère l'égayaient.

Il hasarda même quelques compliments à sa voisine, qui n'était autre que la femme du vieux recteur Robichon. L'esprit tout rond de Fix plaisait à cette dame; elle pensait sans doute que son recteur, long et maigre, avec sa cravate blanche et ses lunettes d'or, avait moins de bon sens que cet honnête et joyeux paysan.

Du reste, toute la société se montrait de bonne humeur et de bon appétit; on riait, on buvait; on dépêchait les plats, comme au *Mouton-d'Or;* le grand monde n'ayant que ses trente-deux dents et son gosier, comme le vulgaire des humains, ne pouvait en faire davantage; mais il s'en acquittait bien, et M. Thomassin avait lieu d'être satisfait de ses convives.

Il faut dire aussi que les voitures de chasse étaient prêtes à la grille, les chevaux sellés et la meute déjà partie avec les piqueurs. On se dépêchait. Quelques instants après, toute la compagnie se mit en route.

M. Thomassin et maître Fix partirent les derniers, en leur qualité d'hommes politiques, plus forts sur l'art d'attraper les électeurs, que de dépister le cerf ou le sanglier. Ces plaisirs violents, qui ne rapportent rien, plaisent à la jeunesse et aux natures sanguinaires; et puis Gaspard ne s'était jamais assis que sur un cheval de meunier, entre deux sacs, crainte d'accident; et M. Thomassin, qui s'en doutait, ne voulait pas le soumettre à d'autres épreuves.

Ils partirent donc en coupé, tout doucement, écoutant les autres crier, souffler dans leurs trompes, et les chiens aboyer, hurler, pleurer de rage comme des bêtes fauves, sur la piste d'un pauvre animal que la peur étrangle d'avance et dont les poumons s'entrechoquent d'épouvante.

Représentez-vous maintenant ces deux personnages qui trottent en suivant les beaux chemins forestiers de Tiefenthâl, tandis que tout s'agite, que les clameurs montent, que les bois s'animent de mille bruits confus, que les rousses, les lièvres, les chevreuils défilent à leurs pieds au fond des taillis; et, de loin en loin, le coup de chapeau du pauvre bûcheron, la poitrine nue, les cheveux pendant sur la figure, qui s'arrête en extase et leur indique la direction de la chasse.

Ils parlaient d'élections futures, de chemins vicinaux, d'améliorations pour les maisons de cure et pour les églises, de toutes les promesses à faire aux uns et aux autres dans l'arrondissement; « car il faut promettre, toujours promettre ! disait Fix en riant, ça ne coûte rien et ça rapporte; on fait plus avec des promesses, qu'avec de l'argent comptant. »

M. Thomassin le savait bien; depuis trente ans il promettait des augmentations à ses employés, et par ce moyen il les retenait aux verreries de Tiefenthâl. C'était son système! Les pauvres diables, à force d'avoir attendu, craignaient, en s'en allant, de perdre le fruit de leur longue patience :

« Encore un jour, se disaient-ils, et peut-être l'augmentation viendra! »

Voilà le fond de la politique; ils le savaient tous les deux.

Seulement, si maître Gaspard avait supposé que son chemin vicinal pouvait entrer dans cette catégorie, il aurait changé d'opinion; mais ce doute ne lui vint même pas, et il avait raison : si les services rendus ne signifient plus rien, ceux qu'on peut rendre encore, et surtout le mal qu'on pourrait faire, signifient beaucoup! C'est de là que viennent malheureusement les trois quarts des augmentations.

Qu'est-ce que je peux encore vous dire? Ces deux hommes étaient faits pour s'entendre, jusqu'à concurrence de leur intérêt, bien entendu.

Vers la nuit, un garde vint prévenir M. Thomassin que le cerf était forcé, qu'on l'avait tué dans l'étang des sapinières. Alors, ils rentrèrent lentement, la chasse était finie.

Ce même soir, beaucoup d'invités retournèrent chez eux; les intimes seuls restèrent.

C'était d'abord M. Richard de Muleroy, qu'on

appelait « M. le conseiller », un petit vieux, parlant bas et regardant les gens en dessous ; il avait rempli, sous Charles X et Louis XVIII, des missions délicates, et s'était rallié depuis à Louis Philippe, sans doute pour d'excellentes raisons ; puis M. le recteur Robichon, ancien précepteur du fils de M. Thomassin ; M. le conseiller d'arrondissement Viriot, propriétaire de forges, esprit positif, dévoué par caractère à tout ce qui pouvait lui faire du bien ; le notaire Bachelet, un gros homme, orné d'une magnifique paire de côtelettes et d'un toupet à la Louis-Philippe ; et enfin l'inspecteur des haras, chevalier Gédéon de Felzheim, un ancien beau, ciré, frisé, tiré à quatre épingles.

Les femmes de ces messieurs, maître Gaspard Fix et quelques beaux jeunes gens, décorés pour les services qu'ils rendraient un jour à la patrie, complétaient la société de Tiefenthâl ce soir-là.

Le souper fini, M. Thomassin proposa d'aller voir les verreries ; on devait faire de grosses pièces, tous les fours étaient allumés ; on s'y rendit donc de compagnie.

Le grand silence de la nuit, l'arrivée à la vieille bourgade, où tout semblait déjà dormir, et puis l'entrée dans ces grandes halles, à doubles toitures échafaudées ; les immenses cheminées chassant leurs étincelles dans le ciel sombre ; les fours ardents, où les verriers, armés de longs tubes en fer, cueillaient le verre liquide dans les creusets ; les mouvements étranges de ces hommes en savates et longue blouse blanche, le pantalon de toile serré aux reins, balançant sur leurs estrades leurs boules lumineuses, qui s'enflent, s'allongent ou se resserrent, puis les étendant sur des plaques de fer, avant de les passer à d'autres, pour les mettre au moule ou les ouvrir; les enfants pâles, ébouriffés, courant avec leurs longues fourches prendre les verres et les bouteilles, et les enfourner dans les rafraîchissoirs; toute cette agitation, ces poitrines haletantes, ces figures inondées de sueur, les yeux étincelants et les pommettes brûlées par la flamme, tout cela parut aux honorables invités d'un effet très-pittoresque. Pas un ne regretta d'être venu, et l'on s'émerveilla des prodiges de l'industrie, de ses progrès incessants, de ses bienfaits innombrables pour toutes les classes de la société.

Ce fut le texte de toutes les conversations au retour. M. Thomassin gobait cet encens comme un tribut naturel, un hommage dû à son mérite, sans se rengorger ni se défendre, simplement, modestement. Il s'y attendait, étant habitué à se considérer depuis longtemps comme le premier verrier de France.

Un thé magnifique attendait les invités dans le salon, et chacun prit place.

« Mon Dieu, disait M. Thomassin, répondant aux éloges de son ami de Muleroy, sans aucun doute j'ai fait toutes les améliorations possibles, non-seulement en ce qui concerne l'industrie verrière, mais encore en ce qui touche le sort des verriers eux-mêmes. Je leur ai procuré le travail régulier, ce premier besoin de l'homme; je leur ai non-seulement assuré la paye de deux francs cinquante et même jusqu'à trois francs par jour, mais encore un arpent de terre à chaque famille, pour planter leurs légumes; ils sont sûrs de manger des pommes de terre et du lait caillé tous les jours de l'an!... Eh bien, le croiriez-vous? Ces gens-là se plaignent; ils voudraient davantage.

— Davantage! s'écria le chevalier de Felzheim; qu'est-ce qu'ils veulent donc.... Du thé.... des ortolans?

— Non, pas précisément, dit M. Thomassin, grâce à Dieu le sentiment des distances et des distinctions sociales n'est pas encore éteint chez eux; mais ils voudraient la surveillance de leur caisse de secours et de retraites. C'est à ma prévoyance qu'ils la doivent; en opérant sur leur solde une légère retenue mensuelle, j'ai pu leur assurer, à soixante ans, cent cinquante à deux cents francs de retraite, ce qui, joint à leurs économies, permet à ces gens de vivre de leurs rentes encore dans la force de l'âge. Eh bien, ils veulent surveiller cette caisse, ils prétendent que c'est leur argent, leur avoir. »

L'indignation des invités de M. Thomassin fut grande alors; maître Gaspard s'écria qu'il ne faisait point de pension à ses domestiques, qu'il se contentait de les renvoyer lorsqu'ils étaient hors de service; que tout le monde faisait la même chose; et que de pareils gueux, auxquels on donnait des retraites pour le restant de leurs jours, et qui n'étaient pas encore contents, méritaient tous d'être pendus!

Son expression ne parut pas trop forte.

M. de Muleroy prit alors la parole; il avait beaucoup vu dans sa longue carrière, beaucoup réfléchi à ces graves questions.

« Mesdames et messieurs, dit-il de sa petite voix mielleuse, notre ami Thomassin a raison : la race humaine est injuste; elle est ambitieuse, envahissante; elle n'a jamais fini de demander, de réclamer, surtout depuis cette invasion de termes barbares, de revendications dites légitimes, de prétendus droits imprescriptibles, et autres fadaises connues sous le nom de « principes de 89 », dont personne n'a jamais pu définir le sens réel, et qui malheureusement prennent racine dans les cerveaux malades. Le fait positif est que si vous assurez des pommes de terre aux ouvriers, bientôt ils voudront d'autres légumes; après les légumes de la viande; après la viande du vin; plus tard leur pain ne sera plus assez blanc, leur vin d'assez bon cru; vous passerez toute votre existence à leur découvrir de nouvelles satisfactions gastronomiques. Mon Dieu, c'est la nature, cela! Remarquez bien que la nature humaine est mauvaise, mauvaise par essence; sans quoi le baptême, qui nous lave du péché originel, aurait-il été nécessaire? »

Les dames trouvèrent ce raisonnement admirable; mais M. Thomassin répliqua que l'on se lassait de tant d'exigences, qu'on devenait dur en face d'un tel égoïsme; qu'il faudrait bien en venir à des extrémités, et que les bourgeois ayant pour eux la loi, le bon sens, les baïonnettes, tout se terminerait à leur avantage.

M. de Muleroy écoutait, la tête penchée; il

laissa finir M. Thomassin et reprit tranquillement :

« Bon, mon cher ami, je le sais, nous sommes d'accord ; nous avons tous les avantages que nous assurent la fortune et le monopole de l'instruction : la charte, la force organisée, l'esprit de suite et d'entreprise ; nous administrons et nous gouvernons ce pays ; nous fournissons les généraux, les députés, les ingénieurs, les préfets, les ambassadeurs, les juges, les ministres. Le peuple, lui, ne fournit que les ouvriers et les soldats, parce qu'il ne sait rien ! Nous couvrons le pays de ponts, de routes, de canaux, de monuments, d'usines et de fabriques ; le génie de la France réside aujourd'hui dans la bourgeoisie ; elle fait les lois, elle les applique, on ne peut rien sans elle ; c'est clair, évident, incontestable. Mais nous sommes un contre cent, pour ne pas dire un contre mille ! Nos fusils, nos canons sont entre les mains du peuple ; s'il le voulait, il serait le maître. Qu'un ambitieux, un Bonaparte, par exemple, se mette à la tête du peuple, qu'arrivera-t-il ? Que serons-nous ? Sur quoi nous appuierons-nous ? Qui l'empêchera de faire contre les bourgeois, au profit des masses, ce que les sans-culottes de 93 ont fait contre l'ancienne noblesse, au profit de la bourgeoisie : de nommer colonels, généraux, ingénieurs, préfets, ambassadeurs, ministres, des sergents, des greffiers, des commis, des piqueurs, de pauvres diables qui végètent dans les emplois subalternes ? Il en aurait même le droit, puisque les Français sont égaux devant la loi et qu'ils peuvent tous aspirer aux plus hautes fonctions. Ce principe détestable est la cause de toutes nos misères depuis cinquante ans : le lion est-il l'égal de l'âne, la taupe l'égale de l'aigle? Est-ce que M. Thomassin, ici présent, est l'égal d'un de ces malheureux que nous venons de voir suant et geignant pour faire une bouteille? Et moi, suis-je l'égal du domestique qui cire mes bottes? Tout cela est absurde.... absurde! Rien n'est égal dans la nature; il suffit de regarder autour de soi, pour reconnaître que les uns naissent pour le commandement et les autres pour l'obéissance! »

Tout le monde alors écoutait. M. de Muleroy fit une pause, comme pour bien laisser aux dames le temps de réfléchir, puis il continua :

« A tout cela, savez-vous le remède qu'il faut? le seul réel, le seul efficace, et que notre bourgeoisie a le grand tort de négliger, c'est la religion! La religion, au moyen de quelques préceptes appropriés à des esprits incultes, de promesses judicieuses, de menaces appuyées sur d'éternelles vérités, a, pendant quatorze cents ans, dans des positions bien plus critiques, bien plus tendues que la nôtre, après des guerres, des incendies, des ravages, des destructions horribles étendues à toute l'Europe et prolongées durant des siècles, cette bonne et divine religion a seule pu calmer et remettre à la saine raison ces masses innombrables d'êtres féroces, exaspérées par toutes les misères et réduites au dernier désespoir. Comprenez donc bien que chacun de ces êtres se figure, par instinct de nature, avoir droit aux mêmes jouissances terrestres que nous-mêmes. Nous ne pouvons pas leur donner des côtelettes, des châteaubriants, du chambertin, le thé, le café.... Eh bien, donnons-leur au moins l'espérance, la divine espérance d'obtenir ces jouissances dans un monde futur. Cela ne nous coûte rien, cela les sauve du désespoir et de l'esprit de rébellion. N'est-ce pas une folie de leur refuser cette joie innocente, qui fait notre sécurité; car la sécurité de nos personnes et de nos biens dépend de cette douce croyance; si le peuple ne croyait plus, nos fusils et nos canons se retourneraient bien vite contre nous! Et quant aux esprits rebelles à l'espérance, aux caractères intraitables, avertissons-les charitablement qu'ils se perdent, qu'ils seront consumés par les flammes éternelles, et faisons-leur en attendant une place parmi nous; la communauté des intérêts les transformera bien vite en alliés fidèles! Ces avertissements salutaires et cette manière d'agir en ont dompté bien d'autres que nos modernes démagogues : des Alaric, des Clovis, des barbares qui jusqu'alors n'avaient vécu que de carnage; la perspective des flammes éternelles et la certitude d'une part de domination en ce monde parvinrent seules à les adoucir. La conception sublime des peines et des récompenses après la mort, a toujours suffi, dans tous les temps et chez tous les peuples, pour assurer le gouvernement des choses humaines à ceux qui sont parvenus à faire entrer dans l'esprit des masses cette idée à la fois consolante et terrible; elle suffira toujours! Comment notre bourgeoisie, si intelligente sous tant d'autres rapports, ne comprend-elle pas cela? Est-ce donc un bien grand sacrifice d'aller à la messe une fois par semaine, de manger d'excellent poisson le vendredi et le samedi, de se confesser de temps en temps, de communier à Pâques aux yeux de la foule, et d'affermir ainsi par l'exemple la foi des fidèles, dont notre fortune, notre domination et notre sécurité dépendent? La bourgeoisie ne croit qu'aux baïonnettes, elle a tort! Les baïonnettes, dirigées par un ambitieux, peuvent se tourner contre elle et lui faire expier durement son imprévoyance; la religion seule peut affermir sa domination, en inspirant aux malheureux l'espérance d'un sort meilleur dans une existence future, et à ceux qui seraient tentés de se révolter, la terreur des châtiments éternels! »

Il se tut, et M. le recteur alors élevant la voix, dit que l'instruction universitaire s'efforçait d'atteindre au même but, en adoucissant les esprits par l'étude des beautés de tout genre, de la morale, de la religion même; mais M. de Muleroy, véritablement impatienté, lui répondit aussitôt :

« L'instruction!... De quelle instruction s'agit-il aux écoles primaires? Lire, écrire, chiffrer.... à quoi bon? En quoi cette instruction peut-elle contribuer au bonheur des masses? Le paysan, qu'a-t-il besoin de savoir? conduire ses bœufs, tracer un sillon à la charrue. Et l'ouvrier? manier son marteau, sa hache, sa scie, prendre une mesure à la toise, au mètre, suivre les ordres qu'on lui donne. Pourquoi faire naître dans ces hommes des ambitions, des désirs qu'on ne peut satisfaire;

leur inspirer la passion de savoir, sans leur donner le loisir et les moyens d'étudier? Je n'en vois pas l'utilité. Je vois au contraire que cet ouvrier, ce paysan établira de nouvelles comparaisons entre sa position et la mienne; qu'il trouvera très-injuste d'être forcé de travailler, quand je me repose, de manger des pommes de terre et de boire de l'eau, quand je me régale de bon vin et de viandes succulentes. C'est ce que je vois de plus clair dans cette instruction universitaire. Non, la seule instruction utile au peuple, c'est l'instruction du catéchisme, et celle-là doit lui être donnée dès l'enfance par le prêtre. Il faut que le peuple croie aux récompenses et aux châtiments futurs; il le faut absolument, c'est pour nous une question de vie ou de mort; s'il n'y croit plus, il réclamera sa part de bien-être et de pouvoir ici-bas; comprenez-vous cela, monsieur le recteur? Et quant aux classes supérieures destinées au commandement, elles puiseront une instruction solide chez nos révérends pères jésuites; le fils du bourgeois apprendra sa supériorité sur le peuple, et son infériorité vis-à-vis du noble de race; la petite noblesse apprendra ses devoirs vis-à-vis de la haute aristocratie; celle-ci ne connaîtra que Dieu et son roi! L'Église, notre saint-père, les évêques, le roi sur la terre, Dieu au ciel, voilà, messieurs, l'ordre moral; en dehors de là, il n'y a que doute, incertitude, gâchis démocratique et catastrophes! Ce que la bourgeoisie doit éviter surtout, c'est d'accueillir cette classe de sceptiques, de voltairiens, d'incrédules, produits par l'enseignement païen de nos universités; de pareilles gens doivent être bannis de la bonne société. Alors, la vanité et l'esprit d'imitation aidant, nous pourrons avoir le calme, la paix, la sécurité durant de longues années encore! »

Ainsi parla M. de Muleroy; et M. le recteur, que sa femme avait regardé de côté, ne dit plus rien; il resta silencieux, remuant le sucre au fond de sa tasse.

Quant à maître Gaspard, le discours du petit vieux l'avait émerveillé : « Cet homme, se disait-il, a toutes mes idées; le grand maigre, avec sa cravate blanche et ses lunettes, n'est qu'un âne auprès de lui. »

Les dames semblaient attendries, et Mme Reine ne pouvait s'empêcher de témoigner à M. de Muleroy, par des signes d'assentiment, toute sa sympathie pour tant d'éloquence.

On parla quelques instants encore des événements de la dernière session législative; de la faute énorme d'avoir appuyé le pacha d'Égypte contre le sultan, son souverain légitime, ce qui nous avait fait exclure de l'alliance des grandes puissances; de notre rentrée dans le concert européen, par le traité des détroits; de la translation en France des cendres de Napoléon; de la mort déplorable du duc d'Orléans et d'autres choses nouvelles; mais tout cela n'avait plus le même intérêt que la discussion générale, et vers onze heures, tantôt l'un, tantôt l'autre se retirait à l'anglaise, sans dire ni bonjour ni bonsoir.

Maître Fix, voyant qu'il allait rester seul,

comprit cette manière de s'en aller, alors le grand genre, et sortit à son tour. Un domestique le conduisit à sa chambre, où, s'étant couché dans un bon lit, il rêva longtemps à tout ce qu'il venait d'entendre, se confirmant dans les principes de la haute politique et se promettant de suivre la bonne voie.

Le lendemain, le bruit des voitures qui filaient dans la grande allée des platanes, l'éveilla d'assez bonne heure. Il descendit; son char-à-bancs était là; pendant qu'on l'attelait, M. Thomassin parut. Maître Gaspard ne manqua pas de lui présenter chaudement ses remerciements, et de le charger de ses compliments pour Mme Reine.

Au moment de partir, étant déjà sur son siége et le fouet à la main, il aperçut sur le balcon une vieille tête chauve et ridée qui s'inclinait; c'était M. de Muleroy, dépouillé de sa perruque. Alors, s'arrêtant plein de respect et d'admiration, il s'écria :

« Monsieur le conseiller, merci! merci pour les bonnes idées que vous nous avez données hier.... nous en profiterons!... Et si vous passez jamais à la Neuville, faites-moi donc l'honneur de descendre au *Mouton-d'Or.* »

Cet enthousiasme naïf plut au vieux diplomate, qui répondit gaiement :

« Je vous le promets, mon cher monsieur, je vous en donne l'assurance. »

Et Fix, saluant encore, partit tout joyeux, d'un bon trot.

Plus d'une fois, en courant sous bois, il cligna

de l'œil, et, se bourrant le nez de tabac, il s'écria :

« Maintenant, je vois clair !... Je savais toutes ces choses d'avance, mais elles étaient un peu embrouillées dans ma tête.... Nous sommes des hommes !... Hue, Ragot ! »

## IV

Maître Gaspard, lorsqu'une idée claire était entrée dans sa tête et qu'il y trouvait son intérêt évident, ne la laissait pas longtemps en friche. Le soir même, en rentrant à la maison, après souper, il prit le petit Michel sur ses genoux et se mit à l'interroger sur le catéchisme. La mère Simone et ses filles en furent tout étonnées, car maître Fix ne s'était jamais inquiété de cet article.

« Qu'est-ce que Dieu ? dit-il à Michel ébahi. Combien y a-t-il de personnes en Dieu, et combien y a-t-il de sacrements ? »

Le petit n'en savait rien, ce qui fâcha son père.

« Ce gueux de maître d'école, s'écria-t-il, ne s'occupe pas du salut de ses élèves, c'est une abomination. »

Il tapait du poing sur la table, et la mère Simone cherchait à le calmer, disant que le petit était encore trop jeune pour recevoir l'instruction religieuse; que M. Berthomé ne commençait le catéchisme qu'à dix ans; mais il ne voulait rien entendre.

« La religion passe avant tout, s'écriait-il. C'est par là qu'il faut commencer. Qu'est-ce que nous serions, sans religion?... Que deviendrions-nous dans l'autre monde, après notre mort? Rien que d'y penser, ça fait frémir. —Moi, j'ai malheureusement été forcé de songer à ma famille; je n'ai pas pu me confesser et communier régulièrement, mais j'ai toujours eu un bon fonds de religion; je me suis toujours rappelé le catéchisme, les bons principes que j'avais reçus dans mon enfance, c'était la principale consolation de ma vie.... Quel malheur de négliger son salut! »

Simone, fort dévote, et qui n'oubliait aucun de ses devoirs religieux, ce qui cent fois avait ennuyé son mari, la pauvre Simone, pensant que ses prières pour la conversion du bon apôtre avaient enfin produit leur effet, en pleurait d'attendrissement, quand le compère Frionnet parut à la porte. Maître Gaspard, d'un accent indigné, lui dit :

« Frionnet, vous ne vous douteriez jamais de ce qui se passe!

— Quoi donc, M. Fix? demanda l'autre stupéfait.

— Mon petit Michel ne sait pas seulement qu'il y a trois personnes en Dieu : le Père, le Fils et le Saint-Esprit. »

Alors le compère, s'imaginant que c'était une farce, et que la mère Simone pleurait à cause de cela, se mit à rire comme un fou.

Maître Fix en parut outré.

« Comment, fit-il, vous osez rire sur un chapitre aussi grave? »

Frionnet se tenait les côtes et finit par s'asseoir, n'en pouvant plus.

« Ha! ha! ha! Elle est bonne, disait-il. Pauvre petit.... Ha! ha! ha! »

Maître Gaspard voyant que son compère ne pouvait le prendre au sérieux, dit brusquement :

« Allons! j'ai eu tort de vous parler de ça; j'aurais dû penser que vous êtes un voltairien, un impie. Mais sachez, Frionnet, que si je vous ai laissé plaisanter quelquefois sur nos saints mystères, par faiblesse, par mauvaise habitude, je n'en suis pas moins un homme religieux, et vous me verrez demain dimanche, donner le bon exemple en allant à la messe. Je me repens de ma négligence, je dis : C'est ma faute.... c'est ma faute.... c'est ma très-grande faute! »

Il se frappait la poitrine, et la mère Simone disait :

« Ah! maintenant, maintenant tout est pardonné, Fix; du moment que tu te repens, tout est pardonné.... Je suis la plus heureuse des femmes. »

Frionnet regardait à droite, à gauche; à la fin, tirant son mouchoir pour essuyer les verres de ses lunettes, il dit en prenant un air de gravité :

« Du moment que la lumière d'en haut vous est venue, M. Fix, c'est autre chose.... Moi, j'ai toujours dit liberté, *libertas* pour tout le monde sur ce chapitre ; pourvu qu'on paye aux échéances, je ne m'inquiète pas du reste. Peut-être qu'un jour, le bon Dieu voudra m'éclairer aussi ; moi, je ne demande pas mieux, mais il faudra des raisons. En attendant, je garde ma manière de voir. »

Puis il sortit de sa poche une liasse de papiers protestés ou à protester, les deux compères s'assirent à leur bureau, et les autres sortirent.

Ainsi s'accomplit la conversion de maître Gaspard.

Le lendemain dimanche, M. Fix réunit tout son monde dans le cabinet : les deux servantes Pâcotte et Rosalie, le vieux hussard Faxland, sa femme et ses filles. Là il leur déclara qu'à l'avenir chacun assisterait à son tour à l'office divin les dimanches ; que chacun ferait ses Pâques ; qu'on ne pouvait pas vivre comme des païens ; que nous avions tous une âme à sauver, et que celui qui n'avait pas de religion n'était qu'un malheureux.

Il leur dit cela d'un ton paterne, onctueux, comme un patriarche parlerait à ses enfants. Le vieux Faxland seul, déclara qu'il s'était engagé moyennant vingt francs par mois, pour conduire les chevaux, et non pour aller à la messe ; que c'était contraire à ses opinions, et qu'il aimerait mieux jeter son fouet, que d'aller se confesser.

Il avait pris l'église en horreur, depuis les billets de confession de Charles X et la plantation des croix de mission. Mais la mère Simone l'ayant fait entrer à la cuisine, pour le prier d'assister à l'office, si ce n'était pas en considération du salut de son âme, que ce fût en considération de l'intérêt et de l'amitié qu'elle lui portait, et lui ayant versé un grand verre d'eau-de-vie blanche, qu'il aimait beaucoup, l'assurant qu'il en aurait autant tous les dimanches avant d'aller au service divin, il se laissa pourtant attendrir.

« Je veux bien faire cela pour vous, madame Simone, dit-il en buvant son eau-de-vie à petites gorgées, et s'essuyant les moustaches du revers de sa main ; oui, vous êtes une brave femme.... je me dévoue ! Mais je me placerai sous les orgues, à l'entrée, entre les colonnes ; je vous en préviens.... je ne ferai pas un pas de plus en avant.

— Où vous voudrez, Faxland, placez-vous où vous voudrez ; pourvu que vous entriez, ce sera bien. »

De cette façon les choses s'arrangèrent ; et au second coup, vers dix heures, maître Gaspard Fix, en grand habit des dimanches, chemise blanche à col bien droit et grosse cravate noire, le feutre carrément planté sur les sourcils, Mme Simone à son bras, Thérèse et Catherine derrière lui, puis la servante Rosalie à leur suite, se rendit à la messe aux yeux de toute la Neuville.

Simone, sa fille aînée, et Pâcotte, ce dimanche-là, restèrent seules au *Mouton-d'Or*.

Maître Gaspard allait gravement, majestueusement, sans se presser, pour être bien vu ; et Faxland suivait aussi, mais de loin, dans un groupe de paysans, tout honteux, observant si personne ne le regardait, et murmurant :

« Faxland.... hein ? Si l'on t'avait dit cela le lendemain de Iéna !... Canailles de calotins !... »

Enfin, ils entrèrent, et maître Gaspard Fix avec ses femmes s'établit dans l'un des premiers bancs, en face du chœur.

Cette conversion surprit toute la Neuville, on n'y comprenait rien ; les dévotes disaient que la grâce avait touché M. Fix ; les finauds faisaient semblant de le croire.

L'émotion surtout fut grande au casino. MM. Adrian et Péters admiraient la franchise d'une telle démarche ; les autres se demandaient quel intérêt M. Fix pouvait avoir à changer de conduite.

Quant au docteur Laurent, qui se trouvait alors au congrès scientifique de Strasbourg, il n'apprit cette espèce de miracle que le dimanche suivant ; sa femme, en rentrant de la messe, lui dit que le beau-frère avait communié avec d'autres fidèles ; il en fut stupéfait ! et voyant par la fenêtre Gaspard qui revenait de l'église, sa fille aînée au bras, il courut sur la porte observer sa physionomie. Maître Fix s'approchait lentement, l'air grave, le ventre arrondi ; leurs regards se rencontrèrent ; Laurent l'observait jusqu'au fond de l'âme.

M. Gaspard supporta ce coup d'œil d'un visage calme, impassible ; il semblait lui dire :

« Oui.... regarde.... c'est moi !... Je viens de communier et je me moque de tout ce que tu peux en penser ! »

Laurent éclata de rire, puis il rentra brusquement et dit à sa femme :

« Maintenant, il est complet ; il ne lui manquait plus que cela ! »

Ce fut sa seule réflexion.

Maître Gaspard ne tarda point à s'apercevoir des nombreux bienfaits de la religion. D'abord cinq ou six familles qu'il avait mises sur la paille par son usure, n'osèrent plus se plaindre de leur malheur.

« Comment, leur disait-on, vous accusez M. Fix, l'homme le plus respectable, le plus honnête de la commune, un homme qui remplit exactement ses devoirs envers Dieu, et que chacun vénère ! Vous osez lui reprocher les suites de votre ivrognerie, de votre inconduite, de votre paresse, à lui, qui vous a prêté, dans un temps où personne ne voulait vous confier un liard.... Allez.... vous êtes des ingrats.... Vous mériteriez d'être rayés de la bourse des pauvres ! »

Et toutes les criailleries cessèrent ; il fut débarrassé de la mauvaise race, dont les calomnies indignes ne laissent pas de faire du tort à la longue aux plus honnêtes gens, comme disait le compère Frionnet.

Bientôt après le chemin vicinal fut reconnu nécessaire, le conseil général vota les fonds, et l'agent-voyer Martin commença tout de suite le tracé, plantant ses piquets le long des prairies de maître Fix, qui eut même droit à des indemnités, pour quelques parcelles qu'il fallait lui prendre.

Puis M. Gaspard fut nommé membre du conseil municipal, sans la moindre opposition, et remplaça, dès qu'il le voulut, comme maire, Hodel, un bon gros brave homme, c'est vrai, mais qui n'allait pas à la messe, et qui ne déployait pas toujours assez de zèle dans les occasions sérieuses.

M. Fix comprit très-bien d'où lui venaient ces bénédictions; aussi sa première visite fut-elle pour M. le curé Rigaut, qui le reçut les larmes aux yeux, et le mena voir le délabrement de l'église, des orgues, du chœur, de la sacristie toute décrépite; on n'avait rien fait pour la religion depuis Charles X; maître Gaspard en gémissait.

C'est à la réparation de cette grande injustice qu'il consacra d'abord tous ses soins; il obtint les subventions qu'il fallait, les ouvriers se mirent à l'œuvre avant la saison d'automne; et le bon curé Rigaut ne savait plus comment célébrer tous les mérites de M. le maire, priant le Seigneur de le conserver longtemps pour la prospérité du pays et l'édification des fidèles.

Ses filles mêmes s'associaient à la gloire de leur père, présidant au pain bénit, et quêtant, accompagnées tantôt de M. Adrian, tantôt de M. Péters.

« Faites du bien à l'église!... Faites du bien à l'église! »

Enfin tout allait à souhait.

Mais le triomphe de maître Gaspard, ce fut le mariage de ses filles.

C'est un terrible fardeau que trois filles à marier, surtout quand on ne veut pas lâcher les dots, et voilà justement le cas de M. Fix; la politique, dans son idée, devait le dispenser de fournir les dots !

Souvent le beau-frère Laurent s'était dit, connaissant son extrême avarice, que le mariage de ses filles serait sa pierre d'achoppement, parce qu'il ne pourrait jamais se résoudre à desserrer les griffes. Il ne se trompait pas sous ce rapport. Aussi son étonnement fut-il grand, quand un jour, rentrant à la maison, sa femme lui dit que Simone était venue les inviter à la noce de ses deux filles aînées, qui se mariaient : Simone avec monsieur le garde général Adrian, et Thérèse avec monsieur le juge de paix Péters.

« Comment, s'écria-t-il, Gaspard lâche les écus? Ce n'est pas possible ! »

Mais sa femme, souriant, lui dit que Simone, sa pauvre sœur, la meilleure créature du monde, mais un peu simple, lui avait confié que M. Adrian, aussitôt après le mariage, serait nommé sous-inspecteur des forêts à Dâpremont, et M. Péters, juge au tribunal de Vandeuvre ; ce qui dispenserait le beau-frère de dénouer les cordons de la bourse, qu'il n'aurait besoin que de promettre les dots, et d'en servir les rentes à cinq pour cent.

Le docteur Laurent secoua la tête et ne dit plus rien. C'est à peine s'il voulut permettre à sa femme d'accepter l'invitation du beau-frère Gaspard, qui mariait ainsi ses enfants aux frais de l'Etat, comme Louis-Philippe ; c'était une nouvelle sorte de dotation, dont il n'avait jamais eu l'idée : pour récompenser les services politiques de maître Gaspard et ses bons sentiments religieux, on avançait ses gendres aux dépens d'autres serviteurs de l'État, qui valaient peut-être mieux qu'eux, et qui pouvaient se trouver retardés durant de longues années.

Voilà ce qu'il vit dans cette affaire.

Simone, qu'il aimait, étant venue le supplier, il voulut bien permettre à sa femme d'aller au mariage de ses nièces ; mais pour lui, n'étant de la famille que par alliance, il refusa net.

Les deux noces eurent lieu ensemble ; elles furent magnifiques. On célébrait partout l'habileté de maître Fix, car la nouvelle des deux nominations s'était répandue.

« Quel homme ! disait-on. Il a dans sa manche des députés et des évêques ; tout ce qu'il demande, on l'accorde. »

M. Laurent, rentrant le soir de sa tournée, vit toute la façade du *Mouton-d'Or* illuminée. On riait, les verres tintaient ; des groupes de gens en extase regardaient à la porte ; et Pâcotte, pour se conformer à la volonté de M. Gaspard, distribuait des morceaux de pain et des cervelas aux pauvres.

Après avoir dételé sa voiture et mis son cheval à l'écurie, le docteur, dont la femme était absente, entra casser une croûte et prendre un verre de vin à la maison. Puis, la soirée étant longue à passer seul, il se rendit au casino, car il avait remarqué que la salle en haut était éclairée, et que même le notaire Méchini et deux ou trois autres causaient, appuyés sur la grille du balcon.

Après avoir lestement traversé le vestibule et grimpé l'escalier, il trouva dans la salle cinq ou six habitués assis autour d'un bol de vin chaud, et causant, au milieu de tout ce brouhaha, de l'ancien maire Hodel, qui avait refusé l'invitation de monsieur Gaspard. Les uns approuvaient sa conduite, d'autres la blâmaient.

« Hodel a bien fait de refuser, dit le docteur Laurent, en s'asseyant et remplissant son verre ; c'est un brave homme, un de ces honnêtes bourgeois qui se souviennent que leur père, leur grand-père, le charpentier, le menuisier, le forgeron, étaient du peuple, et qu'ils se plaignaient encore, vingt ans après la Révolution, de la dîme, de la gabelle, de la taille et de mille autres droits du seigneur ou du couvent, qu'ils avaient supportés dans leur jeunesse. Il existe encore de ces bourgeois, c'est même le grand nombre ; malheureusement il en existe aussi d'autres : des êtres bornés, vaniteux, qui voudraient faire oublier leur origine; qui trouvent que le peuple ne les respecte pas assez ; qu'il est temps de s'en séparer, de tirer l'échelle, pour empêcher ceux qui les suivent de monter à leur tour ; et de garder ainsi les bonnes places, les hauts grades, les distinctions, les honneurs, pour les transmettre à leurs fils par voie d'héritage. En raison de leur bêtise, qui les empêche de voir les deux côtés de la question, le premier intrigant venu leur fait croire que c'est possible ! Il suffit de montrer à ces égoïstes, tous les avantages de la chose pour eux. Et dans le fait, ce serait très-commode : on verrait les Thomassin, les maître Gaspard remplacer les Noailles, les Rohan, les Montmorency. Ce serait pour ces nobles de nouvelle espèce, que nos anciens se seraient fait casser les os sur tous les champs de bataille de l'Europe ! »

Le docteur Laurent ne put retenir un éclat de rire, et toute la société suivit son exemple ; mais, redevenant sérieux, il ajouta :

« C'est pourtant à cela qu'on vise, par l'association de la bourgeoisie avec le clergé ; ce que nous voyons ici, se voit également à Paris, à la Chambre : d'un côté Thiers, qui veut conserver les traditions de la Révolution, l'union du peuple et de la bourgeoisie ; et de l'autre M. Guizot, ce jésuite protestant, plein de morgue et de suffisance, qui veut couper la corde, s'appuyer sur les prêtres et constituer son aristocratie bourgeoise. Cet ancien professeur d'histoire a reconnu que l'aristocratie et le clergé vont toujours ensemble, parce que le privilége a besoin d'une sanction d'en haut, qui le fasse respecter du peuple, et que le clergé lui donne cette sanction au nom de Dieu, qu'il représente soi-disant. Mais la justice, l'égalité devant la loi n'ont pas besoin de soutien d'en haut, elles sont respectables elles-mêmes, la conscience de chacun les sanctionne ; voilà pourquoi le clergé s'attache à l'aristocratie, et pourquoi la mauvaise bourgeoisie, la bourgeoisie égoïste et ambitieuse et les jésuites songent à s'associer. Savez-vous ce qui résultera d'une entreprise pareille ? D'abord, les jésuites ne prêtent de force à personne ; ils en empruntent au contraire à tous leurs alliés ; ils exploitent les passions, ils conduisent les intrigues à leur profit, et non à celui des autres. Maintenant, ils compromettent les bourgeois vaniteux ; le peuple n'aime pas les jésuites, il a de bonnes raisons pour cela : il se séparera de la bourgeoisie ; plus l'association deviendra claire, évidente, plus l'aversion sera terrible. La séparation grandira de jour en jour ; et qu'alors se présente un bandit quelconque, un Bonaparte, disant : « Je suis l'homme du peuple, moi, l'homme des principes de 89, jetez ce tas d'écornifleurs et d'hypocrites à la porte ! » Ce sera fait du jour au lendemain. La partie saine de la bourgeoisie ayant perdu toute influence sur le peuple, par la faute de l'autre, ne pourra se défendre ; elle sera englobée dans le désastre ! C'est toujours la même histoire : en 1815, en 1830, c'est aussi pour avoir voulu rétablir l'ancien régime, que la débâcle est venue ; on recommence, la débâcle reviendra. Messieurs les jésuites veulent absolument faire rentrer le poulet dans l'œuf... Pauvres diables !... Et dire que ces gens-là passent pour des politiques !... »

Le docteur dit encore d'autres choses, qui n'étaient pas dépourvues de bon sens.

En bas la fête continuait.

Vers onze heures, MM. les membres du casino se retirèrent.

## VI

C'était alors le plus beau temps de Louis-Philippe, le temps de la bataille d'Isly, de la prise de Mogador, de l'enlèvement de la Smala d'Abd-el-Kader, du mariage du duc de Montpensier avec une princesse espagnole. Alors, on construisait partout des églises, des fortifications, des lignes de chemins de fer. Alors aussi des quantités prodigieuses de livres, d'almanachs, de journaux arrivaient par la poste ou le colportage, jusque dans les dernières bourgades : les *Mystères de Paris*, le *Juif-Errant*, les *Mémoires du Diable*, *Monte-Cristo*, les *Guêpes* d'Alphonse Karr, voilà ce qui plaisait !

Et puis, dans ce temps, les écrivains avançaient : les uns devenaient députés, pairs de France, les autres ambassadeurs ou ministres;

les décorations pleuvaient ! Que pouvait-on demander de plus ?

Les hommes des champs eux-mêmes étaient encouragés par des comices agricoles, où le maréchal Bugeaud venait leur expliquer clairement que tout allait bien, que chacun devait rester à sa place et se défendre contre les socialistes qui voulaient tout partager, chose dont personne ne s'était douté jusqu'alors. On faisait de grandes expositions d'industrie. Oui, tout allait bien, très-bien ; jamais l'auberge du *Mouton-d'Or* n'avait eu tant de monde ; maître Fix brassait trois fois par semaine, ses voitures menaient des vingt, trente tonnes de bière à Vandeuvre, à Houdemont, tous les jours, de la bière brune, qui se débitait comme venant de Munich.

Enfin c'était un temps de mouvement extraordinaire ; seulement pour avancer il fallait des protections ; sans protections, vous restiez simple soldat au régiment, cantonnier sur la grande route, garde champêtre au village. Mais en se remuant, en courant aux jours d'élections pour le député du gouvernement, vous étiez bien noté, reconnu bon citoyen, bon sujet, et vous attrapiez aussi quelques bribes du festin.

Aussi jamais on n'a vu de plus belles majorités que dans ce temps. Monsieur Guizot n'avait qu'à parler d'ébranlement, de convoitise, de partage, et cela marchait tout seul.

Un pareil état de prospérité semblait devoir durer toujours ; et maître Gaspard ayant engrené son affaire dans le mouvement général, n'avait pour ainsi dire plus à s'occuper de rien, sa fortune semblait devoir s'arrondir ainsi tout doucement, sans qu'il eût la peine de s'en occuper, quand, au commencement de novembre, une circonstance exceptionnelle vint réveiller son appétit d'une façon extraordinaire et lui donner des frémissements de convoitise, dont lui-même ne se serait pas cru capable.

Ce jour-là, sur la fin de l'automne, une petite pluie mêlée de neige annonçait l'hiver. La saison morte était venue, plus d'étrangers, plus de commis-voyageurs en route. Sauf la société du casino, criant, appelant, demandant des chopes, des cartes, l'ardoise, etc., sauf ce remue-ménage en haut, tout était calme au *Mouton-d'Or*. Maître Gaspard, les pieds sur les chenets dans son cabinet, causait de poursuites avec le compère Frionnet; à peine l'aboiement d'un chien au dehors troublait-il le silence, lorsque tout à coup un bruit de roues et de pas dans la rue les fit se lever et regarder par la fenêtre.

Une grosse berline, toute ruisselante de pluie, et cinq ou six gardes forestiers, trempés comme des canards, venaient de s'arrêter à la porte; le brigadier ouvrait la portière, et du fond de la boîte sortait un petit homme empaqueté de fourrures, un bonnet en peau de martre tiré sur la nuque, et les jambes enfoncées jusqu'aux cuisses dans de grosses bottes également fourrées.

Il posait une de ses bottes sur le marche-pied; le brigadier voulait l'aider à descendre; et, lui, criait d'un accent méridional, aigre et nasillard :

« Laissez-moi, pour Dieu.... Je descendrai bien tout seul. »

Il descendit; puis derrière ce petit homme sortit un grand gaillard, en hautes guêtres et veste de chasse serrée aux reins.

Voilà ce qu'ils virent.

Maître Gaspard s'était élancé dans l'allée, pour ouvrir la porte à deux battants. Simone et les servantes regardaient de la cuisine; quelques membres du casino se penchaient curieusement sur la rampe de l'escalier.

Le vestibule se remplissait de monde, et le petit vieux passait tout courbé et grelottant près de Fix. Celui-ci crut reconnaître le vieux juif Schmoûle, de Houdemont, tant il avait les joues creuses, la peau jaune, le nez crochu et l'air minable.

« Ce n'est pas possible, se dit-il; mais au premier coup d'œil on jurerait que c'est lui. »

En même temps, l'autre, le grand, la figure jaune comme un coing, mais sec, nerveux et l'air effronté, passait, se redressant et frappant des pieds dans l'allée.

Maître Gaspard remarqua que Frionnet lui donnait une poignée de main, comme à quelque vieux camarade.

« Qui donc est-ce, Frionnet? lui dit-il à voix basse.

— Ça, c'est Nicolas Sabouriau, le secrétaire du prince de Poutchiéri, un gaillard de première force, lui répondit le compère à l'oreille.

— Et vous le connaissez?

— Si je le connais !... Hé ! hé ! hé ! nous avons été clercs ensemble chez maître Genaudet, à Nancy, voilà près de vingt ans, et nous nous sommes revus depuis plusieurs fois au Hôwald ; nous avons renouvelé connaissance, nous avons fait la noce ensemble.... Sabouriau est un bon vivant. »

Il riait.

« Et l'autre ? demanda Fix.

— L'autre ? Hé ! c'est le prince de Poutchiéri, le seigneur du Hôwald et de bien d'autres terres, un homme d'au moins trente millions. »

Tout le monde était entré dans la salle en bas.

Maître Gaspard, entendant parler de trente millions, eut des battements de cœur.

« Trente millions ! » fit-il en s'élançant pour voir cet être merveilleux, privilégié : un homme de trente millions !...

Il entra tout effaré, et voyant le petit vieux assis dans le fauteuil, près du poêle, jaune, ratatiné, les yeux chassieux, il le trouva beau et se mit à bégayer :

« Simone.... Simone.... du feu.... vite !... Pâcote.... Rosalie.... dépêchons-nous !... Ah ! monseigneur, quel honneur pour ma pauvre auberge, quel honneur ! »

Le petit vieux ne semblait même pas l'entendre, tant il était habitué à de pareilles admirations.

Maître Gaspard courut lui-même prendre un fagot et trois bûches, puis il revint hors d'haleine s'accroupir devant le poêle, se hâtant de faire le bon valet.

M. Laurent, passant dans l'allée pour se rendre au Casino, vit là M. le maire, son beau-frère, accroupi, soufflant, les joues gonflées jusqu'aux oreilles. Il s'arrêta deux secondes sur la porte entr'ouverte, puis il continua son chemin, en haussant les épaules.

Le grand secrétaire demandait du punch avec impatience. Simone avait justement préparé un bol de punch au kirsch pour les messieurs du Casino; elle allait le porter, quand M. Fix lui prit le plateau des mains, et rentra vite le présenter à M. le prince de Poutchiéri, puis au secrétaire.

Ce verre de punch fit du bien au prince, qui, voyant la flamme briller, redressa son cou penché sur l'épaule, comme une poule tombée dans l'eau qui se ranime et s'ébouriffe au soleil; il leva le nez, regarda et se mit à geindre, à soupirer :

« Ah! gueux de pays! Ah! coquins de gardes! Ah! vous m'y rattraperez encore avec vos chasses au loup! Ah! *Tédeski! Tédeski!... Vasse.... Vasse.... Nicht fersthêne.* Tas de brutes!... »

Fix l'entendant se plaindre, avait presque envie de pleurer; et, s'inclinant au dos du fauteuil, il demanda :

« Si monseigneur veut qu'on lui ôte les bottes.... il aura plus chaud maintenant près du feu.

— Oui, ôtez-moi ça, » dit le prince.

Et maître Fix, s'agenouillant, lui tira les bottes, pendant qu'il continuait de gémir et criait de mauvaise humeur :

« Doucement !... J'ai les pieds gelés.... Doucement, pas si vite !... »

Quand il fut débarrassé de ses grosses bottes, monseigneur, plus à son aise, allongeant ses jambes fluettes, appliqua contre le poêle ses petits pieds serrés dans des bas de laine rouge qui lui montaient jusqu'au-dessus des genoux; il avait eu si froid, que son menton grelottait encore et qu'une goutte d'eau tremblait au bout de son nez.

Le grand secrétaire, debout à sa droite, avait tiré de sa poche une boîte en cuir, et lui présentait des morceaux de jujube qu'il mâchotait d'un air mélancolique, en disant :

« Vous avez vu des loups, Sabouriau? Moi, je n'ai pas vu la queue d'un.... Tous ces gens-là se moquent de nous. »

Maître Gaspard, voyant la gouttelette trembloter à chacune de ses paroles, se serait fait un véritable honneur de le moucher, si le prince l'avait désiré; mais l'autre, égoïste comme tous les gens de cette espèce, habitués à toutes les platitudes du genre humain, ne regardait même pas ceux qui lui rendaient service; il tournait le dos dans son fauteuil à tout le monde, et parlait à son secrétaire comme si personne n'avait été là, s'animant et se calmant tour à tour, criant et gémissant :

« Un beau domaine.... de beaux bois.... un beau parc!... Je n'en veux plus.... je n'en veux plus, vous dis-je; je n'en veux plus!... M'entendez-vous, Sabouriau?...

— Oui, monseigneur.

— Vous me débarrasserez de ça au plus vite!...

C'en est trop!... Encore une chasse au loup comme celle-ci, et j'y laisserais ma peau, ma pauvre chère petite peau, où je me trouve si bien!... Je vous dis que cette terre serait ma mort, Sabouriau; entendez-vous, ma mort! »

Le secrétaire ne répondait pas un mot; il secouait la tête en poussant des soupirs; enfin, il semblait désolé.

« L'année dernière, j'ai failli prendre les fièvres! cria le prince, et cette année, Dieu sait ce qui peut arriver encore!... Ce domaine m'ennuie!... Ces gardes allemands m'ennuient!... Ces chasses au marais, aux loups, aux sangliers m'ennuient!... Vous me comprenez?

— Oui, monseigneur.

— Je veux voir tout cela rayé de mes papiers.

— Comme monseigneur voudra.

— Oui!... que ça finisse!... C'est assez.... assez.... Partons!... Demain, je veux être en route pour Paris.... Il n'y a que Paris au monde, voyez-vous, Sabouriau.... Ah! Paris.... Paris!... Vive Paris!... »

Il se leva, et, sans regarder ni à droite ni à gauche, il sortit et rentra dans sa berline, qui l'attendait devant la porte.

Le secrétaire, jetant sur la table une pièce d'or, le suivit; puis les gardes forestiers, qui se dépêchèrent de vider leurs verres de punch d'un trait, et qui, levant leurs casquettes au haut de l'escalier, se mirent à saluer le prince :

« *Hôch!... Hôch!... Hôch!... Geborner Her-*

*zog fon Poutchiéri!... Er lébé!... Er lébé!... Er lébé!...* »

Le petit vieux, indigné, criait par une des vitres de la berline, d'une voix sifflante :

« Vous tairez-vous, animaux! »

Et la voiture partit, traçant son sillon dans la boue.

« Eh bien? fit maître Gaspard en regardant Frionnet qui riait dans sa barbe.

— Eh bien, les voilà partis, répondit le compère.

— Trente millions! murmura Fix.

— Au moins, monsieur le maire. »

Ils rentrèrent ensemble dans le cabinet. Frionnet continuait à rire tout bas, allant, venant, se frottant les mains, et maître Gaspard, impatienté, lui dit :

« Que diable avez-vous à rire? »

Alors Frionnet, s'arrêtant, s'écria :

« Oui.... oui.... voilà ce qui s'appelle de la chance!... Hé! hé! hé! Ce gredin de Sabouriau peut se vanter d'être né sous une bonne étoile.... Vous l'avez vu, monsieur le maire.... vous l'avez entendu.... le prince est las de son domaine du Hôwald.... Il n'en veut plus; il veut que Sabouriau l'en débarrasse à tout prix, et, soyez tranquille, Sabouriau ne le fera pas attendre.... Que maintenant un acheteur se présente, qu'il donne à Sabouriau un bon pot-de-vin, quarante, cinquante mille francs, et l'affaire sera faite : il aura le domaine dans son sac, à moitié prix. »

Maître Gaspard était devenu fort attentif.

« Comment ?... comment ?... faisait-il en clignant des yeux; tout ça n'est pas clair.... Voyons, Frionnet, asseyons-nous; je ne comprends pas très-bien. »

Ils s'assirent; et, le coude sur la table, toujours souriant, le compère s'écria :

« C'est pourtant assez clair! Vous connaissez le domaine du Hôwald, le château, le parc, les trois étangs, les immenses forêts, bois taillis et hautes futaies en plein rapport, vous connaissez ça?

— Sans doute.... Après?

— Eh bien! voilà bientôt cinq ans que Sabouriau l'a fait acheter, par le prince, un million. Il avait besoin d'argent, lui, Sabouriau, car il joue comme un enragé; il aime le bon vin, les bons dîners, la musique, les chevaux, le jeu et le reste! Il avait donc besoin d'une somme ronde pour le moment, et s'est fait donner par le vendeur quelque chose comme cent mille francs, pour décider le prince à conclure.

— Ah! dit maître Gaspard, je commence à comprendre. Un pot-de-vin de cent mille francs, pour décider le prince à donner un million d'une propriété qui ne valait que sept ou huit cent mille francs; c'est clair! Mais il fait donc ce que veut son secrétaire, ce prince?

— Je vous dis, monsieur le maire, que Sabouriau le mène par le bout du nez; il jouit de sa pleine confiance. Ce Poutchiéri, voyez-vous, est prince comme moi je suis pape. C'est le fils d'un gros marchand du Midi; le père s'appelait Fricota, tout court; il avait gagné des millions dans le commerce de la marine; le fils s'est acheté des titres de toute sorte en Italie et en Allemagne; il est comte de ci.... duc de ça.... marquis d'autre chose; ça ne l'empêche pas d'être bête comme une oie!

— Vous m'étonnez! s'écria maître Gaspard; quelle drôle d'histoire!... On s'instruit tous les jours, Frionnet; je ne me serais jamais douté de choses pareilles.... Mais.... mais.... tout ça ne m'explique pas encore pourquoi le prince veut revendre à tout prix, pourquoi il crie à Sabouriau qu'il en a par-dessus la tête. »

Frionnet se mit à rire comme un bienheureux, et dit que c'était un nouveau tour de son camarade Sabouriau, lequel éprouvait encore une fois le besoin d'avoir une bonne somme, et mitonnait depuis longtemps de faire revendre par le prince le domaine du Hôwald, pour recevoir de l'acheteur son pot-de-vin.

« Voyez-vous, monsieur le maire, dit-il, quand il s'est agi d'acheter, Sabouriau a fait croire au prince qu'il était un grand chasseur; en chassant au Hôwald, il mettait toujours le vieux garde Heinrich, le meilleur chasseur du pays, auprès de lui, et, chaque fois que Poutchiéri, qui ne voit pas plus loin que le bout de son nez, manquait, Heinrich abattait la pièce; on criait : « Le prince a tué! » on sonnait du cor; et cet imbécile allait raconter ses exploits dans toutes les sociétés de Paris. Sabouriau les faisait mettre dans les gazettes. Mais Sabouriau, qui veut maintenant le décider à revendre, l'amène toujours pendant les brouillards d'automne, à la chasse des canards sauvages; en hiver, pendant qu'il gèle à pierres fendre, à la chasse aux loups; il le laisse tirer seul. Poutchiéri manque toujours depuis deux ans; il attrape des rhumes, des points de côté; Sabouriau l'entoure d'un tas de gardes allemands qui ne comprennent pas un mot de ce qu'il leur dit; ça le fâche, ça l'agace : il ne veut plus revenir. »

Pendant que Frionnet racontait cette bonne histoire, maître Gaspard, les mains sur les genoux, la tête penchée, n'interrompait son compère que par quelques exclamations : « Ah!... Voyez-vous ça!... Pas possible!... »

« Mais savez-vous que c'est un fameux coquin que ce Sabouriau, dit-il à la fin en se redressant, un gueux qui mériterait la corde.... Abuser de la confiance d'un si bon maître.... Diable!... diable!... il n'y a pas de quoi rire!

— Bah! répondit Frionnet, c'est pain bénit pour un animal pareil, qui n'a jamais gagné deux liards de sa vie et qui nage dans l'or, tandis que de braves garçons, des hommes de bon sens comme moi, sont forcés de courir à cinq, six lieues, porter une contrainte, opérer une saisie pour quelques sous. Sabouriau a raison; à sa place, j'en ferais autant.

— Non, Frionnet, disait maître Gaspard d'un air convaincu, non. Vous dites ça, mais vous ne le feriez pas, car c'est malhonnête. Pour faire des coups pareils, il faut n'avoir ni honneur, ni religion.

— Allons, pensait le compère, le voilà maintenant qui se met à faire des sermons; une autre fois, je ne lui raconterai plus rien. »

En ce moment, Mme Simone vint prévenir son mari que le souper était servi; et maître Fix, se levant, s'écria :

« Oui, Frionnet, c'est quelque chose de pouvoir se dire : « Je suis un honnête homme! » et de se poser la main sur le cœur, en pensant : « J'ai la « conscience tranquille! » Voilà le plus grand bien de ce monde! »

Il paraissait tout rêveur; et Frionnet, en le quittant dans l'escalier, se disait :

« Si tu pouvais happer le pot-de-vin de cinquante ou soixante mille francs qu'aura Sabouriau, je voudrais bien te voir le refuser; ce serait du nouveau. Hé! hé! hé! Je voudrais bien t'entendre consulter le curé Rigaut sur le cas de conscience, vieux farceur! »

Enfin ils se séparèrent; Frionnet regagna son logis, et M. le maire alla s'asseoir à table.

## V

Après cela, durant quelques jours, maître Fix eut des affaires au pays. Il partait seul le matin en char-à-bancs, par la pluie ou par la neige, et ne revenait que le soir.

Puis M. le maire se souvint tout à coup que les réparations du presbytère et de l'église étaient en retard. Il remit ces questions sur le tapis au conseil municipal; et il déclara que les choses ne pouvaient rester dans un pareil état, qu'il allait lui-même porter les réclamations devant M. le préfet; et que si cela ne suffisait pas, il pousserait l'affaire jusqu'à Paris, devant le ministre.

Le docteur Laurent, Hodel et beaucoup d'autres s'émerveillaient de son zèle.

« Décidément, disait le docteur, il doit avoir un grade dans la congrégation : le beau-frère dépenser de l'argent en voyages sans intérêt.... Ça n'est pas possible! »

Il partit pourtant; Faxland le conduisit à Vandeuvre, prendre la diligence Laffitte et Gaillard, et toute cette semaine on ne parla que de cela.

Frionnet, apprenant par la mère Simone, que maître Gaspard avait tenu parole et qu'il était à Paris, n'en revenait pas.

« Quelle singulière chose! pensait-il à part soi, négliger ses affaires pour celles de la commune!... Est-ce que la gloriole lui viendrait maintenant? Est-ce qu'il voudrait racheter ses vieux péchés et s'attirer des honneurs en rebâtissant l'église? »

Ainsi se passait le temps à raisonner, quand la nouvelle se répandit que M. le maire était rentré de la veille au soir, en bonne santé. Aussitôt le compère, fort intrigué, courut au *Mouton-d'Or*.

« Il est dans le cabinet, lui dit Mme Simone sur le pas de la porte; il vous attend.

— Hé! vous voilà donc revenu, monsieur le maire, s'écria-t-il en entrant tout joyeux; je commençais à trouver le temps long après vous! »

Maître Gaspard, en casaque de laine, devant son bureau, lui tendit la main.

« Ça ne m'étonne pas, Frionnet, dit-il, nous travaillons depuis tant d'années ensemble!.... Asseyez-vous, asseyez-vous.

— Et l'église, et le presbytère, est-ce que nous les aurons? demanda Frionnet en s'asseyant.

— Oui, oui, c'est entendu.... la subvention est accordée.

— Ah! monsieur le maire, quel dévouement à

la commune! je n'aurais jamais cru que vous pousseriez l'abnégation de vos intérêts jusque-là!... Non, c'est trop beau.... trop beau!... »

Maître Gaspard souriait.

« Sans doute, fit-il. Mais, voyez-vous, Frionnet, j'ai profité de l'occasion.... j'avais à Paris d'autres petites affaires.

— Ah! vous aviez des affaires?....

— Oui, j'ai acheté le Hôwald, dit maître Fix, avec une bonhomie un peu goguenarde; j'ai mené les deux choses de front.... vous comprenez. »

Il observait son compère du coin de l'œil.

Frionnet était devenu rouge jusque dans les cheveux, sa tignasse s'en hérissait; il soufflait du nez, les lèvres serrées, sans pouvoir articuler une parole.

« Le Hôwald!.... Le Hôwald!.... fit-il à la fin. Vous l'avez acheté.... les bois.... le château.... les étangs?

— Oui, je les ai achetés....

— Combien?

— Cinq cent mille francs.

— Cinq cent mille francs! répéta le compère, c'est pour rien.... pour rien!....

— Pas tout à fait, dit maître Gaspard d'un ton de modestie, mais le marché n'est pas mauvais, il est même bon.... Je ne suis pas fâché de l'avoir fait. Tenez, voici l'acte de vente passé devant Me Nicolo, notaire à Paris, » fit-il en tirant une liasse de papiers de son portefeuille, et la présentant à son compère.

Frionnet, les bras croisés sur la table et les

yeux tout ronds, se mit à lire; on l'entendait souffler; il ne disait rien.

« Mais.... mais.... fit-il en se levant.... et l'argent?.... l'argent?.... Vous avez obtenu des termes pour le payement ?

— Non, il fallait de l'argent comptant; j'ai payé tout de suite.... Voilà la quittance en bonne forme. »

Alors Frionnet n'avait plus rien à dire; l'étonnement, la stupéfaction l'empêchaient de témoigner à maître Fix toute son admiration comme il aurait fallu, et il demanda :

« Vous n'aviez pas la somme, pourtant.... Cinq cent mille francs!.... Vous ne pouviez pas l'avoir.... Je connais assez votre fortune, monsieur le maire, pour me permettre....

— Il paraît que je l'avais, lui répondit maître Gaspard simplement, puisque la quittance est là! Et puis, Frionnet, que je l'aie eue dans ma poche ou non, ça ne fait rien à l'affaire si j'ai pu me la procurer à temps. »

Ce coup était si beau, si hardi, que le compère ne pouvait en revenir.

« Vous avez vu Sabouriau, bien sûr, dit-il encore. Voyons, entre nous, monsieur le maire, combien a-t-il reçu?

— Monsieur Sabouriau? pas un centime, dit maître Gaspard. Comment, comment pouvez-vous avoir des idées pareilles, Frionnet? Un si honnête homme!.... »

Il goguenardait évidemment. La satisfaction du joueur habile, heureux, qui râcle l'or et les billets de banque du tapis vert, et les empoche aux yeux des assistants, voilà ce qui se lisait dans le sourire de maître Fix.

Quant à Frionnet, il avait la figure longue d'une aune; et contemplant en lui-même la magnificence de ce coup, dont il ne retirait pas un centime, lui pourtant qui le premier en avait fourni l'indication, involontaire il est vrai, mais enfin l'indication positive, il était devenu muet comme une carpe au fond de son vivier, les deux mains sur ses genoux, le nez en arrêt devant la quittance, regardant sans voir. Une sorte d'amertume, d'envie, l'empêchait de rien dire, quand Gaspard Fix, comprenant sans doute ce sentiment naturel, lui posa la main sur l'épaule en disant :

« C'est pourtant à vous, Frionnet, que je dois l'idée de la chose, et je veux que vous en ayez aussi votre part. »

Frionnet se redressa lentement.

« Nous allons défricher, dit maître Fix.

— Défricher, monsieur le maire ? Mais il faut une autorisation du gouvernement.

— Ne vous en inquiétez pas.... tenez.... la voici !

— Encore !.... murmura Frionnet; quelle chance !....

— On a toujours de la chance, quand on sait se remuer, répliqua le compère. Mais il ne s'agit pas de cela; nous allons défricher, et je vous prends pour mon homme d'affaires. Le petit Marcel, votre clerc, gérera bien l'étude en attendant ; et vous, Frionnet, en considération de tous les vieux services et de vos solides connaissances, je vous donne pour mener le défrichement rondement, pour dresser les actes et surveiller l'exploitation, je vous donne dix pour cent sur les bénéfices ; si je gagne trois cent mille francs, vous en aurez trente mille ; si je gagne plus, vous aurez plus ; si je gagne moins, vous aurez moins. »

Maître Gaspard, sans instruction première et fort peu versé dans les difficultés du droit, avait su depuis longtemps, apprécier tous les mérites d'un tel compagnon, et ne voulait pas le lâcher dans cette affaire de longue haleine, il s'en serait bien gardé ! D'autre part Frionnet, voyant qu'on ne l'oubliait pas tout à fait, laissa déborder son admiration ; il se leva et se mit à tourner autour de la chambre, en bégayant :

« Monsieur Fix, je suis à vous corps et âme !.... Je vous connais depuis longtemps.... oui, je croyais vous connaître.... mais j'étais un âne, une bourrique, je n'avais pas seulement l'idée de votre capacité pour les grandes entreprises.... Ça, monsieur Fix, c'est votre bataille d'Austerlitz.... quelque chose de grandiose.... Vous êtes un homme de génie, un vrai ! »

Maître Gaspard, souriant d'un air de supériorité, tâchait de modérer l'enthousiasme de son compère.

« Allons, rasseyez-vous, lui disait-il, rasseyez-vous, Frionnet. Plus tard, quand l'affaire sera liquidée, quand il ne s'agira plus que de partager les bénéfices, alors vous pourrez me dire ça. On n'est pas plus bête qu'un grand nombre de ceux que nous connaissons, c'est sûr.... Mais ne nous glorifions pas nous-mêmes.... Remercions Dieu de ses bienfaits, Frionnet; humilions-nous, jusqu'à ce que nous ayons l'affaire tout à fait dans le sac. Il peut arriver tant de choses!....

— Il ne peut rien arriver, criait Frionnet, les papiers sont en règle.

— Si.... si.... on ne peut pas savoir. Marchons avec ordre, ne laissons rien perdre, c'est le principal. Nous allons déjeuner ensemble. Simone, Simone, » cria-t-il en ouvrant la porte.

La mère Simone accourut.

« Simone, tu vas nous servir le déjeuner à nous deux, à Frionnet et à moi, ici, dans le cabinet; nous avons à causer ensemble; et tu feras monter une vieille bouteille de Thiaucourt de 1832, tu m'entends? »

Simone courut à la cave, Pâcote vint mettre le couvert; et, le déjeuner servi, la porte fermée, on se mit à causer d'affaires.

Il fut convenu dans cette conversation que l'opération serait tenue secrète, jusqu'à ce que Frionnet eût arrêté tous les voituriers du pays, pour mener le bois à raison de tant la corde par kilomètre, prix uniforme, et que chaque marché serait écrit, afin que ces gens ne pussent s'entendre et faire monter le prix du voiturage; ce qui n'aurait pas manqué d'arriver, si le défrichement avait été connu d'avance. En outre, que Frionnet ferait des marchés semblables avec tous les maîtres bûcherons du pays, au meilleur compte possible, en prenant les signatures; que l'on commencerait par tracer des chemins forestiers, pour faciliter la sortie des bois; que l'on traiterait avec les scieries d'après les tarifs, ayant soin d'engager par écrit les propriétaires de ces usines, à livrer régulièrement tant de planches, tant de madriers, par jour, les mesures bien spécifiées; que Frionnet surveillerait aussi l'exploitation du bois à brûler et son transport aux verreries de Tiefenthâl, car un marché considérable avait été déjà passé pour des milliers de cordes, entre maître Fix et M. Nicolas Thomassin.

Enfin tout fut arrêté d'avance dans l'ensemble et dans les détails par les deux compères, qui s'y connaissaient. Après quoi ils se séparèrent pleins d'ardeur, pour se mettre à l'œuvre.

Ceci se passait dans le courant de novembre 1846. Jamais aussi belle affaire n'avait été faite au pays.

## VIII

Comme il s'agissait de commencer l'abattage avant le retour du printemps, parce que les bois coupés en pleine sève sont sujets à la pourriture et perdent beaucoup de leur valeur, Frionnet ne s'endormit pas une minute. Dès le lendemain il était en route pour la montagne, engageant bûcherons, schlitteurs, ségares, voituriers, autant qu'il put en trouver, le tout par écrit en bonne forme, sans laisser à ces braves gens la moindre échappatoire, car de se fier à leur parole, à l'antique poignée de main, inviolable et sacrée, ce n'était pas sa manière de voir. Quinze jours après il avait des engagements en portefeuille par douzaines, et le hasard seul divulgua la grande opération.

Quelques voituriers et bûcherons, un dimanche

au cabaret, après la messe, se communiquèrent leurs marchés avec Frionnet, et furent tout étonnés d'apprendre qu'ils n'étaient pas les seuls, que cela s'étendait au loin.

Alors on s'émut, on courut prendre des informations près de la partie forestière, et l'on apprit que M. Gaspard Fix avait acheté le domaine du Hôwald; en outre, qu'il avait obtenu du gouvernement l'autorisation de défricher; que les gardes particuliers traçaient déjà les chemins de schlitte et de vidange; et que, selon toute probabilité, chacun des engagés recevrait avant quinze jours l'avis d'avoir à remplir son marché.

Quelle surprise!.... maître Gaspard Fix propriétaire du Hôwald! Il n'était plus question que de cela dans tout le pays, et M. le maire ne tarda point à s'en apercevoir, aux grands coups de chapeau qu'il recevait partout sur son passage.

« Frionnet, dit-il à son compère, notre affaire est connue; nous n'avons plus besoin de la cacher; d'ailleurs, tous les marchés sont faits, tout est en règle, voilà le principal. Maintenant il faut commencer le travail.

— C'est aussi mon avis, dit Frionnet. Je vais avertir notre monde, et lundi prochain on commencera sur toute la ligne. Seulement, monsieur le maire, je ne puis pas tout inspecter, il faut aussi que vous vous en mêliez.

— Cela va sans dire; ce qu'on ne surveille pas soi-même est toujours mal fait. »

Et le lundi suivant, comme il avait été dit, le travail commença; d'abord celui des bûcherons :

on abattit, on abattit durant tous les mois de janvier, de février et de mars, sans désemparer, dans toutes les directions. Ces magnifiques arbres tombaient les uns sur les autres; des percées immenses s'ouvraient sur les collines à perte de vue; les roches nues, les côtes arides, les fonds marécageux se découvraient pour la première fois depuis des centaines d'années; et l'abattage continuait toujours avant l'arrivée de la sève; il fallait préparer de l'ouvrage pour tout l'été et jusqu'à l'entrée de l'hiver suivant.

Ainsi marchaient les choses.

Quant à l'admiration d'un si beau coup, à la considération dont maître Gaspard Fix était entouré de plus en plus, il est inutile d'en parler.

« Quel homme d'entreprise!.... Quel coup d'œil! disait-on. Et quelle fortune!.... Payer cinq cent mille francs du jour au lendemain. Ah! jamais nous n'aurions cru que cet homme extraordinaire arriverait si haut.... Voilà ce qui s'appelle le génie des grandes affaires!.... »

Le docteur Laurent lui-même reconnaissait que le beau-frère était plus fort qu'il n'avait cru :

« Oui, disait-il au Casino, il a plus d'audace que je le supposais. C'est une affaire superbe, qui rapportera de gros bénéfices à maître Gaspard et à son associé, car il doit avoir un associé très-riche et très-influent, qui a fourni les fonds et obtenu l'autorisation de déboiser. Ces sortes d'autorisations ne s'obtiennent pas facilement; c'est une chose grave, qui peut changer les conditions hygiéniques d'un pays. Je m'étonne même beaucoup que l'administration forestière ait consenti au déboisement du Hôwald, dont les terrains sont presque tous marécageux; il faut qu'on lui ait pour ainsi dire forcé la main. Une fois les bois coupés, et tous ces marais exposés au soleil, Dieu sait ce qui arrivera; nous pourrons bien recevoir la visite du typhus et des fièvres paludéennes!.... Mais que fait cela à maître Fix et à son associé? L'affaire est bonne pour eux; ils vont gagner beaucoup d'argent; le reste ne les regarde pas! »

Ainsi parlait le docteur, et l'avenir devait montrer qu'il avait raison; mais, en attendant, ces grands abattages donnaient une impulsion extraordinaire au commerce du pays; toute la population forestière avait de l'ouvrage; l'argent roulait!

On pense bien que maître Fix n'avait plus guère le temps de monter au casino lire la gazette; il entendait bien parler quelquefois de réforme électorale et parlementaire, de banquets réformistes présidés par les chefs de l'opposition constitutionnelle, et d'autres choses semblables; mais, au milieu de sa grande exploitation, c'était le moindre de ses soucis; il ne songeait qu'à bien débiter son bois en planches, solives et madriers, à le bien faire corder, à le bien vendre.

Sur la fin de l'automne, voyant que tout le fonds lui resterait pour rien, une fois les bois coupés et vendus, et calculant que ce fonds, — avec le château, les étangs, les métairies, — tout aride et dépouillé qu'il allait être, représenterait encore une valeur de plus de quatre cent mille francs, maître Gaspard laissa éclater sa joie : l'idée du gros bénéfice qu'il allait faire lui donnait une bonne humeur remarquable, à ce point qu'en reconnaissance des services de Frionnet, il n'hésita pas à lui avancer quelques mille francs. C'était du reste le meilleur moyen d'encourager le compère à poursuivre le déboisement avec un redoublement d'ardeur.

Mais l'hiver arriva bientôt après, il fut très-rude dans la montagne, en cette année 1847 ; il fallut suspendre le travail, et les deux compères profitèrent de ce chômage forcé, pour apurer tous les comptes de l'exploitation.

Maître Gaspard, très-content de sa campagne, songeait à se remettre au courant de la politique.

On était alors en février 1848. Depuis quelques jours toutes les gazettes parlaient d'un banquet qui devait se tenir aux Champs-Élysées, sous la présidence de M. Odilon Barrot ; les membres de l'opposition, les journalistes et la jeunesse des écoles en masse avaient reçu des invitations.

Maître Gaspard, ses bésicles sur le nez, les pieds dans ses pantoufles, lisait ces nouvelles chaque matin, en attendant Frionnet, qui ne manquait jamais d'entrer sur le coup de huit heures.

« Tenez !... voyez un peu la folie de ces Parisiens, disait-il en lui tendant le journal ; voyez ce Ledru-Rollin, cet Odilon Barrot, ce Lamartine, tout ce tas de gueux qui s'entendent ensemble pour troubler l'ordre. Ah ! si j'étais Louis-Philippe, comme je vous balayerais ça !... Boum... Boum !... Je n'en laisserais pas échapper un seul !

— Mais qu'est-ce qu'ils veulent donc ces imbéciles? s'écriait Frionnet; qu'est-ce qu'ils demandent, avec leur adjonction des capacités? Est-ce que ceux qui ne sont pas capables d'amasser de quoi payer deux cents francs de contributions directes, méritent qu'on les regarde? Est-ce qu'avant de mettre le nez dans les affaires publiques, il ne faut pas savoir faire les siennes?

— C'est clair! disait maître Gaspard; c'est clair comme le jour. Mais ne nous fâchons pas, Frionnet; un banquet de plus ou de moins, qu'est-ce que ça prouve? Quand ils auront bien mangé, bien bu, dépensé leur argent et braillé leur saoûl, eh bien, les démagogues seront contents. Ils recommenceront ailleurs dans quinze jours ou trois semaines, et ça ne nous empêchera pas de continuer nos petites affaires. Allons, asseyez-vous, et voyons ce qui nous regarde! »

Ils ouvraient alors le gros registre des comptes, pour éplucher le doit et l'avoir des bûcherons, des schlitteurs, des scieurs, des voituriers, et la gravité de cette occupation leur faisait oublier le reste.

Mais un beau matin qu'il n'était pas arrivé de journaux depuis trois jours, ce qu'on attribuait à la difficulté des chemins pendant la fonte des neiges, tandis que les deux compères se livraient à leur occupation, tout à coup ils virent passer devant les fenêtres, sautant au milieu des flaques d'eau, M. le contrôleur Couleaux, d'habitude grave et même solennel.

« Qu'est-ce que c'est? dit maître Gaspard. Quelque chose se passe....

— Oui, ce n'est pas naturel, » remarqua Frionnet en se levant.

Et tous deux ouvrirent la porte du cabinet. M. Couleaux gravissait déjà les marches de l'escalier et criait dans le vestibule :

« Monsieur le maire, est-ce que le *Moniteur* est arrivé ?

— Non, dit maître Gaspard, vous savez bien que le piéton n'est pas venu depuis trois jours, à cause des mauvais chemins de la montagne.

— Ah ! s'écria Couleaux, en entrant tout pâle et se laissant tomber dans un fauteuil, ah ! quel malheur !... Un exprès de Vandeuvre vient de m'apporter cette lettre de Paris, une lettre de mon neveu le stagiaire.... Dieu du ciel ! tenez.... lisez.... lisez vous-même ! Ah ! quelles nouvelles, mon Dieu !... »

Frionnet prit la lettre et, s'approchant de la fenêtre, il lut tout haut :

« Mon cher oncle, Paris est en révolution. Le roi est en fuite.... un gouvernement provisoire vient de s'établir à l'Hôtel de Ville ; voici les noms : Ledru-Rollin, Lamartine, Arago, Marie, Crémieux, etc. »

Et pendant que Frionnet pâlissait à son tour, maître Gaspard devenait rouge jusqu'aux oreilles.

« Hein ! qu'est-ce que vous pensez de cela, mes pauvres amis ? bégaya le contrôleur.

— Nous sommes perdus, dit Frionnet, les débiteurs sont les maîtres, ils nous couperont le cou ! »

En entendant cela, maître Gaspard toussa deux

fois, puis il se leva et ouvrit la fenêtre pour donner de l'air. Couleaux, les yeux écarquillés, regardait comme s'il avait vu la guillotine se dresser devant lui.

Le docteur Laurent passait justement dans la rue, pour aller faire ses visites ; et M. le maire, malgré le peu de sympathie qui régnait entre eux, se réveillant de sa stupeur, lui cria :

« Hé ! beau-frère, vous savez la grande nouvelle ?

— Oui, la République est proclamée, dit Laurent tout sérieux ; c'est un peu tôt, le peuple est encore bien en retard ; depuis cinquante ans on ne lui a rien appris de ce qu'il devrait savoir ; on ne lui a enseigné que le catéchisme ; mais, puisque nous avons la République, malgré tout nous tâcherons de la conserver.

— Ah ! cria Couleaux, que vous avez raison, docteur ! La République.... mon Dieu ! nous la voulons tous.... c'est la plus belle forme de gouvernement.... Malheureusement le peuple.... »

M. Laurent, entendant cela, poursuivit son chemin. Alors M. le contrôleur, jaune comme un coing, sortit sans rien dire ; et les deux compères, se regardant dans l'embrasure de la fenêtre, s'écrièrent ensemble :

« Que faire maintenant ?

— Je vais à Tiefenthâl, dit maître Gaspard au bout d'une minute. Notre député, M. Thomassin, doit être revenu ; c'est un homme prudent, il s'est bien sûr tiré de la bagarre.

— Oui, dépêchez-vous ! c'est là que nous saurons la marche à suivre; avant tout, il faut s'entendre, prendre le mot d'ordre. Vous viendrez me voir en rentrant, monsieur le maire, je vous attendrai.

— C'est bien, dit maître Gaspard en courant dans la cour et criant :

— Faxland!... Faxland!... Attelle les deux chevaux.... vite!... Nous allons à Tiefenthâl. »

Faxland venait justement de bouchonner ses chevaux. Dehors un paysan dans la rue, criait : « Vive la République! »

« Vous entendez, monsieur le maire, on crie quelque chose là-bas, dit-il.

— Oui, c'est bien. Dépêche-toi seulement; ça ne nous regarde pas. »

Alors Faxland sortit les chevaux; et M. Gaspard Fix lui-même, poussant le char-à-bancs hors du hangar, jeta dessus une botte de paille et dit au palefrenier :

« Va mettre tes grosses bottes. Hé! n'oublie pas mon manteau. »

Il finit lui-même d'atteler, serra les boucles; et comme sa femme arrivait voir sur la porte ce qui se passait, il enjambait déjà le siége; puis, s'enveloppant du manteau que Faxland lui tendait, il dit à sa femme d'un ton de maître, pour éviter toute explication :

« Je reviendrai ce soir, Simone; tu m'attendras pour souper. Allons, monte, toi; en route!

— Hue! » cria Faxland, et les chevaux, cinglés d'un vigoureux coup de fouet, partirent comme le vent.

Faxland n'ayant pas eu le temps de déjeuner, venait d'avaler à la cuisine un grand verre d'eau-de-vie pour s'éclaircir la vue, et, tout en galopant ventre à terre, il évitait les ornières, les gros pavés, enfin tous les obstacles du chemin, avec une adresse merveilleuse. Mais, au bout du village, comme les cris de : « Vive la République ! » éclataient au cabaret des *Trois-Pigeons*, un éclair lui passa devant les yeux, il se dit : « L'empereur est revenu ! » et d'une voix terrible, levant son gros bonnet de la main gauche et manœuvrant le fouet de l'autre, il se mit à crier :

« Vive l'empereur ! »

Maître Gaspard, lui, ne disait rien ; accroupi, le dos dans la paille, et le bord du feutre rabattu sur les yeux, il rêvait aux mauvaises payes, à la suspension du travail, à l'enlèvement du bois dans les coupes, à la descente des montagnards, lorsqu'ils apprendraient la proclamation de la République, enfin à tous les malheurs qui pouvaient arriver. Il ne se fâchait pas contre Faxland, sachant bien qu'au moindre ordre de ne plus crier : « Vive l'empereur ! » le vieux hussard, dans son indignation, serait capable de verser la voiture, au risque de leur casser les reins à tous les deux.

A chaque village qui se rencontrait, c'était à recommencer ; Faxland se levait à demi, tapait sur les chevaux et criait à gorge déployée :

« Vive l'empereur !... vive la République !... Hue !... En avant.... ça marche !... »

Les gens regardaient tout étonnés, se disant :

« C'est le maire de la Neuville, le riche !...

Qu'est-ce qui se passe?... Qu'est-ce que ça veut dire?... »

Dans d'autres villages, où la nouvelle courait déjà, tout fourmillait de monde; les auberges et les cabarets bourdonnaient comme des ruches; hommes, femmes, enfants, sur les marches de leurs baraques, riaient, chantaient et criaient :

« Vive la République! »

La grande voix de Faxland, avec son « Vive l'empereur! » leur faisait tourner la tête ; et quelques anciens soldats, en blouse, levant leur bonnet de coton, répétaient alors le même cri, ce qui redoublait la joie et l'enthousiasme du brave homme.

« Je savais bien qu'il n'était pas mort et qu'il reviendrait, s'écriait-il; ça ne pouvait pas manquer! »

Maître Gaspard rêvait toujours. Que d'idées lui passaient par la tête, et qu'il était impatient d'arriver à Tiefenthâl!

Enfin, vers midi, le château de M. Thomassin apparut au fond de la vallée. Nombre de voitures avaient déjà tracé leur passage dans la longue avenue blanche. Les cheminées de l'usine fumaient comme d'habitude, mais la maison d'habitation, avec ses grandes remises et ses attenances, paraissait solitaire; les chiens seuls, au bruit des grelots, se mirent à hurler. Un vieux domestique, M. Robert, remplissant les fonctions de majordome, parut sur la porte, comme le char-à-bancs s'arrêtait à quelques pas du péristyle.

« M. Thomassin? cria maître Gaspard, sautant

de voiture et secouant la paille de ses habits. Je voudrais le voir tout de suite! »

M. Robert l'avait reconnu pour un des amis de la maison, et dit en se sauvant :

« Je reviens, monsieur le maire, je reviens! »

Une minute après il reparaissait en s'écriant :

« Si M. le maire veut se donner la peine d'entrer!... »

En même temps il courait donner l'ordre de dételer, et priait poliment Faxland d'entrer à la cuisine, ce que le vieux hussard trouva tout naturel.

M. Gaspard traversait alors le vestibule; il entendait à gauche un grand bourdonnement de voix, et voyait dans l'antichambre, des chapeaux ronds, des tricornes, des manteaux pendus au mur. Il écoutait, lorsque la porte du fond s'ouvrit, et que M. Thomassin lui-même, en longue capote de voyage, la figure fatiguée, apparut et lui tendit la main.

« Ah! M. le maire, lui dit-il, j'étais sûr de votre visite dans ces graves circonstances.

— Oui, monsieur le député, répondit maitre Gaspard en se découvrant; à la première nouvelle, j'ai voulu savoir ce qu'il fallait faire et je suis venu.

— Eh bien! entrez, entrez! » dit M. Thomassin, en le précédant dans une longue salle, au bout de laquelle brillait un feu magnifique dans une haute cheminée de marbre.

Un grand nombre de personnes se pressaient là, autour d'une table couverte de journaux, les unes assises, les autres debout : des dames et des messieurs, des prêtres et des fonctionnaires.

A peine la porte ouverte, tous les yeux se tournèrent vers le nouvel arrivant. Maître Gaspard, du premier coup d'œil remarqua une sorte d'épouvante répandue au milieu de ces gens ; ils étaient tous pâles, attentifs et comme saisis.

« Mesdames et messieurs, dit gravement le député, j'ai l'honneur de vous présenter M. Gaspard Fix, maire de la Neuville, un homme sûr, un des nôtres, un autre nous-mêmes. »

En même temps cinq ou six voix inquiètes demandaient à la fois :

« Eh bien, M. le maire, eh bien, que se passe-t-il chez vous?... Comment la nouvelle est-elle accueillie ? »

Lui, son large feutre à la main, regardait ces figures défaites : Mme Reine Thomassin, la maîtresse de la maison, M. le sous-préfet Thiébaut, M. le procureur Mathis, M. le grand-vicaire de Vieille-Ville, des jeunes gens à moustaches, enfin tous les gros bonnets du pays, réunis là comme des perdreaux effarouchés dans un buisson.

Maître Gaspard ne manquait pas de courage, il en avait même beaucoup, et se sentait capable de tout risquer et de tout hacher sans miséricorde, pour conserver son avoir. Ces gens craintifs lui firent pitié.

« Ce sont des trembleurs, se dit-il ; et pourtant ils ont plus à perdre que moi ! »

Mme Reine Thomassin ayant répété dans le plus grand trouble :

« Au nom du ciel, monsieur le maire, parlez! que se passe-t-il chez vous? Dans quel état sont les esprits? »

Il toussa et dit :

« Chez nous, madame, il ne se passe pas encore grand'chose; mais demain ce sera terrible!...

— Vous croyez?

— Oui, la mauvaise nouvelle gagne partout, les gueux se réunissent dans les cabarets, ils complotent ensemble; ça se remue, ça fourmille, ça ne demande qu'à happer le bien des honnêtes gens. »

Et voyant l'effet de son discours, il ajouta :

« Le pire, c'est qu'ils n'ont pas de religion; ils veulent tous avoir leur part du gâteau; ils crient : « Vive la République! » Je n'ai vu que ça sur toute ma route.

— Ils crient « Vive la République! » monsieur le maire.

— Hé! sans doute. Qu'est-ce que vous voulez qu'ils crient? On leur a toujours dit en chaire, que la République c'était le droit d'aller dans les bois couper les arbres qui leur conviennent, d'assommer les gardes et les rats-de-cave qui leur ont fait des procès-verbaux, de houspiller les juifs qui les ont volés.... A force de l'entendre répéter par les curés, ils ont fini par le croire. Les vieux soldats crient aussi « Vive l'empereur! » Ils pensent que l'empereur va revenir avec son mameluck!... Enfin, qu'est-ce qu'on peut savoir? Pourvu que demain ou après, les montagnards ne nous tombent pas sur le dos, comme les anciens racontent qu'ils ont fait en 89; c'est tout ce que je souhaite. »

Il parlait encore, que toute la société se levait, et les dames criaient, à droite, à gauche :

« Vous entendez, monsieur Thomassin!... Vous entendez, monsieur de Muleroy!... Nous le savions.... nous en étions sûres!.... »

Messieurs les curés parlaient de gagner la Suisse, et les beaux jeunes gens ne semblaient pas moins pressés de lever le pied. Maître Gaspard, lui, restait calme, regardant, écoutant, tout surpris d'une confusion pareille.

« Mon Dieu, ma chère amie, bégayait M. Thomassin, rien n'est prêt.... Il faut pourtant se donner le temps de réfléchir.... On ne peut se décider aussi vite. »

Et tous les autres parlaient et gesticulaient sans pouvoir s'entendre.

A la fin, Mme Reine s'étant rapprochée de maître Gaspard, lui demanda :

« N'est-ce pas, monsieur le maire, vous ne voyez pas autre chose à faire?

— Quoi, madame?

— Se sauver! »

Maître Gaspard recula d'un pas, sa grosse figure charnue devint pourpre :

« Oh! oh! s'écria-t-il d'un accent brutal, me sauver, moi! Me sauver, en abandonnant ma maison, mes champs, mes prés, mes bois, tout ce que j'ai gagné sou par sou, liard par liard, depuis trente ans... oh! oh! messieurs, mesdames, comme vous y allez!... On voit bien que ça ne vous a pas coûté beaucoup de mal... Non... non... Gaspard Fix n'est pas de ceux-là qui se sauvent!... »

Et sa franchise ayant fait rougir ce grand monde, il ajouta en levant les deux bras, son chapeau d'une main et le bâton pendu au poignet de l'autre :

« Hé ! mon Dieu, on ne meurt qu'une fois !... A la guerre comme à la guerre !... S'il faut hurler avec les loups, on hurlera avec les loups, on criera : « Vive la République !... » Moi, plutôt que de lâcher mon bien et de me sauver comme Louis-Philippe, je crierai plus fort que tous les autres ensemble. Ceux qui se sauvent ont toujours tort ; on dit : — S'ils avaient bonne conscience, ces coquins ne se sauveraient pas ! »

Une sorte de consternation se peignait alors sur toutes les figures. Mais dans le même instant M. de Muleroy, que maître Gaspard avait reconnu du premier coup d'œil, assis tout attentif dans un coin, et qui n'avait pas quitté sa place au milieu du tumulte, M. de Muleroy se levant, alla se mettre le dos à la flamme contre la cheminée, et dit d'une voix nette :

« M. le maire vient de prononcer le mot de la situation : « Ceux qui se sauvent ont toujours tort. Il faut hurler avec les loups !... » C'est bien, monsieur le maire, c'est très-bien ! »

Et comme la plupart se rasseyaient, lui, se barbouillant le nez de tabac, continua :

« Oui, mesdames et messieurs, il faut crier : « Vive la République » plus haut que tout le monde. Qu'arriverait-il si nous passions en pays étranger ? C'est tout simple : la République nous traiterait en ennemis ; elle nous appliquerait la loi des suspects, comme à la ci-devant noblesse de France, en 92 ; elle nous sommerait de rentrer à bref délai, faute de quoi nos biens seraient confisqués au profit de la nation ; on les dépecerait, on les vendrait par petits lots, à des gens qui sauraient les défendre. L'Europe ne s'intéresserait pas à nous, elle nous regarde comme des usurpateurs ; et nous serions littéralement réduits à la misère, sans avoir des Condé, des Noailles, des Richelieu, pour relever notre infortune. Voilà ce qui nous attendrait en Allemagne, en Russie, en Angleterre !... M. le maire vient donc de nous donner un excellent conseil, crions : « Vive la République ! » Et surtout, fit-il en se tournant vers le sous-préfet, que nos fonctionnaires se gardent bien de donner leur démission... Ces actes-là... ces scrupules sont pitoyables... Restons en place !... Parmi toutes les fautes que nous avons commises, on ne peut du moins nous reprocher d'avoir instruit le peuple ; grâce à son ignorance, nous sommes toujours les gens nécessaires, indispensables ; on n'administre pas, on ne perçoit pas les impôts, on ne juge pas, on ne légifère pas, on ne conduit pas les armées, sans préfets, sans receveurs, sans magistrats, sans députés, sans généraux. Il faut avoir fait des études spéciales pour remplir chacun de ces emplois, et le peuple ne sait fort heureusement ni A ni B. L'ignorance, la sainte ignorance des masses nous sauve et nous sauvera toujours ; le principal est de la maintenir ! Or, si nous partions, qui pourrait empêcher les républicains de décréter l'instruction gratuite, obligatoire et surtout laïque? Personne!... Ils le feraient tout de suite, croyez-le bien, et ne seraient tranquilles qu'après avoir mis le peuple en position d'exercer avec discernement le droit de suffrage qu'ils viennent de lui donner. Alors la République pourrait braver toutes les attaques; elle trouverait facilement dans les masses encore vierges de cette nation, des capacités innombrables en tous genres, peut-être moins aiguisées, moins civilisées que les nôtres, mais plus originales et plus robustes. Le moins qui pourrait nous arriver, ce serait d'être forcés de partager avec ces nouveaux venus les fonctions, les honneurs, le pouvoir, enfin tous les avantages que nous assure le monopole de l'instruction. En tout cas le gouvernement exclusif de la bourgeoisie serait anéanti et la démocratie triompherait; le concours remplacerait partout la nomination administrative; il ne suffirait plus d'être le fils de quelqu'un pour être quelque chose, il faudrait d'abord être une capacité. Notre classe, peu nombreuse, peut-elle, à instruction égale, produire autant de capacités que la nation tout entière? Non! Nous passerions à l'état de minorité gouvernementale; nous serions forcés de nous fondre dans la démocratie ou de disparaître. Restons, pour conjurer de si grands malheurs; faisons face à l'orage: il sera court! Tous nos amis conservant leurs fonctions, ou ne craignant pas d'en demander au gouvernement de la République, se trouveront en position de calmer, de modérer, et dans quelque temps d'arrêter les mauvais instincts de la foule. Le clergé fera comme nous. Il nous aidera ; nos intérêts sont les mêmes ; une action commune est indispensable pour atteindre à un bon résultat final... Restons donc, je le répète, et crions : « Vive la République !... Vive le suffrage universel !... Vive la liberté, l'égalité, la fraternité ! » Les nôtres, un instant dispersés, vont se réunir, reconstituer notre administration, notre police, notre armée, que les républicains de Paris ont humiliée sottement, en la forçant de rendre ses armes ! Croyez-en ma vieille expérience, dans trois ou quatre mois au plus tard, nous pourrons reprendre l'offensive. »

En ce moment une haute porte à droite s'ouvrit à deux battants, et maître Gaspard vit un déjeuner magnifique servi dans la salle voisine ; car, même au milieu de ces émotions extraordinaires, le train habituel de la maison n'était pas changé.

« A tantôt les affaires sérieuses ! dit M. Thomassin d'un air guilleret. Mon ami de Muleroy a raison... Il faut rester... et danser la carmagnole avec les républicains. Notre tour reviendra !... »

Les dames paraissaient un peu rassurées ; mais, Fix, lui, se disait que ce n'était pas le temps de se goberger ; il ne pensait qu'à retourner à la Neuville, pour protéger son bien ; et M. Thomassin l'ayant prié à déjeuner :

« Oh ! monsieur le député, dit-il à haute voix, vous me faites trop d'honneur.... Je suis pressé de rentrer.... Qu'est-ce qu'il me faut ? Un verre de vin, un morceau de pain ; je vais tranquillement à la cuisine, ça vaudra mieux. »

Tous les assistants rougissaient de l'entendre; lui, devinant leur pensée, ajouta :

« Dans ce temps, il faut se mettre bien avec tout le monde ; il faut donner la main au premier venu; qui sait ce qui peut arriver demain? J'aurai peut-être besoin que mon domestique risque sa vie pour moi; ça lui fera plaisir de boire un coup avec son maître ! »

Et, sans attendre la réponse de M. Thomassin, il salua et sortit en pensant :

« Ces gens parlent bien, mais ils n'ont pas de courage ! »

M. de Muleroy, le montrant du doigt, dit alors :

« Voyez cet homme, il est à peine sorti du limon populaire, son père traînait la brouette; il n'a presque pas d'instruction, eh bien ! c'est déjà un politique ! Figurez-vous, d'après cela, ce que le peuple produirait d'hommes remarquables en tous genres, si malheureusement on l'instruisait. »

Et, donnant le bras à Mme Thomassin, il passa dans la salle à manger, sous les grandes portières de soie; les autres, deux à deux, le suivirent.

Pendant ce temps, maître Gaspard entrait dans la cuisine, où le feu des fourneaux brillait de toute sa splendeur, illuminant les marmites, les casseroles et la grande étagère couverte de poissons et de viandes succulentes. Il voyait Faxland, dans un des angles, les jambes écartées sous une table de chêne massive, en face d'une demi-douzaine de bouteilles vides et d'un énorme pâté de venaison. Trois ou quatre domestiques lui tenaient compagnie; ils discutaient politique ensemble, et le vieux hussard leur prédisait le retour de l'empereur, lorsque la vue de M. le maire, arrivant tout à coup, les troubla :

« M. le maire !... » firent-ils en se levant.

Mais, maître Gaspard, d'un air jovial, leur cria :

« Restez !... Ne vous dérangez pas !... Vous êtes bien.... Je viens seulement boire un coup et casser une croûte avec vous, avant de partir. »

Alors, ils se rassirent, et Faxland pensa :

« Le maître est pourtant un bon enfant !... Il aurait pu rester avec les huppés, il aime mieux venir ici. »

M. le majordome Robert, tout honteux, s'était empressé d'offrir une chaise à M. le maire, mais maître Gaspard resta debout.

Il se versa lui-même à boire et dit joyeusement, après avoir vidé son verre :

« Ça, c'est du vrai Bourgogne, du vin de député.... On ne se refuse rien ici.... Ha ! ha ! ha ! »

Tous riaient avec lui.

Puis il se coupa une bonne tranche de pâté, qu'il mangea, regardant la grande cuisine d'un air d'admiration et disant :

« Voilà ce qui s'appelle une maîtresse cuisine ; je n'en ai jamais vu de plus belle ! »

Les autres, malgré le bon vin qu'ils avaient bu, étaient un peu gênés et ne répondaient pas.

Maître Gaspard allait et venait. Il remplit encore une fois son verre et finit par dire au vieux hussard :

« Allons, Faxland, il est temps de partir, si nous voulons rentrer avant la nuit.

— J'y vais.... je vais atteler!... » s'écria Faxland en courant dehors.

D'autres sans doute l'aidèrent à tirer les chevaux de l'écurie, car cinq minutes après, maître Gàspard étant sorti, vit la voiture prête et le vieux soldat sur son siége; il s'assit derrière lui et ramena soigneusement son manteau sur ses épaules. M. Robert, du haut du perron, lui souhaitait bon voyage, et la voiture partit, franchissant la grille au galop.

Faxland, qui ne voyait jamais plus clair qu'après avoir bu, fouettait les chevaux à tour de bras; les tas de cailloux, les grands sapins, les vieilles roches penchées sur la route, les sentiers marqués de pas profonds dans la neige, tout défilait avec une rapidité extraordinaire.

De temps en temps le vieux hussard essayait encore de crier: « Vive l'empereur! » Mais à force de s'être enroué le matin, son cri ne ressemblait plus qu'au croassement d'un corbeau.

Il était cinq heures et la nuit venait, les petites maisons le long de la route s'éclairaient une à une, lorsqu'ils rentrèrent à la Neuville.

Malgré l'onglée qui le tenait aux pieds, maître Gaspard n'oublia pas son compère :

« Halte! » fit-il en arrivant devant la maison de Frionnet.

La voiture s'arrêta, et presque aussitôt l'huissier sortit de l'allée, son bonnet de peau de renard tiré sur la nuque. Il s'approcha en souriant :

« Eh bien ? » fit-il à voix basse.

Maître Gaspard s'était penché à son oreille :

« Il faut hurler avec les loups.... Il faut crier « Vive la République ! » plus fort que tous les autres.

— Ah ! ah ! fit Frionnet, dont les yeux scintillèrent, je comprends.... Une fois dans la place....

— Justement !.., interrompit maître Gaspard. Mais il fait un froid terrible, je ne sens plus mes pieds.... Venez ce soir à la maison, je vous raconterai le reste. En route, Faxland ! »

## IX

Le lendemain, les journaux de Paris arrivèrent. Maître Gaspard fit afficher tout de suite les noms du gouvernement provisoire à la porte de la mairie. Il fit sonner la cloche pour réunir le conseil municipal ; puis, ayant ceint son écharpe de maire, il se rendit à la maison commune.

Messieurs les conseillers étaient déjà réunis autour de la table, dans la salle des délibérations, fort curieux de savoir ce que M. le maire allait dire, car la grande nouvelle s'était répandue et chacun, de son côté, ne savait quoi penser.

M. Gaspard Fix, la figure rouge, entra gravement et s'assit dans son fauteuil. Tous les conseillers le regardaient ; il se leva et leur tint le discours suivant :

« Vous savez tous que les Parisiens ont chassé

Louis-Philippe, sa famille royale et ses ministres. En apprenant çà, j'ai dit : — Voilà le plus beau jour de ma vie ! Nous sommes enfin débarrassés de la liste civile, et de toutes les autres dépenses inutiles, en fêtes, en bâtisses, en peintures, en voyages, qui nous coûtaient les yeux de la tête.

« Depuis longtemps je pensais que nous finirions par avoir la République, car les impositions augmentaient de jour en jour, les rats-de-cave venaient exercer tous les samedis ; les gendarmes empêchaient les gens de boire tranquillement leur chopine à l'auberge après dix heures du soir, enfin ça ne pouvait pas durer, c'était contre nature : on arrêtait le commerce et l'on augmentait les charges, pour entretenir l'avarice du roi et de ses ministres.

« Depuis que le monde existe, on n'a jamais vu de roi plus avare que ce Louis-Philippe ; il demandait des dotations tous les ans, pour ses fils, pour ses filles, pour ses gendres, comme si chacun ne devait pas doter ses enfants de son propre bien, au lieu d'aller mendier celui des autres.

« Finalement, il voulait empêcher les gens de faire des banquets entre eux, de boire un coup et de manger un morceau avec de vieux camarades ; on aurait dit que cette dépense le regardait, que l'argent sortait de sa poche. C'était trop fort ; la nation s'est révoltée, et elle a bien fait !

« Nous sommes maintenant en République ; ça veut dire que chacun, riche ou pauvre, pourvu qu'il ait vingt et un ans, pourra nommer le député qui lui plaira. Est-ce que les pauvres n'ont pas le droit, aussi bien que les riches, d'aller au chef-lieu d'arrondissement, nommer ceux qu'ils veulent ? Est-ce que chacun ne paye pas les impôts en proportion de ses moyens ? Et si ceux qui se présentent pour être députés, font de la dépense, soit en vin, soit en bière, soit en cervelas, est-ce que les pauvres gens n'ont pas le droit d'en profiter, aussi bien que ceux qui payent deux cents francs de contributions directes ? Pourquoi donc les riches contribuables auraient-ils seuls le droit de se goberger aux dépens des candidats ? C'est une véritable abomination !... Aussi moi, je crie de tout mon cœur : Vive la République !... Vive la justice !... Vive la nation ! »

Tous les conseillers répétèrent ce cri avec enthousiasme ; et, maître Gaspard s'étant rassis dans son fauteuil, M. Berthomé, secrétaire de la mairie, donna lecture des premiers décrets du gouvernement provisoire : sur le rétablissement des voies de communication dans Paris et la banlieue, sur l'abrogation des lois de septembre, regardant les écrits périodiques et le cautionnement des journaux, sur l'ouverture des clubs et des réunions dans toutes les villes de France.

On écoutait gravement. La séance se prolongea jusque vers onze heures ; ensuite on sortit, en se réjouissant de ces choses, pour aller dîner.

Maître Gaspard rentra chez lui, l'air calme et tranquille, ce qui ne l'empêchait pas d'être soucieux, car il se rappelait 1830, où les paysans étaient tombés sur les usuriers juifs, et les grands ravages que l'on avait fait alors dans les bois ; mais comme tout aux environs paraissait encore paisible, il se mit à table et dîna de bon appétit, pensant qu'il serait temps de s'inquiéter et d'appeler la gendarmerie, si les montagnards se mettaient à recommencer les mêmes dégâts.

Il recommanda bien à Simone de ne plus refuser le crédit aux grands braillards, qui vont décrier les gens au loin, mais de marquer tout avec soin sur l'ardoise, l'avertissant qu'il écrirait tout en détail sur le registre chaque soir et qu'on retrouverait cela par la suite, avec les intérêts.

Il fit des recommandations semblables à son compère Frionnet, lui disant d'arrêter provisoirement toutes poursuites contre les mauvais débiteurs, qui jettent de grands cris et soulèvent la mauvaise race contre vous dans les moments de trouble; la seule chose qu'il lui prescrivit, ce fut de veiller aux coupes, pour les empêcher d'être pillées la nuit; et si le cas se présentait, de faire toutes les constatations légales, toujours accompagné d'un garde, d'un maire ou d'un adjoint; de dresser le procès-verbal en règle, afin de pouvoir commencer les poursuites lorsque l'orage serait passé.

Frionnet, fort prudent de sa nature, entra parfaitement dans ses idées, et leur plan fut arrêté de la sorte.

Cependant la discussion au sujet des événements qu'on venait de lire s'animait au casino; les bols de punch et de vin chaud avaient exalté tous les esprits. Après les cris de : « Vive la République!... Vive la nation!... » qui depuis le matin retentissaient en haut, étaient arrivés les discours, les contestations.

Maître Gaspard, entendant tout cela de son cabinet, monta vers les deux heures, pour voir ce qui se passait. Il supposait que le beau-frère Laurent, plus content, plus joyeux que tous les autres, de voir son gouvernement républicain établi, avait pu blesser quelqu'un de la compagnie, et que de là venaient ces éclats de voix et ces trépignements qui remplissaient la maison. Et, comme maître Gaspard avait pour principe de se tenir au gros de l'arbre et de soutenir les plus forts, il voulait appuyer le beau-frère.

Aussi, jugez de son étonnement, lorsqu'en ouvrant la porte en haut, il entendit Couleaux, le plus solide appui, le meilleur serviteur du gouvernement de Juillet, reprocher d'une voix éclatante au docteur Laurent, de ne pas trouver la conduite de Louis-Philippe indigne et sa fuite honteuse, de chercher à l'excuser, et de ne pas montrer des sentiments assez civiques dans les circonstances graves où l'on se trouvait.

M. Couleaux, assis entre l'ancien maire Hodel et Méchini, tapait du poing sur la table, tout furieux; une quantité d'autres admiraient son éloquence et l'applaudissaient; et le beau-frère Laurent, seul debout, le dos appuyé contre le grand poêle de faïence, l'écoutait en souriant d'un air ironique.

« Vous êtes bien enthousiaste de cette nouvelle forme gouvernementale, M. Couleaux, dit-il à la fin ; j'en suis réjoui!... Mais dans tout cela, dans tous ces événements, je vois Louis-Philippe qui veut maintenir envers et contre tous le droit des électeurs établi par la Charte. Je le vois qui fait battre le rappel, pour appeler ces électeurs à soutenir leur privilége; je vois que ces électeurs, peu confiants dans leur droit, restent tranquillement chez eux; que plusieurs prêtent même leur fusil et leur uniforme de garde national à des gens qui vont se ranger avec le peuple; je vois l'armée, en présence de cette défection, qui tire ses coups de fusil en l'air et rentre dans ses casernes, et Louis-Philippe, abandonné de tous, qui reste seul pour défendre la Charte! Voyons, monsieur Couleaux, je ne suis pas un ami de Louis-Philippe, mais en bonne foi, je vous le demande, vouliez-vous que cet homme, ce vieillard, tînt seul contre la population?

— Oui! s'écria Couleaux d'un ton héroïque, il devait mourir à son poste. Je ne connais que ça, moi! Quand on est roi de France, il faut savoir mourir! »

Presque tous les autres applaudirent à ces nobles paroles.

Dans ce moment, le docteur Laurent, apercevant maître Gaspard tout ébahi sur la porte, lui demanda gaiement :

« Et vous, beau-frère, êtes-vous du même avis que ces messieurs?

— Comment! s'écria maître Gaspard. Je soutiens que Louis-Philippe et ses ministres ont mérité d'être pendus, et je ne comprends pas que vous, Laurent, vous osiez les soutenir.

— Allons, bon! s'écria le docteur, en partant d'un immense éclat de rire, c'est moi maintenant qui suis le philippiste et le réactionnaire! »

Il s'était mis à marcher, riant toujours.

« Oui, disait-il de bonne humeur, c'est moi qui suis l'homme du gouvernement de Juillet; et vous, monsieur Couleaux, vous, maître Gaspard, vous êtes les républicains.... Quelle heureuse transformation!... Mais au fait, tant mieux, tant mieux, c'est tout ce que nous demandons, la République n'est pas un gouvernement de parti, c'est le gouvernement de toute la nation. Seulement, écoutez, messieurs, en tout il faut de la bonne foi; si vous entrez dans la République, parce que vous avez reconnu que c'est le seul gouvernement juste, le seul profitable à tout le pays, et si vous renoncez sans arrière-pensée à tous vos priviléges, alors soyez les bienvenus....

— De quel droit, s'écria Couleaux, oseriez-vous soupçonner notre sincérité?

— Ah! dit le docteur en s'arrêtant, c'est que le 1er mai de l'année dernière, jour de la Saint-Philippe, je vous ai entendu crier avec tant d'enthousiasme : « Vive le roi!... » Vous comprenez.... un léger doute est permis. »

Et comme M. Couleaux, étonné de cet argument personnel, restait coi, le docteur, regardant maître Gaspard, ajouta :

« Et vous, beau-frère, je vous ai entendu si souvent crier contre les « gueux de Jacobins! » comme vous nous appeliez, que ce souvenir me trouble un peu. »

Il riait, et maître Gaspard, rouge jusqu'aux oreilles, balbutiait :

« Oui.... oui.... c'est possible !... Mais, quand on voit clair.... Quand un homme reconnaît qu'il s'est trompé, eh bien ! il doit avoir le courage de le dire, et je le dis.... Je n'ai pas reçu d'instruction, moi.... ce n'est pas ma faute !... Mais je tiens toujours avec la justice.

— Allons, tant mieux, s'écria Laurent. Ce changement subit m'avait fait craindre quelque chose.... Il arrive souvent que les chats s'introduisent dans le garde-manger, sous prétexte de le défendre contre les souris ! Enfin, du moment que nous sommes tous d'accord, tous convaincus et sincères, buvons à la santé de la République ! »

Alors les verres furent remplis, on trinqua jusqu'à cinq heures du soir, s'entretenant de la réorganisation de la garde nationale, de l'arrivée probable d'un délégué du gouvernement provisoire, et de la plantation d'un arbre de la liberté, dont maître Gaspard avait eu la première idée, et qu'il voul aller prendre lui-même dans ses bois, pour le transporter, au son de la musique, sur la place de la Fontaine, en face du *Mouton-d'Or*.

La concorde ne cessa plus de régner entre les membres de l'honorable compagnie, jusqu'au départ.

Mais le même soir, maître Gaspard se trouvant seul avec son compère Frionnet, ne lui cacha pas ses inquiétudes au sujet du beau-frère.

« Depuis les élections, Laurent m'en veut, dit-il ; jamais il ne me pardonnera la déconfiture de son ami Brunel et la nomination de Thomassin ; il se méfie de nous tous, et je crois qu'il a des soupçons sur le mot d'ordre.... Oui, en parlant des chats qui entrent dans le garde-manger, c'est moi qu'il regardait, en riant d'un air particulier et clignant de l'œil, comme pour me dire : « Attention !... » C'est un finaud, on croirait qu'il a tout entendu derrière la porte.

— Écoutez, monsieur le maire, lui répondit Frionnet, tout ça, c'est possible.... Mais quand même le docteur Laurent et tous les républicains connaîtraient le mot d'ordre et la manœuvre, qu'est-ce qu'ils pourraient y faire ? Le peuple est bête.... bête !.... Il ne sait rien.... il écoute ceux qui crient le plus fort, qui se mettent en avant !... Tenez, regardez seulement à l'église, les plus grands braillards sont toujours les meilleurs prédicateurs ; c'est la même chose en politique.... Ah ! si le peuple connaissait ses intérêts.... s'il votait dans ses intérêts, s'il réfléchissait que ses intérêts à lui ne sont pas les mêmes que ceux de M. Thomassin, et s'il écoutait les raisons, au lieu d'écouter les belles paroles, ce serait plus difficile. Mais de cette façon tout ira bien ; seulement il faut toujours se mettre en avant. A votre place, moi, j'ouvrirais un club à la Neuville, je me ferais nommer président ; j'aurais quelques bons amis pour crier quand je parlerais.... « C'est ça !... C'est bien ça !... Vive le citoyen Fix !... » Et puis.... et puis.... ma foi, je me ferais nommer député.

— Halte !... halte !... dit maître Gaspard, en se levant comme épouvanté et courant ouvrir la porte, pour voir si personne ne pouvait entendre.

— Eh ! pourquoi pas? reprit le compère d'un air tranquille. Est-ce que vous n'êtes pas aussi capable que Thomassin ? Est-ce que nous ne pouvons pas travailler les électeurs pour vous, comme nous les avons travaillés pour lui ? Qu'est-ce qu'il a donc de si extraordinaire, ce Thomassin ? Son père était un petit employé de la gabelle, avant 89, « un gabelou ! » qui s'est enrichi avec les biens nationaux. Il sait un peu de chimie.... La chimie, monsieur Fix, c'est l'art de faire du beurre sans crème et du vin sans raisin ; vous en savez autant que lui, puisque vous faites de la bière sans orge, et que les rats-de-cave n'y voient que du bleu ! Thomassin s'est fait nommer député en promettant de défendre les intérêts du pays ; il n'a rien défendu que son magot ; il a toujours voté pour le gouvernement, et le gouvernement, par reconnaissance, lui a donné tout ce qu'il demandait : du bois à bon marché, des routes pour son usine, des droits sur les verres étrangers, pour protéger les siens contre la concurrence, pour nous forcer de payer très-cher les produits de M. Thomassin, quand l'étranger nous aurait fourni les mêmes choses à moitié prix. Mon Dieu, ce n'est pas avec sa chimie qu'il est devenu millionnaire, c'est avec ses votes ; vous savez cela aussi bien que moi. Eh bien, à votre place, monsieur le maire, je suivrais son exemple ; je me ferais nommer député, et une fois député, je voterais toujours pour le gouvernement, république ou monarchie, — ça me serait bien égal, — pourvu que le gouvernement me donne tout ce que je lui demanderais.

— Pas encore.... pas encore, Frionnet! disait maître Gaspard à voix basse; plus tard.... nous verrons.... Mais il faut attendre.... il faut voir ce qui va se passer....

— Comme vous voudrez, dit le compère; mais, à votre place, moi, je commencerais tout de suite.... vous êtes trop modeste, monsieur Fix, beaucoup trop modeste.... vous ne connaissez pas vos capacités ! »

Ils se séparèrent là-dessus; et toute la nuit maître Gaspard ne fit que rêver aux idées de Frionnet, qui s'accordaient sous un grand nombre de rapports avec les siennes.

# X

Maître Fix craignait le bon sens des républicains, mais ses inquiétudes ne durèrent pas longtemps; des nouvelles extraordinaires se suivaient alors de jour en jour; on apprenait d'abord l'ouverture des clubs Barbès, Raspail et Cabet, qui n'étaient pas d'accord entre eux; puis celle du club Blanqui, en opposition avec tous les autres.

En même temps paraissaient des journaux innombrables, qui parlaient de choses inconnues : de droit au travail, de communisme, d'ateliers nationaux, où les ouvriers recevaient trente sous par jour, en attendant de l'ouvrage; de conférences au Luxembourg, sous la présidence du citoyen Louis Blanc, pour établir l'égalité des salaires ; de déficit, qu'on allait combler par un impôt extraordinaire de quarante-cinq centimes ; puis d'agitation à Rouen, à Lille, à Lyon; puis de l'opinion du citoyen Proudhon, « que la propriété c'est le vol, que Dieu c'est le mal, que le vrai gouvernement c'est l'anarchie! » et d'autres choses semblables, qui réjouissaient les réactionnaires jusqu'au fond de l'âme.

Le docteur Laurent en était désolé.

« Ces gens-là perdent la tête, disait-il au casino; pas un ne s'occupe de la seule institution qui puisse sauver la République, c'est-à-dire l'organisation immédiate de l'instruction gratuite, démocratique et obligatoire. Leur orgueil passe avant tout; pourvu qu'ils parlent, qu'on les entende, qu'on les regarde, ils sont contents, c'est leur principale affaire; chacun a sa théorie plus ou moins absurde, à laquelle il sacrifierait la France.... c'est terrible.... abominable!...

— Bah! criait maître Gaspard, c'est magnifique; il faut que chacun dise ce qu'il pense et ce qu'il veut! Ça, beau-frère, c'est la liberté, la vraie liberté.... Je suis plus républicain que vous, moi, je veux la liberté dans tout et pour tout.... Nous vivons dans un temps de progrès et je marche avec le progrès; on s'instruit à tout âge! »

Et le soir, seul avec Frionnet, il riait comme un bossu.

« Ce pauvre Laurent, disait-il, ne sait plus sur quel pied danser! Avec des républicains comme lui, nous n'aurions pas eu beau jeu; ils auraient établi tout de suite l'instruction gratuite; à leur place, moi, franchement je l'aurais fait sans perdre une minute; j'aurais pensé à instruire la jeunesse dans mes idées, à ne pas la laisser entre les mains des prêtres et des réactionnaires.... Tout est là !... Mais ceux-ci sont des républicains d'une nouvelle espèce, il leur vient une idée nouvelle tous les jours. Tant mieux !... Plus ils disent de bêtises, plus tôt ce sera fini. Ils font déjà peur à tous les ouvriers de bon sens, avec leur égalité des salaires, où les gens laborieux travailleraient pour nourrir les fainéants ; ils vont effrayer maintenant tous les fabricants, tous les commerçants, tous les rentiers, avec leur « propriété c'est le vol ! » tous les paysans, et principalement les femmes, avec leur « Dieu c'est le mal ! » tous les juges, tous les gens en place, avec leur « gouvernement c'est l'anarchie ! » Qu'est-ce qui leur restera pour les soutenir ? Les fabriques, les magasins vont se fermer, on va serrer le cordon de sa bourse.... Quelques tas de malheureux, endoctrinés par tous ces bavards, resteront sur le pavé ; ils auront besoin de manger et de boire ; la faim fait sortir le loup du bois !... Alors l'armée et la garde nationale tomberont dessus et les écraseront.... Les bavards fileront à l'étranger, pendant qu'on assommera ces pauvres imbéciles.... c'est sûr.... ça ne peut pas manquer !... Après quoi, Louis-Philippe reviendra, il rétablira l'ordre et l'on dira : il faut une religion, il faut un roi ; quand ce serait une bûche, il en faut un. »

Ainsi raisonnait maître Gaspard, en lisant et relisant, chaque soir, la *Carmagnole*, le *Tocsin des Travailleurs*, le *Père Duchêne* ; il en riait quelquefois jusqu'aux larmes.

« Ces gens-là sont fous ! disait-il à Frionnet ; ils ne reconnaissent point de chef ; ils n'ont point de mot d'ordre, point de discipline ; au lieu de se réunir contre les réactionnaires, ils se déchirent les uns les autres ; chacun livre sa petite bataille à part.... C'est stupide !... C'est pire que la tour de Babel ! »

Mais ce qui mit le comble à sa satisfaction, ce fut l'arrivée du commissaire spécial de la République, chargé de démocratiser l'arrondissement de Vandeuvre, et de préparer les populations aux prochaines élections, car le gouvernement provisoire avait hâte de se débarrasser du fardeau qui l'accablait.

Maître Gaspard, en sa qualité de maire de la Neuville, alla voir ce personnage. Il partit à pied, de bon matin, son écharpe dans la poche, pour la mettre s'il était nécessaire, et ne revint qu'à la nuit, dans un état d'enthousiasme extraordinaire.

Sans s'arrêter en bas, car il avait dîné avec le citoyen commissaire, il monta directement au casino, où la société habituelle se trouvait réunie. Sa figure était rubiconde, il riait, le feutre sur la nuque, cherchant des yeux le beau-frère Laurent, et son premier cri fut :

« Ah ! quel homme !... quel homme !... Et quel joueur de billard !... C'est lui qui fait des carambolages !... Il faut voir ça, beau-frère !... Il rend trente points en cinquante au grand Thiébaut, le buraliste de la régie, le plus fort de Vandeuvre et de tous les environs.... Il lui rend trente points en cinquante, et il gagne !... Ah ! quel homme !... Et pas fier!... Tout le monde peut le voir au café de la Régence; il prend un petit verre, une chope ou une absinthe sur le pouce, avec le premier citoyen venu ; hier, Nicolas Galle et Baptiste Fricot, avec une dizaine d'autres braves garçons voulaient le porter en triomphe après la poule ; ils auraient bien fait.... je les aurais aidés !... »

Les membres du casino écoutaient en silence.

Le docteur Laurent avait déposé son journal sur la table; il regardait maître Gaspard d'un air grave :

« De qui parlez-vous donc, monsieur le maire? fit-il.

— De qui je parle?... Mais je parle du citoyen commissaire Baragouin, arrivé depuis trois jours à Vandeuvre.

— Eh bien, je ne vous crois pas ! dit Laurent en se levant.

— Vous ne me croyez pas, beau-frère ?

— Non !... c'est impossible, dit Laurent. Ce commissaire, quel qu'il soit, doit savoir que si l'on ne se respecte pas soi-même, il faut au moins respecter les autres, surtout lorsqu'on a l'honneur de représenter la République.

— Eh bien, vous pourrez lui dire ça quand il viendra, répondit maître Gaspard, car il viendra dimanche prochain, pour la plantation de l'arbre de la liberté.

— Je le lui dirai, si ce que vous avancez est vrai, » répondit le docteur Laurent en prenant son chapeau et saluant la compagnie.

Il sortit brusquement; la colère et l'indignation

le possédaient; ce que maître Gaspard venait de raconter, il le savait déjà par quelques personnes venues de Vandeuvre; mais la joie du beau-frère lui avait tourné le sang. Il se promena longtemps dans la rue pour se calmer, puis il rentra chez lui.

Ce soir là, maître Gaspard, racontant à son compère sa visite à Baragouin, et la façon dont ce monsieur fraternisait avec tous les ivrognes, tous les paniers percés de l'endroit, s'écriait en riant:

« Ça marche, Frionnet, ça marche !... tout le monde s'en mêle !... Vous croyez peut-être que ce commissaire de la République est républicain ?... Pas du tout, c'est un bonapartiste !

— Un bonapartiste !... Il y en a donc encore ?...

— Il paraît !... Oui, après le café, le pousse-café et beaucoup de chopes, ce citoyen a mis la conversation sur le prince Louis Bonaparte, qui vient d'offrir son épée au gouvernement provisoire. Vous savez... l'épée de Strasbourg et de Boulogne. J'ai compris tout de suite ce que cela voulait dire, et, naturellement, j'ai emboîté le pas. Alors M. Baragouin m'a fait l'éloge de ce mauvais drôle, qu'on aurait fusillé à Strasbourg, si Louis-Philippe avait eu un peu de courage. — Dieu du ciel ! faut-il que les républicains de Paris soient bêtes !... Envoyer des gaillards pareils dans les départements, pour soutenir leur République !...

— Hé ! répondit Frionnet, ce sont les premiers qui se présentent : dans un moment de presse, on n'a pas le choix. Le principal, c'est qu'on nous ait envoyé celui-là, pour dégoûter tout le monde de la République dans notre arrondissement.

— Oui, dit maître Gaspard, soyez tranquille, je vais le montrer à la fête de l'arbre; il faut qu'on le voie, et que le beau-frère en soit régalé. »

En effet, quelques jours après eut lieu la plantation de l'arbre de la liberté, sur la place de la Neuville, en face de l'auberge du *Mouton-d'Or*. M. le curé Rigaut le bénit solennellement au milieu des paysans, des charbonniers, des bûcherons accourus de la montagne; il parla de Notre-Seigneur Jésus-Christ, le premier démocrate du monde, né à Bethléem pour le salut du genre humain; des palmes que le peuple jetait à ses pieds, quand il entra sur un âne à Jérusalem. Les femmes en pleuraient d'attendrissement. M. le commissaire Baragouin, un homme superbe, en redingote graisseuse, pantalons bouffants à carreaux, et large feutre, sa barbe noire étalée sur l'estomac et ses longs cheveux couvrant ses épaules, salua l'arbre de la liberté d'une voix retentissante, annonçant qu'il pousserait ses racines jusqu'au centre de la terre, et qu'il abriterait sous son ombre les générations futures; ensuite le grand Fricot, qui chantait depuis dix ans au lutrin de Vandeuvre, entonna la *Marseillaise*.

Maître Gaspard, qui possédait une basse-taille respectable, et Frionnet, qui barytonnait quelque peu, l'accompagnaient en chœur ; de toutes les fenêtres on criait :

« Vive la République ! »

Après quoi maître Fix conduisit ses invités à l'auberge, et les gobergea jusqu'à quatre heures du soir, tellement que plusieurs ne pouvaient plus se tenir sur leurs jambes. Alors il les mena en procession par toutes les rues, sous prétexte de montrer la mairie et la maison d'école au citoyen commissaire; mais en réalité pour le faire voir, selon sa promesse, ayant bien soin de passer et de repasser devant chez le beau-frère Laurent, qui n'avait pas assisté à la fête. C'était de la politique de maître Gaspard, de la politique à la Muleroy, à la Thomassin. Les gens riaient en voyant le citoyen Baragouin, bras dessus, bras dessous avec monsieur le maire, trébucher à chaque pas, et plusieurs trouvaient qu'il ressemblait à Robinson.

Après ce beau spectacle, les délégués de Vandeuvre retournèrent chez eux sur cinq ou six charrettes ornées de drapeaux tricolores, que maître Gaspard avait réquisitionnées lui-même dans les maisons du voisinage.

Depuis ce jour, maître Fix passait pour le meilleur démocrate du pays; il disait en parlant de son ami Baragouin, le commissaire spécial :

« Ah! le bon garçon!... Ça, c'est un vrai démocrate de la capitale.... Ils sont tous comme ça, là-bas.... tous distingués.... pleins d'esprit jusqu'au bout des ongles, administrateurs de premier ordre.... On choisit les plus forts pour nous les envoyer!... On a bien raison; nous avions grand besoin de ça.... Nous vivions dans l'aveuglement.... le délégué nous a apporté les lumières de la civilisation.... Maintenant, je vois clair, Baragouin m'a converti. Ce qui nous manque encore, c'est un club; nous en aurons un.... Je donne le local de la mairie, en haut, pour un club.... C'est là que nous finirons de nous instruire les uns les autres.... Chacun dira ce qu'il voudra.... Je ne suis pas comme le beau-frère Laurent, qui veut empêcher les gens de dire ce qu'ils pensent.

— Non! criait Frionnet, liberté, *libertas* pour tout le monde, et vive la République! »

Au milieu de cette confusion, les nouvelles allaient leur train au casino : les Allemands de Vienne se soulevaient et chassaient leur Metternich; les Milanais chassaient Radetzky; les Prussiens chassaient leur prince royal, Frédéric-Guillaume, et obtenaient une constitution; les Badois gagnaient l'abolition des droits féodaux, la liberté de la presse, l'accession au parlement allemand, etc. Tous attrapaient quelque chose qu'ils n'auraient jamais eue, si notre révolution n'avait pas fait trembler leurs rois, leurs ducs, leurs empereurs; ils nous en ont bien récompensé plus tard!

La consolation des républicains de bon sens fut l'annonce des élections pour le 23 avril, dimanche de Pâques 1848. Le suffrage universel allait donc fonctionner; tous les Français âgés de vingt et un ans, résidant depuis six mois dans une commune, étaient électeurs; tous devaient voter au chef-lieu de canton, par scrutin de liste; le recensement devait se faire au chef-lieu du département. Tous les citoyens âgés de vingt-cinq ans étaient éligibles.

Ce décret rendit courage au docteur Laurent. Il se mit aussitôt en campagne, pour s'entendre avec les vrais républicains, les hommes de devoir, les pères de famille connus par l'élévation de leurs sentiments et leur attachement au droit et à la liberté. Nous avons toujours eu beaucoup de ces républicains dans notre petite bourgeoisie française, des hommes de bon sens, des patriotes qui veulent la justice pour tous, c'est-à-dire le gouvernement de la démocratie.

Laurent avait l'estime de ces braves gens; il leur disait :

« Nous bourgeois sérieux, cultivateurs, industriels, commerçants, gens de science, quel est notre intérêt? C'est l'ordre, le progrès, la liberté. Nous avons l'instruction, l'expérience des affaires, et beaucoup ont la fortune. Le peuple ne demande pas mieux que de nous voir à sa tête, pourvu que nous soyons toujours dignes de le conduire et que nous lui procurions l'instruction, tout ce qui peut l'aider à s'élever lui-même par le travail. En remplissant ces devoirs, nous aurons la sécurité; si nous ne le faisons pas, les révolutions se suivront, et nous vivrons tous comme l'oiseau sur la branche, il faudra toujours craindre le lendemain pour nous et les nôtres. Séparés du peuple, nous sommes un état-major sans armée; avec le peuple, nous avons la force, nous sommes invincibles au dedans et au dehors. La seule chose qu'on nous demande, c'est la bonne foi dans l'établissement et l'affermissement de la République. Nos avantages nous resteront; seulement il ne faut pas vouloir les garder pour nous seuls. Et d'abord c'est impossible; malgré l'ignorance dans laquelle on l'a tenu jusqu'à ce jour, le peuple commence à voir clair : il veut sa part des avantages gagnés par nous tous ensemble en 1789. C'est juste. Prenons donc la direction, c'est encore possible maintenant; peut-être dans quelque temps serait-il trop tard. La nation, fatiguée des fous qui veulent tout détruire, pourrait bien se jeter encore une fois dans les bras du premier ambitieux qui lui promettrait l'ordre. Que deviendrions-nous au milieu de tout cela? Nous serions les premières victimes du despotisme. »

Ces braves gens comprirent très-bien ses raisons; presque tous voulaient l'avoir sur leur liste; mais Laurent refusa, il ne se trouvait pas assez homme d'affaires dans des circonstances aussi graves; il leur proposa Brunel à sa place, ce qui fut accepté. Puis, dans les premiers jours d'avril, il alla se mettre en rapport avec le comité républicain du chef-lieu, composé de tous les délégués cantonaux, en vue de poser la candidature de son ami.

Tous les murs de la ville étaient couverts de proclamations républicaines. Il n'existait plus alors de légitimistes, d'orléanistes, de bonapartistes. En tête de chaque affiche on voyait, en gros caractères : « Liberté, Égalité, Fraternité! Profession de foi du citoyen un tel..... Vive la République! »

Et chacun de ces candidats ne croyait en avoir jamais assez dit sur ses principes, sur ses vertus, sur la ligne de conduite immuable qu'il tiendrait à l'Assemblée nationale, sur sa volonté de venir toujours se retremper au milieu de ses électeurs, etc., etc.

Enfin tous ces gens « criaient avec les loups », comme avait dit M. de Muleroy; le mot d'ordre était bien suivi!

C'est pourtant une chose malhonnête d'employer des moyens pareils pour s'attirer le vote des électeurs, avec l'idée bien arrêtée de tromper leur confiance et de faire le contraire de ce qu'on promet; oui, c'est honteux.... Eh bien! il faut le dire, jusqu'à ce jour les bonapartistes et les royalistes seuls, ont employé ce moyen pour s'introduire dans la République. Jamais un républicain, sous l'empire ou sous la monarchie, ne s'est présenté aux électeurs comme monarchiste ou bonapartiste : ils se sont toujours présentés comme républicains; l'idée de prendre un masque, pour subtiliser le vote de leurs concitoyens et s'introduire frauduleusement dans le camp ennemi, n'est jamais venue à aucun d'eux.... Où est l'honnêteté? Je le demande à tous les hommes de bonne foi!

Le comité central, où se débattaient les noms, se tenait dans la ruelle des Escargots, chez l'imprimeur Alavoine, dont le petit journal *le Messager* avait été chargé depuis Louis XVIII, des annonces judiciaires. Le père Alavoine, homme d'esprit et de peu de scrupules, était tout de suite devenu rouge cramoisi; il s'était dépêché d'offrir son local au comité démocratique, s'assurant ainsi l'impression des professions de foi, des annonces et des listes. Laurent, informé de ces détails, se rendit au comité, qui siégeait à l'entre-sol du *Mes-*

*sager*, au-dessus de l'imprimerie. Mais quel ne fut pas son étonnement, en arrivant dans cette soupente, basse, obscure, à peine éclairée par deux petites fenêtres au fond donnant sur la ruelle des Escargots, et meublée d'une longue table couverte de paperasses et de quelques chaises, de voir là les membres du comité en train d'écouter les explications d'un citoyen qui leur développait l'organisation du phalanstère.

Ce personnage, à longue barbe grise, avait déroulé sur la table un dessin à l'encre de Chine, représentant les constructions de la ruche à tous ses étages.

Le président, penché sur l'épaule du citoyen, faisait semblant de comprendre cette belle organisation; les autres restaient bouche béante.

L'animation du phalanstérien était telle, que les gens entraient et sortaient, s'asseyaient et se levaient sans qu'il y fît attention.

Laurent prêta l'oreille deux minutes, et, profitant d'un moment où le brave homme reprenait haleine, il lui dit :

« Tout cela, citoyen, est fort bien. Nous connaissons comme vous la théorie des quatre mouvements, l'association des hommes en capital, travail et talent, par groupes, séries et phalanges, suivant l'attraction passionnelle. Mais il ne s'agit pas aujourd'hui d'appliquer à la France les idées de Fourier; la République est proclamée, il s'agit de l'organiser. Or, la République n'est pas le fouriérisme, ni le communisme, ni le socialisme : c'est la République! c'est-à-dire le gouvernement de tous par tous, au profit de toute la nation; autrement dit, la démocratie. Nous sommes ici pour choisir les représentants qui seront chargés d'organiser ce gouvernement, et non pour nous occuper de spéculations plus ou moins ingénieuses. Je suis donc d'avis de passer à d'autres exercices.

— Oui!... oui!... crièrent plusieurs délégués. Moi, je propose Christophe Rabutin.

— Et moi, je propose Joseph Denier, des Trois-Fontaines. »

Le phalanstérien voulut répondre, mais la majorité du conseil lui tournait le dos, et le président lui-même dit alors :

« Si vous croyez que nous allons vous donner nos terres pour bâtir dessus votre caserne, vous avez tort! Allez, citoyen, essayer votre Phalanstère en Amérique. »

Toute la soupente éclata de rire; et le vieux, roulant ses dessins, tout pâle d'indignation, s'apprêtait à sortir, quand malheureusement un autre petit, sec, et la figure ridée comme une vieille femme, se mit à parler de catéchisme industriel et de nouveau christianisme. Alors le premier se fâcha, disant qu'il fallait laisser parler les gens chacun à son tour, ou faire taire tout le monde; que l'égalité consistait à se taire, ou bien à laisser parler les gens jusqu'à la fin, sans les interrompre. La dispute s'échauffait; et les délégués, fort ennuyés, se rendirent à la brasserie du *Cruchon-d'Or*, pour laisser ces citoyens s'expliquer entre eux.

Mais à la brasserie du *Cruchon-d'Or*, où se tenait le club, dans une grande salle derrière, donnant sur le jardin, on discutait déjà la liste démocratique et sociale depuis le matin, sous la présidence du citoyen Antoine Richebourg, gros propriétaire et marchand de houblon, homme fort respectable, mais qui, n'ayant jamais présidé d'assemblée pareille, perdait la tête au milieu du tumulte.

Il faut savoir qu'on discutait aussi les candidatures dans le jardin de la brasserie, sous les arbres, autour des tables chargées de chopes et de canettes.

On adoptait les noms par acclamation; de sorte que les délégués cantonaux, qui n'avaient pas été prévenus de la chose, ayant aussi des noms à proposer, furent indignés d'apprendre qu'on s'était passé de leurs voix. Ils chargèrent l'un d'eux, le nommé Georges Vauthier, cultivateur au village du Ban-Saint-Martin, de protester en leur nom à tous, ce qu'il fit très-bien, disant qu'il ne s'agissait pas seulement de mettre sur la liste des noms du chef-lieu départemental; mais qu'il en fallait aussi de la campagne; que les paysans avaient autant de droit d'être représentés, que les gens de métiers fixés en ville, et que les industriels et les commerçants.

Cette observation fort juste excita dans le club un véritable soulèvement; et seulement alors M. Laurent aperçut dans un coin, parmi ceux qui criaient le plus fort, maître Gaspard Fix et son ami Frionnet.

Cette vue lui inspira de singulières réflexions. Malgré cela, comme il fallait encore trois noms pour compléter la liste, le docteur demanda la parole et posa la candidature de son ami Brunel : — avocat distingué, honnête homme, bon citoyen, républicain de la veille....

« Est-ce que le citoyen Brunel accepte le droit au travail? interrompit Frionnet du fond de la salle; c'est tout ce qu'on lui demande!

— Oui.... oui.... à la bonne heure.... c'est ça!.... crièrent des centaines d'autres; le droit au travail!.... le droit au travail!.... »

Brunel, qui se trouvait là, répondit « qu'il ne contesterait jamais à un citoyen le droit de travailler, lorsqu'il aurait de l'ouvrage; et que le premier devoir de la République était assurément d'encourager et de développer le commerce et l'industrie de la France, afin d'assurer autant que possible du travail à tous les citoyens; mais que le plus grand des travaux, le plus long, le plus pénible, c'est de se procurer du travail; qu'un homme, même de talent et fort laborieux, passe souvent la première moitié de sa vie à travailler, à se perfectionner, pour trouver avec quelque certitude de l'ouvrage dans l'autre moitié de sa carrière; et qu'à ses yeux, c'était une absurdité d'imposer à la République le devoir de procurer des malades aux médecins sans clientèle, des procès aux avocats sans cause, des commandes aux industriels qui en manquaient, enfin de l'ouvrage à tous les citoyens qui n'en avaient pas!.... que c'était vouloir l'écraser à sa naissance d'un fardeau que nul gouvernement ne serait capable de supporter; que ses plus grands ennemis seuls pouvaient avoir imaginé ce moyen, pour lui susciter des adversaires innombrables, et la priver en même temps de ses soutiens naturels. »

On ne lui répondit rien, parce qu'il n'y avait rien de valable à lui répondre; mais trois autres citoyens, qui auraient pris volontiers l'engagement de changer les pommes de terre en alouettes rôties, pourvu qu'ils fussent sur la liste, se hâtèrent d'accepter le droit au travail; en conséquence ils furent admis, leurs noms complétaient la liste.

Le docteur Laurent sortit de cette réunion vraiment désolé.

« Pauvre peuple, se disait-il, tu seras donc toujours dupe des ambitieux et des écornifleurs!.... Il suffira donc toujours de te promettre monts et merveilles pour capter ta confiance!.... Ah! si l'on t'avait enseigné depuis soixante ans l'histoire de la race française, au lieu de l'histoire des Juifs, et les droits et les devoirs de l'homme, au lieu du catéchisme catholique, ce serait autre chose.... tu connaîtrais tes intérêts.... tu voterais pour tes amis!.... L'ignorance.... l'ignorance.... voilà ce qui nous tue!.... Les royalistes savent bien ce qu'ils font, en refusant d'instruire le peuple! »

Quinze jours après, la liste du *Cruchon-d'Or* passait tout entière, avec une majorité écrasante.

Le soir de ce nouveau triomphe, maître Gaspard disait en riant à son compère :

« Cette année-ci, Frionnet, j'aime mieux vivre à la Neuville qu'à Paris ; c'est là-bas que le droit au travail va produire son effet !.... Gare !.... gare aux pots cassés !

— Oui, répondait l'autre ; et nous sommes gardés à carreau : si les rouges l'emportent, ils se souviendront de nous ; si ce sont les blancs et les bleus, nous rirons avec Thomassin et Muleroy. Hé ! hé ! hé !

— Vous avez raison, dit maître Gaspard, les bûcherons et les charbonniers n'enlèveront pas encore mon bois cette fois ; il n'y a que les imbéciles comme Laurent, qui s'assoient entre deux selles ; nous autres, nous avons toujours un cheval de rechange. Allons, bonne nuit ; ça va bien. »

Et s'étant serré la main, ils se séparèrent.

# XI

Toutes les routes, tous les sentiers d'un bout de la France à l'autre étaient alors couverts de curés, de vicaires, de sœurs grises, noires, blanches, de pèlerins et de pèlerines qui portaient le mot d'ordre de village en village; M. de Muleroy appelait cela la poste gauloise, et maître Gaspard recevait ses avis régulièrement.

On ne tarda point d'apprendre que toute l'ancienne opposition sous Louis-Philippe, Odilon Barrot en tête, avait passé aux élections, ainsi que les membres du gouvernement provisoire et des républicains en grand nombre. Il y eut bien cent trente légitimistes nommés en province : Berryer, Falloux, Larochejacquelin, le fils de l'ancien chouan, des ecclésiastiques, beaucoup de bourgeois. Mais tous ces gens, — *tous!* — avaient fait des professions de foi républicaines; ils savaient donc bien que le peuple voulait la République et non autre chose.

Toutefois, les élections complémentaires du 5 juin, où Louis Bonaparte, l'homme de Strasbourg et de Boulogne, nommé par trois départements, reparut en scène, donnèrent terriblement à réfléchir aux gens de bon sens.

Maître Gaspard n'avait pas suspendu ses déboisements; il comprenait que c'était le moment, plus que jamais, d'assurer du travail aux bûcherons, aux schlitteurs, aux charbonniers, pour leur ôter la tentation de faire une descente à la Neuville. Souvent il disait à son compère:

« Nous avons aussi nos ateliers nationaux près de nous; si le travail venait à manquer, nous en verrions de dures! Par bonheur, il nous reste encore de quinze à vingt mille cordes à livrer aux verreries de Tiefenthâl; sans ce marché-là, je ne saurais pas où donner de la tête. »

Vers la fin de juin, un matin de très-bonne heure, maître Gaspard se mit en route pour régler ses comptes avec M. Thomassin. Il partit à pied, vêtu d'une blouse et d'un pantalon de grisette, car il avait repris la blouse et ne voyageait plus en voiture, depuis la proclamation de la République. Tout en marchant d'un bon pas, son grand chapeau de paille rabattu sur la nuque, un bâton de houx à la main, il regardait de distance en distance les grandes pentes arides, autrefois couvertes de hêtres, de sapins, de bouleaux.

« Ça se dégarnit! pensait-il. Dans un mois,

nous commencerons l'abattage vers Apremont; nous aurons à peu près tant de planches, tant de madriers, tant de bois à brûler; et nous garderons l'autre pente, vers la Neuville, pour l'hiver prochain. Ensuite nous ferons des semis de pins, qui poussent vite; Michel, après moi, pourra commencer des coupes dans trente ou quarante ans. »

En rêvant de la sorte, il suivait en plein soleil le sentier où chantaient les grillons sous la bruyère desséchée, à la place des grives et des merles sifflant l'année précédente sous l'ombre des bois. Ces détails ne l'intéressaient pas plus que le sort des hameaux forestiers, privés de leur gagne-pain pour un demi-siècle; il n'y pensait même pas, et ne releva la tête qu'à la vue des hautes cheminées de Tiefenthâl, fumant dans un pli de terrain. Alors, il hâta le pas; le château, son grand toit d'ardoises, ses pavillons, son chenil derrière, apparurent avec le jardin à gauche, et les deux grandes urnes de pierre sur la porte d'entrée, où fleurissait le rhododendron écarlate.

Dix minutes après, il avait passé la grille et gravissait l'escalier du vestibule, lorsque M. Thomassin, qui l'avait vu traverser la cour par la fenêtre de son cabinet, vint à sa rencontre et lui dit joyeusement :

« C'est vous! monsieur Fix; vous arrivez fort à propos.... Entrez.... Entrez.... »

Ils traversèrent le vestibule et entrèrent dans un cabinet sombre, entouré d'une bibliothèque, et dont l'unique fenêtre, fort haute, donnait sur le jardin. Maître Gaspard déposant alors sa liasse de papiers sur la table en pupitre, dit de bonne humeur :

« Les affaires n'ont pas trop mal marché ce mois-ci ; nous avons abattu beaucoup de bois, et....

— C'est bien, interrompit M. Thomassin, prenez place, nous causerons de cela tout à l'heure.... »

Ils s'assirent en face l'un de l'autre ; maître Gaspard sur une chaise, et M. Thomassin dans son fauteuil, les jambes croisées, et fumant un cigare, le nez en l'air, tout souriant.

« Je veux vous remonter le cœur, mon cher monsieur Fix, disait-il ; j'ai d'excellentes nouvelles à vous apprendre. Les ateliers nationaux sont dissous.... personne n'en sait encore rien au pays, mais à vous je puis bien le dire, vous êtes des nôtres. — Les ateliers nationaux sont dissous... j'en ai reçu la nouvelle certaine. »

Et comme maître Gaspard ne semblait pas comprendre toute la portée de ce grand acte politique, M. Thomassin ajouta :

« Dans le moment où je vous parle, cent dix mille ouvriers, non compris leurs femmes et leurs enfants, sont jetés sur le pavé de Paris ! On leur avait présenté la ressource de s'engager dans l'armée, ou de partir par convois, pour aller dessécher les marais de la Sologne ; ils n'en ont pas profité ; ces conservateurs d'une nouvelle espèce préféraient la profession de rentiers ! Hé ! hé ! hé ! fit-il en ricanant et se dandinant sur son siége, alors on leur a fermé la porte au nez.

— Mais.... mais.... dit maître Gaspard, dont les grosses joues musculeuses s'animaient, cent dix mille hommes, avec femmes et enfants.... Savez-vous qu'ils sont capables de se révolter !.... Est-ce qu'on a des régiments, des canons, des munitions, tout ce qu'il faut pour les mettre à l'ordre ?

— Eh, sans doute ! Ne craignez rien, répondit M. Thomassin en souriant de sa vivacité, tout a été prévu, mon cher monsieur Fix. M. le comte de Falloux, un de nos bons amis, et particulièrement celui de M. de Muleroy, est venu déposer le décret de dissolution : dissolution immédiate, sans nouveaux retards, sans mesures intermédiaires. Il a été adopté. Oui, c'est à M. de Falloux, à ce grand homme d'État que nous devons cette résolution décisive ! »

Maître Gaspard était devenu pensif.

« Alors on va se battre ? dit-il.

— Sans doute, répondit M. Thomassin en souriant. Mais fumez donc un cigare, monsieur Fix ; tenez, goûtez ceux-ci, ils sont délicieux.

— Merci ! répondit maître Gaspard, que la sécurité de l'autre, qu'il savait n'être pas trop brave, rassurait complétement, j'aime mieux la prise. »

Maître Fix sortit sa tabatière, prit une bonne prise et demanda de nouveau :

« Alors les canons ne manquent pas, ni les troupes, ça va marcher rondement ?

— Très-rondement, dit M. Thomassin. Et après l'affaire, ce ne sera pas fini, on va vous les expédier par centaines et par mille dans des endroits où le travail ne leur manquera pas, je vous en réponds. Puisqu'ils veulent le droit au travail, ils l'auront.... ils l'auront!.... Et puis vous comprenez que nous n'en resterons pas là; cette république a déjà fait assez de mal, pour qu'on s'en débarrasse comme des ateliers nationaux; chacun aura son tour. »

Ils riaient tous les deux.

« Cela fait, dit maître Gaspard, que nous aurons un roi bientôt, et que nous pourrons reprendre nos anciennes affaires avec un nouveau courage; Louis-Philippe rentrera dans son vieux palais des Tuileries, avec le jeune prince et la duchesse d'Orléans, et ce jour-là nous ferons de fameuses élections.

— Eh! dit M. Thomassin, c'est une question, c'est une question qu'il faut examiner. D'autres, en bon nombre, le clergé en tête, voudraient une fusion des deux branches, ils songent au roi légitime; c'est le roi légitime, avec son principe divin, son antique noblesse, les priviléges, les majorats, le droit d'aînesse, qu'il leur faudrait. Je ne vous cache pas, mon cher monsieur Fix, que Muleroy et moi, nous sommes assez souvent en discussion sur ce chapitre. Il est noble, fit M. Thomassin en clignant de l'œil, vous comprenez!.... nos intérêts, nos opinions ne sont pas absolument les mêmes. La fusion des deux branches royales donnerait une grande force aux conservateurs, divisés depuis 1830 en orléanistes et en légitimistes; elle les réunirait en un seul faisceau, c'est incontestable. Nous devons donc la désirer et y travailler; mais, comme la branche aînée incline naturellement vers la noblesse, il nous faut des garanties, à nous autres bourgeois, de solides garanties.

— Moi, dit carrément maître Gaspard, je suis pour Louis-Philippe; mes affaires ont bien marché sous Louis-Philippe, j'ai fait ce que j'ai voulu; j'aurais été du conseil d'arrondissement, si la révolution n'était pas arrivée....

— Sans doute.... sans doute!.... Tout cela mérite réflexion, dit M. Thomassin le nez en l'air et regardant monter la fumée bleuâtre de son cigare. »

Il y eut un instant de silence.

Tout à coup, M. Thomassin dit à maître Fix :

« Vous avez un fils et trois filles, je crois?

— Oui, un garçon de huit ans, qui se porte bien, et trois filles. Les deux aînées sont mariées; la troisième, Catherine, reste encore à la maison....

— Bon!.... bon!.... Est-ce que ça ne vous ennuie pas de partager vos biens, acquis avec tant de peines, entre des gendres et votre propre sang.... votre jeune homme.... qui portera votre nom!.... Là.... franchement?....

— Eh! que voulez-vous? Il le faut bien.... c'est la loi qui le veut.... Il n'y a plus de droit d'aînesse, comme avant la révolution....

— On peut rétablir tout cela sans en avoir l'air, dit M. Thomassin, se penchant vers maître Gaspard. Il suffirait de donner aux bons bourgeois de deux ou trois cent mille francs, le droit de tester, c'est-à-dire de laisser toute leur fortune à celui de leurs enfants qui leur paraîtrait le plus capable de la conserver et de l'agrandir. Alors, au lieu de se diviser et de se perdre, les biens immeubles se concentreraient dans les mêmes familles ; les bourgeois formeraient ainsi bien vite une nouvelle noblesse, plus riche, plus active, plus instruite et surtout plus morale que l'ancienne, car ce ne serait plus le hasard de la naissance, mais le libre choix du père qui désignerait l'héritier. Au-dessous serait la masse flottante des petits propriétaires, dont les biens s'émietteraient chaque jour, et qui fournirait les soldats, les cultivateurs, les gens de métier. C'est une combinaison, mon cher monsieur Fix, réfléchissez à cela. »

Maître Gaspard était devenu pourpre.

« Vous feriez souche, monsieur Fix, dit Thomassin en souriant, vous seriez un ancêtre.

— Ça serait peut-être bien difficile à faire accepter, répondit maître Gaspard ; le peuple est devenu malin depuis trente ans, il verrait où l'on veut le mener.

— Bah ! tout est dans l'éducation.... Le peuple sera ce qu'on le fera ! En confiant l'éducation de la jeunesse aux révérends pères jésuites ; en établissant insensiblement des distinctions entre les différentes classes, à l'armée et dans toutes les administrations, de manière que jamais le fils d'un prolétaire ne puisse atteindre au grade d'officier, ou bien devenir employé supérieur ; en empêchant la circulation de tous les livres capables d'éclairer le bas peuple ; en ne lui laissant que le catéchisme et les histoires édifiantes, soigneusement revues par la sainte congrégation...; enfin, par un ensemble de mesures combinées de la sorte, je suis persuadé que nous y arriverions. Oui ! mais vous comprenez, monsieur Fix, que, nous autres bourgeois, avant de prêter les mains à la fusion, avant de reconnaître Henri V, nous avons besoin de garanties qui nous assurent contre l'esprit d'envahissement et de domination de la noblesse, et le droit de tester figure en première ligne. Avec ce droit, nous serons les maîtres, et si Henri V nous l'accorde, notre intérêt nous commande de le reconnaître comme seul roi légitime, capable d'assurer l'ordre et de ramener la prospérité dans notre pays. M. de Muleroy est mon ami, je suis aussi le sien, mais je m'aime encore plus que lui ! Je ne veux pas tirer les marrons du feu pour le marquis de Carabas.... moi ! Je veux les tirer pour Nicolas Thomassin.. . Avant tout, il me faut le droit de tester.... Quand j'aurai ce droit, la vieille noblesse ne m'inquiétera guère.... Les bourgeois étant les plus riches, seront aussi les plus nobles !.... »

Il se mit à rire ; maître Gaspard riait aussi. Cette idée claire, nette, de faire souche et de tout donner à Michel, la chaïr de sa chair, les os de ses os, entrait trop profondément dans son caractère égoïste, pour ne pas lui convenir. Il était devenu grave, lorsque M. Thomassin, trouvant peut-être qu'il en avait trop dit, changea brusquement de conversation et se mit à examiner les comptes de M. Fix. Tout était en règle. Une heure après, les deux bons bourgeois se séparaient, en se serrant la main sur les marches du péristyle.

Maître Gaspard ne fit que rêver tout le long du chemin au droit de tester ; il se confirma de plus en plus dans l'idée qu'en déshéritant ses filles, pour tout donner à Michel, son garçon deviendrait le plus gros propriétaire du pays ; qu'il effacerait les petits bourgeois incapables de mettre en ligne les deux cent mille francs de biens immeubles, pour entrer dans la nouvelle combinaison politique, et qu'ainsi la noble race des Fix formerait souche, chose qui le pénétrait d'un sentiment de satisfaction extraordinaire.

Quand maître Gaspard entra dans l'allée du *Mouton-d'Or*, vers six heures du soir, l'odeur du bon souper que lui préparait Simone éveilla son appétit ; il se redressa, frappant les dalles de son bâton et criant d'un ton de maître :

« C'est moi, Simone, tu peux dresser la table ! »

Le docteur Laurent descendait au même instant du casino, la tête penchée et l'air sombre.

« Ah ! ah ! se dit maître Gaspard, les nouvelles de Paris arrivent, le beau-frère n'est pas content, les gueux commencent à sentir où le bât les blesse. »

Puis, ayant débouclé ses guêtres et mis ses pantoufles, il s'assit et mangea, Simone debout derrière sa chaise, comme à l'ordinaire, pour le servir. Il parlait peu, buvait et mangeait d'autant, et renfermait dans son âme les hautes pensées qui lui venaient, considérant sa femme comme incapable de les comprendre et de lui donner le moindre conseil.

Après le souper, prenant le café, le ventre arrondi de bien-être, les deux pouces dans les entournures de son gilet, et s'étalant largement dans son fauteuil pour mieux respirer, maître Gaspard s'écria :

« Simone !

— Quoi donc, Fix ?

— Où est le petit ?

— Michel ?

— Oui, Michel.

— Il est à courir dehors.

— Il se porte bien; il a bien mangé ?

— Oui, il a bien mangé, comme tous les jours.

— Ah ! bon.... c'est bon.... qu'on le fasse venir, je veux le voir. »

Simone courut chercher Michel, en train de regarder Faxland étriller les chevaux à l'écurie. Michel arriva, répandant l'odeur du fumier à plein nez, et se figurant que le père allait lui faire des remontrances. Mais alors maître Gaspard, attendri de voir le successeur présomptif de tant de Fix, le moucha tranquillement avec sa serviette, car il en avait grand besoin, et lui passant les doigts dans sa grosse tignasse pleine de paillotte et de toiles d'araignée, il sentit son cœur battre à l'idée des nobles destinées réservées à son rejeton.

« Ça va bien, Michel ? lui disait-il. Tousse un peu. »

Et le petit toussait.

« C'est ça ! Il a un bon creux, notre Michel ; quel gaillard ! Et ses mains.... ouvre donc tes mains sur la table, que je voie ça.... On dirait de petites pattes d'ours. C'est celui-là qui saura bien empoigner.... On ne lui fera pas lâcher ce qu'il tiendra, hé ! hé ! hé ! »

Telles étaient les agréables pensées de M. Fix; et la pauvre Simone regardait aussi, les yeux troubles.

Quant à Michel, il ne pensait qu'à retourner dans l'écurie, pour voir bouchonner Grisette ; c'était son goût naturel, l'odeur du crotin ne lui faisait pas peur, et Faxland l'aimait à cause de cela.

« Il est né pour vivre avec les chevaux, cet enfant-là, disait le vieux hussard ; c'est une bénédiction !.... Dans un an ou deux, il pourrait déjà s'engager comme trompette.... Pourvu que le curé ne lui dérange pas les idées avec son latin, et qu'on n'en fasse pas un notaire, ou quelque chose de ce genre ; ce serait dommage.... Il montera jusqu'au grade de colonel, j'en réponds !.... Ceux qui viendront après nous verront ça ! »

« Va, Michel, dit maître Gaspard, qui voyait l'impatience du petit, va.... cours.... amuse-toi !... Tu seras un jour Michel Fix, le richard, le conseiller d'arrondissement, le premier du pays. On dira peut-être : « A-t-il du bonheur que son père soit venu avant lui ! » Mais c'est égal, avec les écus du vieux, qui aura testé, avec la considération des prés, des champs, des fermes, des scieries et des bois, on te tirera le chapeau tout de même jusqu'à terre. Va, mon garçon. »

Michel courut dehors, et M. Fix, content de sa progéniture, bien repu, les joues enluminées, monta tranquillement au casino, pour lire les dernières nouvelles.

Elles étaient graves, le silence régnait dans la salle; tous les habitués, penchés sur le journal autour de la grande table verte, lisaient sans se communiquer leurs impressions, car la lutte s'annonçait formidable; on ne pouvait savoir qui l'emporterait, il valait mieux se taire. Des centaines de barricades s'élevaient à Paris ; les troupes se réunissaient ; le général Cavaignac, ministre de la guerre, en avait pris le commandement. Les barricades s'élevaient sur les deux rives de la Seine, en demi-cercle derrière l'Hôtel de Ville, de la Villette au faubourg Saint-Jacques. Cavaignac concentrait ses forces autour de l'Assemblée nationale, aux Tuileries, sur la place de la Concorde et l'esplanade des Invalides.

Ainsi l'insurrection tenait la moitié de Paris; et l'armée, la garde mobile et la garde nationale tenaient l'autre.

Ce fut une grande émotion en France, et qui se répandit jusque dans les derniers hameaux, quand on apprit les premiers engagements de Bedeau, de Lamoricière, de Duvivier, rencontrant partout des forces imposantes, bien commandées, agissant d'après un plan général, et portant sur leurs drapeaux cette inscription lugubre : « Du pain ou la mort ! » Puis la lecture du rapport de M. de Falloux, connu depuis plusieurs jours à Paris, et cause principale du soulèvement, car il concluait à la dissolution *immédiate* des ateliers nationaux; le refus de la garde nationale de marcher, si l'on ne proclamait pas l'état de siége; l'opposition éloquente de M. Grévy, député du Jura et bon républicain, à cette mesure qui suspendait les tribunaux civils, pour tout remettre aux conseils de guerre; la mise de Paris en état de siége, grâce aux efforts des partis dynastiques et surtout du parti clérical; la démission immédiate de la commission exécutive; la nomination du général Cavaignac comme dictateur, investi de tous les pouvoirs; sa proclamation à l'armée; l'attaque de l'Hôtel de Ville, l'attaque du Panthéon, la résistance terrible des insurgés sur tous les points; la mort du général Bréa, la mort du général Négrier, la mort de l'archevêque de Paris, tué sur une barricade, en essayant de rétablir la paix entre les combattants; le bombardement et la reddition du faubourg Saint-Antoine, la dispersion et la poursuite des insurgés... Toutes ces nouvelles arrivèrent coup sur coup, avec les histoires de dragons sciés, de gardes mobiles brûlés à petit feu, de blessés empoisonnés, et mille autres inventions pareilles de la presse dite conservatrice.

Le soir du dernier jour, tous les membres du casino de la Neuville se pressaient autour de la table et prenaient connaissance de ces nouvelles. Le docteur Laurent et maître Gaspard se trouvaient par hasard l'un en face de l'autre; et le docteur, rejetant avec dégoût le numéro du *Constitutionnel* qu'il tenait à la main, vit son beau-frère qui l'observait d'un œil satisfait; cette vue lui fit rebrousser le sang.

« Vous riez, monsieur le maire, dit-il avec amertume; cette lutte horrible divise le peuple et la bourgeoisie peut-être pour cent ans!... Il y a de quoi rire.... Vous êtes content, n'est-ce pas? »

Les grosses mâchoires de maître Gaspard se serrèrent, en s'entendant apostropher devant tout le monde :

« Mais oui, fit-il, oui, monsieur le médecin! Pourquoi ne serais-je pas content de voir balayer des criminels; ça me réjouit beaucoup.

— Les vrais criminels, s'écria Laurent indigné, sont ceux qui jettent des cent mille hommes d'un coup sur le pavé, pour les acculer à la révolte, afin d'avoir l'occasion de renverser la République; parce que la République c'est la démocratie, le gouvernement de tous pour tous, la justice, et qu'on veut à tout prix, conserver le gouvernement d'une classe et tenir la nation dans l'ignorance. »

Chaque parole de Laurent souffletait le beau-frère, dont les mâchoires tremblaient, et dont les gros poings se fermaient sur la table.

« Oui, dit-il d'un accent sourd, au bout de quelques secondes, tous les gueux n'étaient pas à Paris, il y en a aussi dans les villages! Mais qu'ils prennent garde.... qu'ils prennent garde à leur langue, les gendarmes ont le bras long! »

Tous les membres du casino, quittant leur journal, écoutaient en silence.

Le docteur Laurent s'était levé tout pâle d'indignation; il fit deux ou trois tours dans la salle, les bras croisés sur la poitrine, puis s'arrêtant en face de maître Gaspard :

« Je vous ai compris, beau-frère, lui dit-il; vous voulez vous débarrasser d'un honnête homme qui voit clair dans votre jeu, vous voulez me dénoncer! Mais le temps n'est pas encore venu.... Cavaignac a trouvé dans les rangs de l'insurrection beaucoup de légitimistes criant : Vive Henri V! beaucoup de bonapartistes criant: Vive Napoléon! et même des orléanistes criant : Vive la régence! Attendez un moment plus favorable pour écrire en secret à vos amis; M. de Falloux n'est pas encore le maître.... Le moment n'est pas encore venu de faire une nouvelle noblesse avec la partie égoïste et malhonnête de la bourgeoisie; il y a encore des bourgeois fidèles aux principes de 89 dans ce pays; il y en a même beaucoup! »

Et là-dessus, saluant la compagnie, il sortit brusquement.

Maître Gaspard, interloqué, fit mine de le suivre; mais M. Couleaux, lui posant la main sur le bras, le retint.

« Restez, mon cher monsieur Fix, murmurait-il, restez! Cet homme est fou, nous le savons depuis longtemps; on ne se compromet pas avec des fous!

— S'il n'était pas fou, bégayait maître Gaspard, je l'aurais étranglé sur place! Oser me dire à moi que je veux rétablir la noblesse à mon profit, moi, un homme du peuple, arrivé par mon travail !... Quel malheur d'avoir des brigands pareils dans sa famille ! »

Et quelques instants après, descendant ivre de colère, sa fureur ne fit que s'accroître en trouvant Simone tout en larmes dans la grande salle.

« Pourquoi pleures-tu ? lui cria-t-il.

— Laurent m'a dit qu'il ne remettrait plus les pieds chez nous.

— Il t'a dit ça ?

— Et que tu te réjouissais des malheurs de la France.

— De la France!... Est-ce que la France c'est la canaille, les socialistes, les communistes, les partageurs, la race de son espèce ?... La France.... Hé ! hé ! hé ! la France, c'est moi.... c'est tous ceux qui me ressemblent.... qui ont quelque chose ! Il ne veut plus revenir.... Je crois bien !... Qu'il revienne.... je l'arrangerai !... Et dire qu'on ne va pas faire une rafle générale sur tout ça d'un bout du pays à l'autre.... que Cavaignac parle de vainqueurs et de vaincus, et dit qu'il ne veut pas de victimes.... Encore un qui aura son compte, celui-là.... Tiens, pour voir le beau-frère au bagne, je donnerais la moitié de mon bien ; ça te montre l'estime que j'ai pour lui. »

La pauvre Simone n'avait rien à répondre ; elle s'en alla pleurer plus loin.

Quant à Laurent, il est inutile de dire ce qu'il pensait de maître Gaspard ; à ses yeux, c'était un véritable scélérat.

Le lendemain, M. Fix voyant que l'on faisait

des arrestations en masse à Paris, et que tout cela devait partir pour les colonies, entra dans une véritable fureur contre la majorité républicaine, qui avait proposé et voté la transportation sans jugement : « C'est une gueuserie ! criait-il ; les républicains ont demandé la transportation sans jugement, pour sauver tous ces bandits ; si on les faisait passer devant les conseils de guerre, pas un seul n'en réchapperait, pas un ! »

Mais au bout de quelques jours, reconnaissant que la réaction avait pris le dessus, il ne douta plus que le plan de son ami Thomassin ne dût se réaliser bientôt ; qu'on se débarrasserait de Cavaignac en lui votant des remerciements ; qu'on abolirait le suffrage universel, pour rétablir le cens électoral, et que la seule question véritable serait de savoir si l'on aurait tout de suite Henri V pour roi, ou le duc de Nemours pour régent.

Toutes ses belles espérances au sujet de Michel lui revinrent ; il alla faire un tour au Hôwald, pour ordonner de nouvelles coupes et s'assurer que ses bûcherons et ses schlitteurs ne perdaient pas leur temps.

Depuis le commencement de juin, les grands défrichements qu'on avait faits l'année précédente, exposant les marais jusqu'alors sous bois, à toute l'ardeur du soleil, avaient occasionné dans le pays une épidémie dangereuse. C'était le typhus ! Un vieux médecin de Vandeuvre, M. Richard, en était déjà mort ; le docteur Laurent, du matin au soir parcourait les environs pour visiter ses malades ; deux ou trois hameaux forestiers étaient surtout infestés de ce mal. Maître Gaspard, solide, bien portant, bien nourri, n'y faisait pas attention ; et, voyant passer le beau-frère dans sa petite voiture, au lieu d'admirer son dévouement à l'humanité, car il exposait sa vie en entrant dans chaque baraque, maître Gaspard se dit :

« La mauvaise herbe seule ne périt pas.... Tant de braves gens meurent, et celui-là court toujours son chemin.... Le Seigneur Dieu ne veut pas nous en débarrasser.... c'est pourtant malheureux ! »

Vers le soir, rentrant pour dîner, en se mettant à table il se faisait encore des réflexions philosophiques sur ce chapitre, quand regardant Michel assis auprès de lui, et d'habitude fort vif à porter la main sur tous les plats, il le trouva comme endormi, les yeux ternes et sa grosse tête ballottant sur une épaule.

Après l'avoir regardé de la sorte, il lui demanda :

« Qu'est-ce que tu as donc, Michel? Comme tu penches la tête ! »

L'enfant ne répondit pas. Alors, le soulevant dans ses grosses mains et le regardant de nouveau, Fix, d'une voix forte et tremblante, cria :

« Simone.... Simone.... l'enfant est malade !... »

Simone accourut avec toute la maison. Michel était déjà sur le lit ; on regardait, on l'appelait. Maître Gaspard courut en trébuchant à la porte, il descendit l'escalier, entra dans l'écurie et dit au vieux Faxland, en train de fourrager Grisette et Ragot, il lui dit, la langue épaisse de terreur :

« Faxland, à cheval !... Vite... cours à Tiefenthâl chercher le médecin. Vite !... crève le cheval s'il le faut.... Tiens, voilà vingt francs pour toi. »

Il sortit de son gilet une pièce d'or et la donna au vieux hussard ébahi.

« Monte.... dépêche-toi !... »

Alors Faxland demanda pour qui.

« Pour Michel.... l'enfant est malade.... oh ! bien malade ! »

Et s'appuyant contre le râtelier, cet homme si dur, si rapace, se mit à pousser des sanglots déchirants.

Faxland n'eut pas besoin d'en entendre davantage ; il aimait aussi l'enfant. Déjà la bride était passée, Ragot dehors sous le hangar, Faxland avec ses gros sabots dessus, un solide gourdin à la main. Une seconde après on entendait le triple galop du cheval remonter la grande rue de la Neuville, et les gens accourir en criant :

« Le feu est quelque part, on va chercher les pompes ! »

Maître Fix se réveillant alors comme d'un rêve, sortit de l'écurie et remonta l'escalier, les reins courbés ; il avait jeté un coup d'œil navrant sur la maison du beau-frère, de l'autre côté de la place ; il s'était arrêté comme pour appeler au secours, puis baissant la tête, il avait murmuré : « Non !... il ne viendrait pas ! Il m'en veut trop !... C'est inutile.... Tout est perdu !... »

Faut-il maintenant vous peindre cette maison encombrée de gens qui vont et viennent par curiosité, ces commères de village, donneuses de bons conseils; la vieille Durazo, guérisseuse de rhumatismes en vous coupant les ongles et les enfermant dans une bouteille qu'on enterre en secret; la pauvre Simone, assise, les mains jointes, la tête penchée, murmurant tout bas une prière; et l'enfant entre les rideaux, les yeux fermés, les dents serrées, sur le lit? Ces choses ne sont-elles pas arrivées dans toutes les familles, chacun ne s'en rappelle-t-il pas de semblables?... — Et maître Gaspard, au milieu de la chambre, qui regarde consterné; et Frionnet derrière; et le vieux maître d'école, Berthomé, venu à la hâte : toute cette cohue, ce mouvement inutile?

Fix ne voyait rien, il n'entendait rien; ses espérances ambitieuses croulaient autour de lui!

Tout à coup Simone se leva pour sortir.

« Où vas-tu? lui dit-il.

— Je vais chercher Laurent.

— Il ne viendra pas....

— J'y vais!

— Il ne viendra pas! » hurla maître Gaspard, furieux, désespéré.

Simone sortit.

Au même instant une voiture roulait dehors, et M. Berthomé, regardant aux vitres, dit :

« C'est lui! le voilà qui rentre pour souper. »

Il finissait à peine de parler, que le docteur entrait dans la chambre avec Simone. Il ne dit ni bonjour, ni bonsoir, passa devant maître Fix, regarda l'enfant, lui ouvrit les yeux et dit d'une voix claire, en se retournant :

« Qu'est-ce que tous ces gens-là font ici?...

Qu'on vide la chambre ; que tous sortent.... tous!... — Vous deux, restez ! »

Il indiquait Simone et Fix.

Les autres sortirent.

Alors, sans parler d'inimitiés, ni de menaces, comme si ces choses ne s'étaient pas passées la veille, le docteur Laurent dit :

« L'enfant est en danger de mort.... Vous avez de l'eau chaude à la cuisine.... vite, qu'on lui mette les pieds dans un bain très-chaud.... pas une minute à perdre.... dépêchez-vous!... Je sors et je reviens tout de suite ; je vais chercher ce qu'il faut à la pharmacie. »

Maître Gaspard voulait parler, le remercier peut-être ; mais Laurent sortit à grands pas, sans le regarder.

Simone était déjà dans la cuisine ; cinq minutes après l'eau chaude était prête ; et comme M. Laurent revenait, le pauvre petit avait déjà les pieds dans son bain.

Il composa lui-même son ordonnance, et dit qu'il fallait de la glace. En attendant l'arrivée de cette glace, que l'on ne pouvait trouver que dans la glacière de Thiefenthâl, il ordonna de pomper de l'eau fraîche de quart d'heure en quart d'heure, pour en baigner sans cesse la tête de l'enfant.

Ainsi commença cette maladie terrible à la Neuville. Elle avait déjà fait de grands ravages du côté du Hôwald ; le corps des malades se couvrait de taches rouges, le cou s'enflait derrière les oreilles ; presque tous en mouraient. La prédiction du docteur Laurent, en apprenant qu'on allait défricher les forêts marécageuses du Hôwald, se réalisait; maître Gaspard lui-même était victime de sa rapacité!

Cette nuit-là le docteur ne quitta pas le lit de Michel; il tenait le bras de l'enfant et regardait à sa montre de minute en minute. Fix et Simone, assis l'un près de l'autre, comme des morts, les mains sur les genoux, observaient sa figure.

Vers deux heures, au milieu du silence, de ce grand silence où l'on entend l'horloge marquer chaque seconde, M. Laurent ouvrit sa trousse et dit à son beau-frère de tenir la cuvette, qu'il fallait saigner l'enfant. Maître Gaspard, les mains tremblantes, obéit, mais en voyant ce sang couler, ses genoux fléchirent :

« Arrive.... Simone.... arrive! dit-il. Tiens.... tiens cela.... Je m'en vais! »

Le sang de cent mille hommes ne lui aurait pas fait autant d'effet que celui-là : c'était le sien!... Il n'eut que le temps de sortir prendre l'air. Il s'assit sur les marches de son auberge, à la fraîcheur matinale. Au loin, dans la nuit, roulait une voiture; il pensa :

« Le médecin de Tiefenthâl arrive! »

Mais c'était la glace qu'on apportait.

Le médecin n'arriva qu'au petit jour, alors Michel aurait été mort depuis longtemps; Fix le savait!

Ce docteur, M. Gérard Potel, décoré de la Légion d'honneur et grand ami des Thomassin, ne s'entendait pas avec Laurent sur la politique; mais il se gardait bien d'entamer une discussion touchant leur science avec son confrère de la Neuville, qui l'avait mis plusieurs fois au pied du mur; et puis Laurent avait de son côté la meilleure preuve, celle que l'on écoute toujours, — qu'on soit clérical ou républicain, ou de n'importe quelle autre opinion, — lorsqu'on est malade : il guérissait son monde dix fois plus souvent que l'autre.

Aussi M. Potel approuva-t-il tout ce que son confrère avait fait; il ne se permit pas même d'ajouter une mie de pain à son ordonnance, et repartit comme il était venu, disant qu'il fallait continuer le traitement. Mais Laurent comprit alors que maître Gaspard n'avait pas compté sur lui, qu'il l'avait cru capable d'abandonner un pauvre petit être innocent, par animosité contre son père, et cela l'indigna plus que tout le reste.

Étant appelé dans bien d'autres endroits, Laurent ne pouvait rester toute la journée au *Mouton-d'Or*. Simone suivait ses prescriptions de point en point, et maître Fix attendait sa venue comme celle du bon Dieu.

Que de pensées durent traverser l'esprit du vieux renard, pris à son propre piége; car il savait très-bien que la maladie de Michel venait des défrichements du Hôwald; et comme il dut réfléchir au droit de tester!

« Si l'enfant meurt, se disait-il souvent, qu'est-ce que je ferai, moi? Qu'est-ce que je deviendrai? Les filles sont placées, elles ne pensent qu'à leurs maris; Simone et moi, nous ne leur sommes déjà plus que des héritages qu'on attend!... Catherine, elle, ne songe qu'à se marier ; elle trouvera bien quelqu'un pour accepter la dot, ce n'est pas difficile par le temps qui court. Et moi je resterai là, sans enfants pour m'aider à vivre.... J'aurai travaillé toute ma vie pour des gendres !... Tout se partagera, tout s'en ira après ma mort ! »

Il se prenait la tête à deux mains, les coudes sur la table de nuit, écoutant la respiration de Michel, ces paroles confuses, ces rêves étranges, ces soupirs prolongés qui semblent vous avertir que la mort est proche, que le malade la voit, qu'il se défend, qu'il appelle au secours, qu'il se sauve pour lui échapper, et qu'elle le suit sans relâche. Ces rêves-là, quand on les écoute, vous déchirent le cœur.

Ils avaient commencé le sixième jour ; maître Gaspard, en y prêtant l'oreille, sentait la sueur lui couvrir la face.

Dans les plus grands moments de délire du malade, il se mettait quelquefois à murmurer :

« Courage, Michel, courage, mon enfant.... Défends-toi bien.... La mort ne t'aura pas.... Je suis là, Michel !... »

Et puis il disait à Simone :

« J'aimerais mieux partir le premier.... A quoi m'aurait servi d'avoir tant travaillé, si nous devions le perdre ? »

Et la pauvre femme bégayait :

« Mon Dieu, ayez pitié de nous ! »

Il s'en indignait intérieurement et pensait :

« Elle ne l'aime pas le quart autant que moi.... Elle ne pense qu'à son bon Dieu !... Que les femmes sont bêtes !... »

La vue du curé Rigaut, qui vint un jour visiter le malade, lui produisit la plus mauvaise impression; car s'il trouvait très-bon de prêcher la vie éternelle aux autres et de leur promettre des récompenses innombrables là-bas, il tenait beaucoup plus à cette existence-ci pour lui et pour les siens. Aussi toutes les paroles de consolation du vénérable curé, sur les enfants qui deviennent des anges après leur mort, l'ennuyèrent considérablement; et l'extrême-onction qu'il donna à Michel, lui parut un bien mauvais signe. Enfin, comme cela ne pouvait pas faire de mal au petit, et que Simone y tenait beaucoup, il ne dit rien et parut même très-fervent pendant la cérémonie.

Peu de jours après, les rêves de l'enfant cessèrent; mais il était alors si maigre, si faible, qu'on avait peine à le reconnaître. Simone et maître Fix se disaient des yeux, en le regardant : « Ce n'est qu'une ombre ! »

Ils croyaient aussi que l'esprit serait complétement éteint, et que Michel resterait borné toute sa vie, comme beaucoup d'autres.

Cette nouvelle crainte tourmenta maître Fix peut-être autant que celle de la mort; et jamais il n'éprouva d'émotion pareille à celle qu'il eut un matin, lorsque, penché sur le lit de l'enfant, il le vit tout à coup tourner les yeux de son côté, le reconnaître et l'appeler tout bas : « Papa ! » Sa joie fut telle d'entendre cette voix, qu'il s'assit en fondant en larmes.

Seulement alors il vit Frionnet, qui riait derrière le rideau, et se rappela que beaucoup de créances devaient être touchées, que toutes les affaires étaient en retard.

« Allons, dit-il à son compère, maintenant tout est sauvé; nous ne travaillerons pas pour le roi de Prusse.

— Ni pour le pape, ajouta Frionnet d'un air ironique.

— Taisez-vous, dit maître Gaspard en se dirigeant vers le cabinet, c'est le bon Dieu qui a sauvé Michel!

— Et le grand braque, ajouta l'huissier. Vous lui devez un beau cierge; il a ramené le petit de loin.

— Ah! c'est le plus grand médecin de France! fit alors maître Gaspard. Quel dommage qu'un pareil homme manque de bon sens, quel dommage! »

Ayant ainsi payé son tribut de reconnaissance au docteur Laurent, M. Fix ouvrit son secrétaire et tira le gros portefeuille.

Michel se rétablit tout doucement; il perdit d'abord ses grands cheveux blonds et devint tout à fait chauve; mais la bonne mère Simone, à force de prières, obtint du Seigneur la grâce de les voir repousser en partie au bout de six semaines ou deux mois.

## XII

Dans cet intervalle, maître Gaspard s'était remis à ses affaires et suivait en même temps la marche des événements. L'Assemblée nationale avait décidé qu'une enquête aurait lieu sur les journées de juin, et même sur celles du 16 avril et du 15 mai précédents. Lamartine, Ledru-Rollin, tout le gouvernement provisoire, auquel on avait voté des remerciements, s'était trouvé dans la nécessité de se défendre. Les transportations sans jugement continuaient.

Pour dire la vérité, les royalistes se croyaient déjà les maîtres; des quantités de petits livres se répandaient dans les campagnes, défendant le bon Dieu, la propriété et la famille, que les socialistes et les communistes avaient eu la bêtise d'attaquer; et, comme les paysans aiment mieux leurs biens, leurs femmes et leurs enfants que la République; comme d'un autre côté les ouvriers des villes en voulaient terriblement à Cavaignac, d'avoir mitraillé et déporté leurs camarades de Paris; comme la bourgeoisie, la noblesse et le clergé ne tenaient pas du tout à voir se fonder définitivement un gouvernement démocratique, il fallait reconnaître que le tour de M. de Falloux avait été magnifiquement joué, que le peuple était divisé par cette victoire des républicains sur les socialistes, et qu'il ne restait plus qu'une seule chose de toute la révolution de février : — le suffrage universel.

Mais c'était beaucoup, car le suffrage universel c'est la souveraineté du peuple, et si le peuple est souverain, il n'a pas besoin d'un roi pour faire ses affaires.

Ce suffrage universel gênait les royalistes, d'autant plus qu'après avoir terminé la Constitution, on devait nommer un président. M. Grévy voulait que le président fût nommé par l'Assemblée; il disait qu'un président nommé par la nation entière aurait trop de force, que ce serait en quelque sorte un maître, puisqu'il tiendrait son mandat du pays, comme l'Assemblée législative; qu'il aurait entre les mains tous les moyens de faire un mauvais coup, pour s'établir définitivement malgré l'Assemblée elle-même.

C'était clair!

Mais le général Cavaignac, chef du pouvoir exécutif, voulait tenir son mandat de tout le pays; il ne se voyait pour concurrents que Lamartine, Ledru-Rollin et Louis Bonaparte, qu'on représentait comme une espèce d'imbécile, et se croyait sûr d'être nommé.

Tous les candidats des royalistes n'ayant aucune chance, c'est aussi sur le général Cavaignac qu'ils avaient résolu de porter leurs voix, pensant le circonvenir insensiblement, gagner du temps, et mettre aux élections suivantes, un de leurs princes à sa place.

Tel était le mot d'ordre que M. Gaspard avait reçu de Tiefenthâl, et le jour même il se déclarait hautement dans ce sens au casino, disant que Cavaignac avait sauvé la société; que sa probité reconnue, son courage, son dévouement, lui méritaient l'estime de tous les honnêtes gens, et que lui, Gaspard, ferait son possible pour procurer à ce bon citoyen tous les suffrages de la Neuville et des environs.

Le docteur Laurent, apprenant ces promesses du beau-frère par Méchini, oublia tous ses anciens griefs; il lui serra la main sur la porte, en disant :

« A la bonne heure! Si vous aviez toujours marché dans ce chemin-là, beau-frère, nous n'aurions jamais eu de démêlés ensemble. »

Maître Gaspard riait et disait :

« Que voulez-vous, Laurent, je ne demande pas mieux que de m'éclairer; quand je vois clair et que je reconnais la justice d'une chose, je marche sans me détourner; on ne me voit pas changer sans de bonnes raisons. »

Enfin ils se réconcilièrent et se promirent réciproquement d'user de toute leur influence pour l'élection de Cavaignac.

Deux ou trois jours après cette réconciliation des deux beaux-frères, un matin Frionnet entra dans le cabinet de maître Gaspard, avec un grand monsieur à manteau gris et large feutre, qui lui tendit la main en souriant et lui demanda d'un ton d'ancienne connaissance :

« Vous ne me reconnaissez pas, monsieur Fix ? »

Maître Gaspard, assis au bureau, ôta son petit bonnet de soie noire en se levant, puis, regardant l'étranger une seconde, il s'écria :

« Hé! mon Dieu, c'est M. Sabouriau!... Asseyez-vous donc, mon cher monsieur Sabouriau. »

Alors l'autre, riant, dit :

« Allons.... allons.... je vois que vous avez bonne mémoire ! »

Et s'étant assis sans façon, il entra tout de suite en matière.

« J'arrive de Paris, dit-il, pour vous voir, vous et quelques autres vieux amis.... C'est une grande affaire qui m'amène, une affaire qui peut avoir pour vous et pour moi de plus beaux résultats que celle du Hôwald ? A proprement parler, celle du Hôwald est une véritable misère auprès de celle que je viens vous proposer aujourd'hui. »

On pense si maître Gaspard était attentif, s'il ouvrait les yeux et dressait les oreilles.

Frionnet, assis derrière eux, écoutait, souriant.

« Vous avez entendu parler du prince Louis Bonaparte? demanda Sabouriau.

— Oui, sans doute, on en parle beaucoup depuis quelque temps.... C'est.... c'est ce qu'on peut appeler....

— C'est un brave homme, interrompit Sabouriau, prévoyant que maître Gaspard allait dire : « C'est un imbécile ! » C'est un homme avec lequel nous pouvons faire, vous, moi, Frionnet, une fortune immense ; c'est un homme qui sera nommé président, quoi qu'on fasse et quoi qu'on dise.... Et puis.... et puis encore autre chose ! Un homme qui fera de vous le premier, non-seulement de la Neuville, mais de l'arrondissement et du département, si.... si.... vous m'entendez bien, monsieur Fix, si vous voulez mettre à notre disposition, l'intelligence et l'activité que vous avez déployées pour l'élection de M. Thomassin, et nous prêter votre concours aux prochaines élections présidentielles. Vous le voyez, je joue avec vous cartes sur table ; répondez-moi franchement. »

Maître Gaspard, les yeux à terre, semblait pensif ; de grosses rides sillonnaient son front, et au bout d'une seconde, il répondit lentement :

« Je me suis laissé dire que le prince Louis Bonaparte n'est pas le fils de son père, que sa mère...

— Hé ! qu'est-ce que ça nous fait, à nous ? interrompit Sabouriau, qu'il soit fils de Jacques, de Jean ou de Louis ? Je m'en moque pas mal !... C'est son nom qu'il nous faut et nous l'avons ; le peuple ne demande que ça !... Et qui est-ce qui vous a conté cette histoire ? Thomassin, Muleroy, toute la coterie de Tiefenthâl, n'est-ce pas ? Et de qui sont-ils fils, eux ? Dans tous les cas, il n'est pas fils posthume, le nôtre ; il n'a pas eu besoin d'un miracle pour venir au monde ! Est-ce que dans les grandes familles on fait attention à ces niaiseries ! Est-ce que le grand-père de Louis-Philippe, le père de Philippe-Égalité ne se moquait pas lui-même des princes qui se croyaient pères de leurs enfants ? Je ne comprends pas que vous, monsieur Gaspard Fix, vous ayez des préjugés aussi....

— Oh ! dit maître Gaspard, vous pensez bien que si ce prince peut faire notre bonheur, je n'irai pas le chicaner sur ses père et mère ; mais on dit qu'il n'est pas très-capable, et que. ..

— Capable ! Est-ce qu'il a besoin d'être capable ? interrompit Sabouriau. Je voudrais bien savoir si les autres sont capables.... Les Bourbons et les Orléans ont été capables de se faire mettre à la porte, voilà tout. Pourvu que nous soyons capables, nous bonapartistes, de devenir ministres, conseillers d'État, préfets, ambassadeurs, généraux, est-ce que le reste nous regarde ? La capacité d'un roi ou d'un empereur est dans ses employés. Mais sans entrer dans les détails, je soutiens que notre prince à nous est plus capable que tous les autres ensemble. Ce n'est pas lui qui se serait laissé mettre à la porte comme Louis-Philippe ; il aurait plutôt brûlé Paris de fond en comble !

— Bon.... bon.... je vous crois ! dit maître Gaspard en souriant. Je sais bien que tout le monde est capable d'hériter d'un trône ou de ving-cinq mille francs de rente, ça n'est pas difficile, quand on est né pour ça ; la capacité d'hériter est faite pour les imbéciles, comme pour les plus malins !... Mais on dit aussi que Louis Bonaparte n'a pas le sou.

— Quant à ça, la meilleure réponse que je puisse vous faire, monsieur Fix, répondit gravement Sabouriau, en ouvrant son manteau et tirant d'une poche profonde son portefeuille, c'est de vous montrer ce que Fould m'a remis au nom du prince, pour aider les gens à comprendre son mérite. »

Il étala sur la table un assez gros paquet de billets de banque; maître Gaspard, d'un coup d'œil, jugea qu'il pouvait bien y en avoir là pour cinquante mille francs.

« Ah! c'est différent, bien différent, dit-il, tandis que Sabouriau rempaquetait ses billets et les remettait en poche, du moment que votre prince a du mérite....

— Comment, s'écria Sabouriau, du mérite! C'est-à-dire qu'auprès de lui tous les autres sont des ânes. Il a toutes les chances, toutes!... Allez dans un village, n'importe lequel, en plaine, au fond des bois, partout vous verrez l'image du grand homme, à côté de celle des saints. On ne veut que lui.... lui.... le neveu de l'homme du siècle, dont l'histoire est écrite depuis les pyramides jusqu'au Kremlin.... »

Tandis que Sabouriau déroulait sa pancarte, maître Gaspard se rappelait l'enthousiasme de Faxland, lors de sa visite à Tiefenthâl, en février; les cris de « Vive l'empereur! » qui lui répondaient en chemin de tous les cabarets. Une foule d'autres circonstances semblables lui revenaient de ses charbonnières, de ses scieries, où les bûcherons et les schlitteurs ne faisaient que rabâcher du grand homme à la veillée, et il se disait :

« Ma foi, c'est vrai !... Maintenant que toutes ces bourriques sont électeurs, le Bonaparte a des chances ! »

Sabouriau poursuivit :

« Qu'est-ce que Chambord, ou Joinville, ou Ledru-Rollin auprès du neveu de Napoléon ? Quelle farce d'oser comparer ces gens à celui dont le nom retentira dans les siècles des siècles, et dont la colonne porte jusqu'aux nues....

— Hé ! s'écria maître Gaspard, l'interrompant à son tour, et avançant sa grosse mâchoire d'un air ennuyé, qui est-ce qui vous dit le contraire ? Vous avez peut-être des chances ; mais quand on joue une partie serrée, monsieur Sabouriau, il ne faut pas seulement regarder ses cartes, il faut penser au jeu de l'autre ; Cavaignac en a aussi des atouts dans son jeu ; il a d'abord pour lui tous les gens d'ordre, tous les honnêtes gens ; c'est quelque chose d'avoir pour soi les gens riches, les gens posés, les gens instruits. Je ne dis pas que quelques millions d'imbéciles, élevés dans l'ignorance, n'iront pas voter pour Louis Bonaparte ; mais Cavaignac aura tous les républicains de bon sens, qui veulent conserver la république, et en outre....

— Les républicains ! cria Sabouriau, lui qui n'a rien fait pour l'Italie, rien pour la Hongrie, et qui vient d'envoyer à Rome des troupes pour soutenir le pape contre les républicains de là-bas.... Jamais !... jamais !...

— Hé ! ce n'est pas si bête, répliqua Gaspard ; s'il avait été au secours des Italiens et des Hongrois, il aurait eu tous les royalistes sur le dos, et en soutenant le pape, il s'attire les voix du clergé; hé! hé! il faut ménager la chèvre et le chou, monsieur Sabouriau. Votre affaire n'est pas aussi belle que vous croyez. Je ne dis pas qu'en faisant tout ce qu'il faut, en courant, en employant des hommes fins, connaissant le pays; en aidant, en poussant de toutes les manières, je ne dis pas que vous ne puissiez pas réussir. Mais ça ne sera pas sans peine, il y aura du tirage, et vous pouvez échouer très-bien; tout le monde n'a pas la foi.... C'est même assez rare, la foi, sans de bonnes raisons palpables, qui vous aident à comprendre. Tenez, vous, par exemple, vous, un homme sérieux, un homme versé dans les affaires, je suis sûr, je répondrais devant Dieu, que vous n'avez pas quitté votre bonne place, votre excellente place chez le prince de Poutchiéri, où vous attrapiez de si bonnes aubaines, pour courir les champs, répandre des brochures bonapartistes et chanter la gloire du prince Louis, sans avoir pris des gages, de bons gages.... vous comprenez.... — il faisait aller le pouce, — et sans des assurances, de grandes assurances d'avancement pour l'avenir, si l'affaire réussit! Est-ce vrai? là, entre nous et l'ami Frionnet, vous pouvez bien le dire! »

Sabouriau, souriant, répondit :

« Parbleu! vous pensez bien, monsieur Fix; nous ne sommes pas des enfants.

— Hé! ça va sans dire, continua maître Gaspard, il n'y a que des imbéciles qui travaillent pour le roi de Prusse. Quand je me suis présenté chez vous, à Paris, ce n'est pas avec de belles paroles sur la colonne et la redingote grise que nous avons entamé la conversation; vous m'auriez ri au nez, et vous auriez bien fait; il vous fallait des raisons solides et je vous en ai donné tout de suite. Eh bien! moi, je suis comme vous, je ne fais rien pour rien! Pour me lancer dans votre entreprise, je cours des risques, et je veux que ces risques me rapportent de grands avantages.

— Quels risques courez-vous donc, monsieur Fix, et quels avantages désirez-vous? demanda Sabouriau.

— J'ai du bien, dit maître Gaspard; après M. Thomassin, je suis le plus grand propriétaire du pays; ce n'est pas de l'argent comptant qu'il me faut maintenant. Je jouis aussi de la considération publique, de celle du préfet, du sous-préfet, et de toutes les autorités reconstituées depuis les événements de juin, à la recommandation de ces messieurs de Tiefenthâl, car nous avons toujours des amis partout. J'ai pour moi la partie forestière et les droits réunis; s'il me faut un chemin en forêt, pour vendre mes coupes, je l'obtiens tout de suite; s'il me faut une prise d'eau pour arroser mes prés ou pour renforcer mes scieries en temps de sécheresse, je n'ai qu'à parler; si j'ai besoin d'un passe-debout, d'un droit de circulation extraordinaire, même contre les règles, cela ne fait aucune difficuté; si la gendarmerie passe à onze heures, à minuit par la Neuville, et que mon auberge soit encore ouverte, la gendarmerie regarde ailleurs, elle ne voit rien.... On sait que

M. Gaspard Fix a ses petits droits à part!... Tout ça, monsieur Sabouriau, me flatte, et puis ça me rapporte; c'est une belle position.... c'est bon à garder.... le premier venu ne jouit pas de ces bénéfices!

— Sans doute, mais avec nous vous les aurez aussi.... Vous en aurez même de plus grands.... beaucoup plus grands.

— Je ne dis pas.... Si vous réussissez!... Mais voilà justement la question.... Pour me mettre avec vous, il faut lâcher tout ça d'abord; au lieu de toutes ces petites douceurs, il faut m'attendre à voir les procès-verbaux me tomber dessus comme la grêle, à voir révoquer toutes les anciennes permissions de chemins forestiers, de prises d'eau, de circulation pour ma bière; il faut m'attendre à voir les rats-de-cave venir exercer chez moi deux ou trois fois par jour, etc., etc. Vous savez ce que c'est d'être pour ou contre l'administration. Et je ne parle pas de l'indignation de M. Thomassin, qui m'a rendu de grands services : c'est lui qui m'a avancé l'argent pour payer le Hôwald; c'est lui qui a obtenu de son ami le ministre l'autorisation de couper le bois; il est vrai qu'il était de moitié dans l'affaire et que je lui avais donné hypothèque sur tous mes biens, mais enfin sans lui je n'aurais pas pu faire ce beau coup de filet, j'aurais eu le crève-cœur de voir le Hôwald happé par un autre! A présent je ne dois plus rien à M. Thomassin, je lui ai remboursé ses deux cent cinquante mille livres, et toutes les hypothèques sont levées; mais je suis toujours en affaires avec les verreries de Tiefenthâl, pour la livraison de mes bois; naturellement l'exécution rigoureuse du contrat, les chicanes et les procès à propos de rien ne tarderont pas à venir. M. Thomassin sera mon pire ennemi, après le beau-frère Laurent, un original, mais un brave homme qui vient de sauver mon fils, et auquel je promettais encore hier de soutenir Cavaignac.... Ils m'en voudront à mort! Ainsi les avantages, la considération, les amis, les bons coups que je peux faire en restant tranquille, tout serait perdu!.... Tout ça, monsieur Sabouriau, se compte, tout ça vaut quelque chose.... Ça vaut beaucoup! Et si l'affaire manquait, si Cavaignac avait le dessus, mon plus court et mon meilleur serait de tout vendre, de plier bagage et de lever le pied. D'un autre côté je vous rapporterais au moins cinquante mille voix dans ce département, tel que vous me voyez; oui, au moins, car lorsque j'entreprends une campagne, moi, je ne suis pas de ceux qui s'endorment, il faut que ça marche jour et nuit.... Je connais mes gens.... je sais m'y prendre.

— Hé! s'écria Sabouriau, nous le savons bien; c'est pour cela que je suis ici. Faites vos conditions, dites ce que vous voulez, on s'arrangera, que diable!

— Ah! répondit effrontément maître Gaspard, j'ai tant de choses à demander, tant de choses qu'il me ferait plaisir d'avoir, que la cervelle m'en tourne. Il faut que vous m'accordiez deux ou trois jours de réflexion. Je veux aussi jeter un petit coup d'œil aux environs, pour bien reconnaître vos chances; plus vous en aurez, moins je courrai de risques, et je demanderai moins aussi, car je suis juste, moi, je ne veux que mon dû. Revenez dans trois jours, et vous aurez mon dernier mot. »

Sabouriau se leva dépité, sans pourtant le laisser voir; il avait cru s'emparer de maître Gaspard par de grandes phrases en l'air, et cette espèce de paysan à grosse mâchoire l'avait mis au pied du mur.

M. Fix le reconduisit poliment avec Frionnet, jusque sur l'escalier, où ils se serrèrent la main.

Sabouriau était descendu chez son ami Frionnet, et, tout en s'en allant avec l'huissier, il lui disait :

« C'est un roué compère, ton maître Fix; un gaillard que je ne croyais pas aussi fort; hardi, sans gêne, et qui voit juste. Il a toute l'effronterie et toute l'impudeur de ses intérêts; j'aimerais mieux l'avoir avec nous que contre.

— Je crois bien, répondit l'autre; car, s'il était contre, comme je le connais, il ne perdrait pas une minute : Cavaignac aurait quarante mille voix de plus, le prince en aurait quarante mille de moins, ce qui ferait le double dans le compte général.

— Il faut que nous l'ayons, dit Sabouriau; c'est un des nôtres!... Mais que va-t-il demander? Il m'a l'air de jouir d'un large appétit, cet homme; il doit avoir des prétentions exorbitantes. »

Ils arrivaient alors à la porte de Frionnet. Madeleine, la servante de l'huissier, les attendait pour servir le déjeuner; la conversation cessa, les affaires importantes furent renvoyées à plus tard.

## XIII

Maître Gaspard, comme il l'avait annoncé, fit sa tournée d'inspection dans la plaine et dans la montagne, à plusieurs lieues aux environs de la Neuville, pour se rendre compte des chances de Louis Bonaparte. Il reconnut que les Thomassin et les Muleroy se trompaient en se figurant que le peuple, tenu systématiquement dans l'ignorance depuis l'empire, se tournerait vers Henri V et les jésuites. Toute la masse des paysans rêvait du petit chapeau et de la redingote grise. Tous les prisonniers rentrés en France en 1815, du fond de la Russie, où l'on gelait sur pied, malgré les coups de knout pour vous réchauffer; de l'île déserte de Cabrera, en Espagne, où l'on mangeait ses propres excréments, faute de rations que les Espagnols n'envoyaient pas régulièrement; des pontons d'Angleterre, où l'on devenait gâteux, à force de croupir entre le ciel et l'eau, sans espoir d'en sortir avant la paix générale; tous regrettaient le génie sublime qui les avait conduits là, en renversant la République pour se loger aux Tuileries; en rétablissant notre sainte religion, pour se faire couronner à Notre-Dame par le pape, qui trouvait que la France valait bien une bassesse; en rappelant les anciens nobles, tous les soldats de Condé, couverts de sang français, pour remplir ses antichambres; et en sacrifiant comme du fumier des millions d'hommes, pour engraisser et faire pousser ses nouvelles dynasties de Corses! Ils voulaient tous recommencer les mêmes réjouissances en l'honneur du neveu.

La légende, comme on a nommé depuis cette espèce de religion bestiale de la victime pour le bourreau, la légende étendait partout ses racines!

Il faut dire aussi que la bourgeoisie s'était donné bien du mal pour créer et répandre cette légende depuis trente ans.

Les poëtes, avec leurs odes et leurs chansons, les historiens, avec leurs histoires, Louis-Philippe, avec son retour des cendres, et des centaines d'autres, avec leurs livres, leurs brochures, leurs images et leurs gazettes, que les bourgeois patronnaient et répandaient à profusion, pouvaient se vanter d'avoir fait terriblement de mal à leur pays! C'était de la politique! La haute bourgeoisie française avait trouvé commode d'abêtir le peuple au lieu de l'éclairer, de le prosterner dans l'adoration d'une idole sanglante; ça devait l'empêcher de penser à autre chose; ça devait donner aux malins le temps de faire leurs affaires.

Tout le monde connaît le résultat de cette politique sublime.

La légende était donc partout!

Quelques-uns des malheureux que maître Gaspard interrogeait dans ses haltes, ne pouvaient croire que leur empereur fût mort; cela ne leur paraissait pas naturel, qu'un si brave homme pût mourir; il aurait dû vivre toujours, pour la félicité du genre humain; d'autres soutenaient que les Anglais l'avaient empoisonné avec de la poudre de diamant pilé; un poison moins cher n'aurait sans doute pas été digne de lui; d'autres admettaient bien qu'il pouvait avoir entendu battre le rappel, mais ils affirmaient que son âme, cette âme si noble, si sensible, si généreuse, si grande, avait passé dans son neveu, depuis la mort du duc de Reichstadt.

Maître Gaspard écoutait tout cela gravement, au cabaret de l'endroit, en prenant de temps en temps une bonne prise sur son large pouce, pour s'empêcher de rire.

« Tout ça, c'est possible! disait-il en déployant son mouchoir d'un air convaincu et se mouchant avec fracas. Vous raisonnez juste; un si grand génie ne peut pas mourir; il a des fils, des neveux, des cousins, dans lesquels il ressuscite; c'est positif.... et voilà comment les peuples sont sauvés. »

Là-dessus on vidait sa bouteille de vin, et M. Fix remontait dans sa voiture en pensant:

« Dieu du ciel, que les hommes sont bêtes ! C'est pire que les animaux.... Jamais on n'a vu les moutons regretter les loups !... Enfin, c'est comme cela. L'affaire est entre les républicains seuls et les bonapartistes ; tout ce qu'on fera contre les bonapartistes, sera pour les républicains, tout ce qu'on fera contre les républicains sera pour les bonapartistes. Tous les autres sont coulés à fond, et particulièrement les cafards ! Ainsi, attention, Fix ; il ne s'agit plus de faire une nouvelle noblesse, avec le droit de tester.... Les bonapartistes auront le dessus.... Mets-toi bien vite du côté du manche ! — Et Cavaignac, qui pouvait si bien être nommé par l'Assemblée constituante, et faire instruire le peuple pendant trois ans, de ses droits et de ses devoirs, comme dit le beau-frère Laurent, Cavaignac, qui refuse par honnêteté, par délicatesse.... hé ! hé ! hé ! c'est encore un politique, celui-là !... Hue, Grisette, hue !... Oui, un fameux politique !.... »

Ainsi raisonnait le brave homme, retournant tranquillement à la Neuville, avec son opinion arrêtée.

Il ne songea plus dès lors qu'à bien poser ses conditions, pour se rallier aux Bonaparte ; et dans la matinée du troisième jour, Sabouriau étant venu le voir avec Frionnet, ils le trouvèrent comme la première fois assis à son bureau, en train de régler quelques comptes.

« Eh bien ! s'écria Sabouriau.

— Ah ! c'est vous ! dit-il, en déposant sa plume. Eh bien, j'ai vu.... l'affaire sera chaude.... mais on peut gagner. Si vous acceptez maintenant mes conditions, nous pourrons conclure. Prenez donc place; asseyez-vous, Frionnet. »

Ils s'assirent.

« Est-ce que vous les avez écrites, vos conditions? demanda Sabouriau.

— Oh! non!... A quoi pensez-vous donc? Écrire des choses semblables!... Une lettre n'aurait qu'à se perdre, je serais gravement compromis aux yeux de mes vieux amis de Tienfenthâl, avant d'avoir rien terminé avec vous. Non, monsieur Sabouriau, je vais vous les dire, ensuite vous les écrirez. Vous connaissez sans doute le prince Louis Bonaparte.

— Très-bien!

— Alors tout est bien. Vous lui écrirez mes conditions, telles que je vais vous les expliquer, et, s'il les accepte, il n'aura qu'à mettre au bas : « Ac« cepté! » avec sa signature. J'ai vu par-ci, par-là, quelques-unes de ses lettres, du temps de l'affaire de Strasbourg, sa signature m'est restée dans l'œil. Je ne serai engagé à rien, si votre lettre se perd; mais dès que la réponse sera venue, je vous remettrai, donnant donnant, mon acceptation formelle, et nous serons engagés. Alors qu'on apprenne quelque chose ou qu'on n'apprenne rien, ma position sera nette, je n'aurai plus d'inquiétude. Est-ce entendu, monsieur Sabouriau?

— Parfaitement! monsieur Fix, vous êtes un homme de précaution, j'aime ça.

— Je vais donc vous dire ce que je veux. Et d'abord, il faut absolument que je remplace

Thomassin dans ce pays; il faut que je sois au-dessus de lui sous tous les rapports, pour l'empêcher de me nuire. Vous comprenez, ce sera une guerre à mort entre nous; j'ai besoin d'être solidement appuyé.... Je veux donc avant tout la décoration de chevalier de la Légion d'honneur, aussitôt après les élections; et plus tard, quand on aura reconnu tout ce que je vaux, celle d'officier, pour services éminents rendus à l'Etat. Comme j'aurai contribué à faire nommer le prince, cette mention sera juste.

— C'est évident, dit Sabouriau. Ensuite, monsieur Fix?

— J'ai deux gendres, deux hommes de mérite : Adrian, sous-inspecteur des eaux et forêts à Dâpremont; je crois qu'il serait temps de le faire passer inspecteur; il a toutes les qualités voulues pour avancer. Et mon autre gendre, Péters, juge au tribunal de Batteville, est dans le même cas; sérieux, versé dans la connaissance des lois, il se trouverait très-bien dans un fauteuil de président, et ça me serait très-agréable de l'y voir. Notez que si l'affaire se conclut, j'écrirai à mes gendres de travailler pour le prince, et qu'ils feront leur possible, chacun de son côté; ils gagneront donc leur avancement! »

Maître Gaspard se tut quelques instants. Sabouriau ne semblait rien trouver d'extraordinaire dans ses prétentions, et dit :

« Cela ne peut souffrir aucune difficulté, monsieur Fix. Je suis sûr que le prince se fera un véritable plaisir de vous obliger; il tiendra extrêmement à s'attacher une famille aussi honorable que la vôtre. Avez-vous autre chose à demander ?

— Oui.... ceci n'est qu'un petit commencement. Cette propriété du Hôwald, que je défriche, une fois les bois partis, va se trouver nue. Je garderai quelques bouquets de vieux hêtres derrière le château, une belle avenue de tilleuls devant, mais ce ne sera plus le grand et magnifique château des comtes du Hôwald, qui se dressait au-dessus des forêts, ce sera une riche demeure bourgeoise. Il faut quelque chose pour remettre toutes ces terres en valeur, il faut une belle route au bas de la côte, qui partirait d'ici, je suppose, et rejoindrait à Vandeuvre la grande route de Paris. Cette route m'enlèverait aussi quelques terrains en friche maintenant, sur lesquels j'ai fait des semis qui n'ont pas l'air de bien prendre. Je ne serais pas fâché de me débarrasser de ces terres avantageusement.... Vous comprenez !...

— Très-bien ! Je crois que cela sera facilement accordé comme le reste ; d'autant plus que le prince aime les constructions, les entreprises qui font travailler.

— Alors, ajouta maître Gaspard, puisqu'il est dans ces idées, il trouverait dans mes propriétés défrichées, un superbe emplacement pour fonder une ferme modèle ; deux ou trois cents hectares de bruyères et de genêts enlevés pour cette fondation utile, me réjouiraient réellement. Vous ajouterez cela, monsieur Sabouriau.

— Diable ! se dit celui-ci, il ne se donne pas pour rien ; est-ce que ce sera bientôt tout ? »

Maître Gaspard, ne voyant aucune objection, était devenu plus pensif qu'avant.

« Tout cela, dit-il au bout d'un instant, est fort bien ; mais voici le principal, c'est de là que je fais dépendre notre marché. Ces élections vont coûter cher ! Le prince aura de grandes dépenses à faire dans tous les départements ; un grand nombre de ses agents ne pourront pas marcher sans avances. Moi, je ne suis pas dans le même cas, j'avancerai ce qu'il faudra. Presque tous les cabaretiers du pays me doivent de l'argent ; je pourrais les mettre sur la paille en leur demandant mon remboursement du jour au lendemain, ou en leur refusant de la bière ; ces gens-là me sont dévoués et je puis compter sur eux ; mais je n'en serai pas moins forcé d'aposter dans chaque cabaret deux ou trois vieux de la vieille, pour raconter les victoires de Napoléon, et de leur donner non-seulement l'autorisation de boire à mon compte tout le temps de la période électorale, mais encore celle de verser à boire aux paysans tout ce qu'ils voudront, du vin, de la bière, de l'eau-de-vie, afin d'éclaircir leurs idées et de fixer leur opinion. Des gaillards de cette espèce, quand la boisson ne coûte rien, ressemblent à des entonnoirs, il faut des bouteilles et des cruchons pour leur emplir la panse. Cela me coûtera des milliers de francs, et, six mois après les élections, je recevrai encore des notes de cabaret à solder. En outre, il me faudra dans chaque village quelques solides gaillards bien convaincus, pour ramener au bon sens ceux qui voudraient faire de la propagande contre nous, des bûcherons et des schlitteurs qui tapent dur, et qui reçoivent aussi sur le nez un coup de poing massif sans sourciller; heureusement j'en ai beaucoup de cette trempe. Ils n'auront pas à discuter avec les bourgeois et les anciens employés de Louis-Philippe, gens calmes et prudents qui se tiendront hors de la bagarre, ni contre les domestiques des maisons nobles du pays, qui craindraient de se compromettre et de se faire déchirer leurs beaux habits, nécessaires pour monter derrière la calèche; non! de ce côté, tout ira bien. Mais les ouvriers de fabriques, ces républicains maigres et secs, ne craignent pas de se faire démantibuler la mâchoire, pour les idées qu'ils couvent de père en fils et qu'ils regardent comme les meilleures. Ceux-là, s'ils veulent voter pour Cavaignac ou Ledru-Rollin, se défendront comme des loups; il faudra donc être prêt à leur répondre, et bien payer nos gens, pour leur donner du courage. J'estime que tout cela pourra me coûter de vingt-cinq à trente mille francs. C'est donc trente mille livres que je risque et que je suis sûr de perdre, en cas d'échec!... Et je ne dis rien de mes propres dangers, car je serai sur le champ de bataille, selon mon habitude. Je ne donnerai pas ma démission de maire, j'attendrai qu'on me révoque. Il faut que Thomassin compte sur moi jusqu'à la dernière minute; cela me permettra d'user de toute mon influence jusqu'à ce que l'administration s'aperçoive que je passe avec vous; et puis les autres, qui sont loin de s'attendre à cette attaque, n'auront pas le temps de parer le coup.

— C'est admirablement combiné, s'écria Sabouriau en lui tendant la main; je vois que vous êtes l'homme des grandes situations.

— Oui... c'est bon!... dit maître Gaspard, peu sensible aux compliments; mais comme j'ai eu l'honneur de vous le dire, monsieur Sabouriau, je veux être récompensé de tout ça; je veux que toutes mes conditions soient remplies, la dernière comme la première, — toutes! »

Sabouriau le regardait en se disant :

« Il hésite à parler de la dernière, ça doit être grave! »

« J'ai donc encore quelque chose à demander, reprit maître Gaspard; il s'agit d'une grande entreprise de bière; je veux fournir de bière tout Paris, ou du moins les principaux quartiers de Paris; la bière est détestable là-bas, j'en ferai d'excellente et tout le monde y gagnera.

— Mais, dit Sabouriau, en quoi le prince peut-il vous aider en cela?

— Le plus cher, continua Fix, ce n'est pas l'orge ni le houblon, ce n'est pas non plus le transport, ni même le droit d'entrée et de régie; le plus cher à Paris, ce qui vous empêche d'y débiter de bonnes consommations, c'est le prix exorbitant des loyers; pour le moindre établissement un peu convenable et bien situé, cela monte tout de suite à des vingt et trente mille francs par an; tous les bénéfices y passent. Eh bien, à mon dernier voyage, j'ai vu qu'il existait un certain nombre de vieilles bâtisses, d'anciennes églises, de vieux temples protestants abandonnés, qui servent au plus de greniers ou d'endroits de débarras, et cela dans des rues où passe beaucoup de monde.... Que le prince mette quelques-unes de ces vieilleries à ma disposition et j'en ferai de magnifiques brasseries.

— Des brasseries ! s'écria Sabouriau stupéfait; sans doute l'idée n'est pas mauvaise, mais vous savez.... le peuple a des idées si drôles et surtout les femmes : de voir des édifices où l'on chantait autrefois du latin, retentir de chansons bachiques....

— Une bâtisse est une bâtisse, interrompit maître Gaspard, et je tiens à ce que cette condition soit dans notre lettre; elle est très-importante, elle me rapportera beaucoup d'argent; et vous-même, monsieur Sabouriau, vous reconnaîtrez plus tard que j'avais raison d'y tenir; les Parisiens seraient moins turbulents, ils feraient moins de révolutions, s'ils buvaient de la bière, au lieu de boire du vin. D'ailleurs, quand une chose n'est plus bonne à rien, et qu'on en tire un parti raisonnable, c'est de la bonne politique. Après tout cela, je n'ai plus qu'un mot à ajouter. Je compte qu'en me présentant aux prochaines élections pour l'Assemblée législative, contre M. Thomassin, ou tout autre, j'aurai l'appui du gouvernement. Voilà tout!

— Ce n'est pas malheureux! » pensa Sabouriau.

Cependant, s'étant convaincu combien l'opposition d'un pareil homme serait redoutable, il lui tendit la main tout joyeux, l'assurant qu'aucune de ses prétentions n'était exagérée, et que le prince y souscrirait de bon cœur.

« Puisqu'il en est ainsi, dit maître Gaspard, poussons l'affaire tout de suite aussi loin qu'elle peut aller entre nous ; asseyez-vous à mon pupitre, écrivez la lettre; je la lirai pour mettre les points sur les *i*, si quelque chose y manque, et nous la jetterons à la poste. Ce qui est fait est fait, on n'a plus à s'en occuper. »

Sabouriau s'exécuta.

Frionnet n'avait pas dit un mot durant tout cet entretien, admirant le calme, l'assurance et la fermeté de son compère ; de temps en temps, il jetait un coup d'œil à Sabouriau, comme pour lui dire :

« Hein !.... quel homme !.... »

Sabouriau ayant terminé la missive, la remit à maître Gaspard, pour qu'il en prît connaissance; celui-ci, ses besicles sur le nez, en pesa chaque phrase, les lèvres serrées et les sourcils froncés, son petit bonnet de soie noire sur la nuque. Le plus rusé, le plus méticuleux des procureurs n'aurait pas lu avec plus de soin un protocole de haute importance. Puis il passa la lettre à Frionnet, en disant :

« Ça peut aller !.... Le prince n'aura qu'à mettre sa signature là-dessus, et nous marcherons. »

Frionnet lut aussi, et dit :

« C'est bien.... c'est clair.... Tout ce que vous avez demandé, monsieur le maire, s'y trouve.

— Oui, c'est bien, » répéta celui-ci.

Il ferma lui-même la lettre, alluma sa petite bougie et cacheta de cire rouge, prenant sans façon le gros cachet que Sabouriau portait en breloque à son gilet, pour l'imprimer dessus.

Sabouriau, sans doute habitué à toutes les défiances du monde et à toutes les précautions qu'il savait prendre lui-même dans les grandes occasions, se prêtait à tout pour atteindre au but. Il écrivit l'adresse, après avoir bien vérifié l'exactitude et la bonne fermeture du cachet.

Et cela fait, la boîte aux lettres étant chez le buraliste Tabourin, en face, maître Gaspard appela Pâcotte, en lui disant :

« Mets ceci à la poste. »

Il regarda de la fenêtre sa servante traverser la rue et jeter la missive dans la boîte.

Alors, bien assuré que tout était en ordre, il se retourna souriant, et dit à Sabouriau :

« C'est fait ! Dans trois jours nous aurons la réponse ; et si le prince approuve, nous serons les plus solides amis du monde, monsieur Sabouriau ; nous marcherons ensemble, côte à côte, pour livrer bataille à Cavaignac. Il ne gagnera pas dans notre arrondissement, ni dans les arrondissements voisins, j'en réponds !

— Je le pense aussi, dit Sabouriau en se levant. Au revoir, monsieur Fix ; dans trois jours.

— Dans trois jours ! »

Il prit son chapeau et sortit avec Frionnet, après avoir serré les deux grosses mains velues de maître Gaspard.

## XIV

Les élections de décembre 1848 approchaient.

L'année avait été très-riche, on n'a jamais vu de plus belles récoltes que cette année-là; les gens étaient à leur aise; si le peuple avait connu ses véritables intérêts, nous aurions la République depuis vingt-cinq ans, une République sérieuse, honnête, forte, où chacun occuperait la place qu'il mérite par son travail, son courage et son talent, seule chose possible en ce monde, car on ne peut rien désirer de plus, sans vouloir l'injustice et sans pousser à la révolte ceux qui sont lésés.

Oui, nous serions dans une position bien autre que celle où nous sommes; au lieu de faire pitié, nous ferions envie à l'Europe.

Mais le peuple croyait aux belles promesses démocratiques du neveu de celui qui l'avait autrefois dépouillé de tous ses droits au profit de sa famille, et qui, pendant dix ans, n'avait fait qu'entasser des ossements humains, pour élever des trônes à ses frères, à ses beaux-frères; le peuple, tenu systématiquement dans l'ignorance, rencontrant le digne neveu d'un si grand bienfaiteur, se laissa encore tromper et lui donna sa confiance. Mais cela n'empêche pas les républicains tels que Lamartine, Ledru-Rollin, Arago, Marie, Garnier-Pagès, Crémieux, Louis Blanc, etc., d'avoir seuls, par le suffrage universel, établi la souveraineté du peuple, proclamée par la première Assemblée constituante et confisquée par le premier Bonaparte; cela n'empêche pas la vérité d'être la vérité, malgré l'aveuglement et l'ingratitude des hommes.

Enfin ces élections eurent lieu.

Il paraît que toutes les conditions de maître Gaspard avaient été acceptées, car plusieurs jours à l'avance, ce conservateur distingué, ce bon catholique, exécutait de point en point ce qu'il avait promis, raccolant tous les vieux de la vieille, dont un grand nombre, le jour de l'élection, revêtirent leur uniforme rongé par la vermine, pour donner plus de solennité à leur suffrage; il embaucha tous les ivrognes, tous les fiers-à-bras du pays, leur ouvrant des crédits illimités de vin, d'eau-de-vie, de bière, de saucisses et de jambons, dans tous les bouchons et les cabarets de l'arrondissement; et, par ce moyen il surexcita tellement leur enthousiasme en faveur du prince, qu'il devint dangereux, pour quiconque n'était pas de la bande, de s'approcher de la mairie le jour de l'élection, avec un billet autre que celui de Louis Bonaparte. On voulait voir votre bulletin d'avance; on vous l'arrachait des mains dans l'escalier, sous le vestibule; et, s'il portait le nom de Cavaignac, malgré les gendarmes et le garde-champêtre, chargés de maintenir l'ordre, les coups de poing et les coups de pied roulaient. On était un contre dix; il fallait lever les coudes et baisser la tête, en présentant le dos pour n'être pas assommé; les vieux gendarmes et les *bangards*[1] qui avaient presque tous servi sous le premier empire, riaient dans leurs moustaches.

Tous les chefs-lieux de canton offraient le même spectacle. Le moindre inconvénient était de perdre une poignée de sa barbe ou de ses cheveux dans la bagarre.

Le docteur Laurent et Méchini, qui s'étaient hasardés jusqu'à distribuer des bulletins de Cavaignac à la porte de la mairie, en concurrence avec d'autres, distribuant des billets de Bonaparte, furent si rudement bousculés, que, sans l'intervention du gros Hodel, renommé maire de la Neuville depuis la révocation de M. Fix, Méchini ne s'en serait jamais relevé.

Le docteur Laurent, pour comble de malheur, fut sauvé par maître Gaspard lui-même, qui se précipita dans le vestibule à ses cris, rudoyant ses propres hommes, les accablant de reproches, comme s'il n'avait pas été de la bande,

1. Gardes champêtres.

et enlevant le beau-frère évanoui dans ses bras.

Il le fit transporter à sa maison, criant :

« Comment, misérables, ne reconnaissez-vous pas celui qui depuis vingt ans vous secourt par humanité, qui sauve vos femmes et vos enfants par charité chrétienne ! Est-ce que c'est sa faute, à ce brave homme, s'il n'est pas fort en politique ? Il n'a fait que de la médecine toute sa vie ; est-ce qu'il peut connaître les affaires de la France ? »

Les bûcherons avouaient leurs torts :

« Nous n'avons pas bien regardé, monsieur Fix, disaient-ils ; nous n'avons vu que ses billets, sans cela nous l'aurions seulement poussé dehors, sans taper dessus. »

Maître Gaspard eut encore le beau rôle dans cette occasion, et plus tard il disait d'un air de bonhomme :

« J'ai sauvé la vie à Laurent.... Il m'en veut.... moi je ne lui en veux pas. J'ai risqué ma peau pour la sienne ; il a sauvé mon fils, c'est vrai, mais, sans me flatter, nous sommes quittes, car si je n'étais pas arrivé, on l'aurait pelé du haut en bas à coups de bottes ; il s'était trop compromis. »

Laurent, entendant raconter ces propos hypocrites, en devenait tout pâle d'indignation, car pas un habitant de la Neuville n'ignorait que les gens de M. Gaspard seuls avaient fait le coup ; si l'élection de Bonaparte avait échoué, M. Fix aurait eu de terribles comptes à rendre devant les tribunaux ; mais on connaît le résultat magnifique de ces élections : Louis-Napoléon avait eu plus de cinq millions cinq cent mille voix, Cavaignac environ quinze cent mille, Ledu-Rollin trois cent soixante-dix mille et Lamartine dix-sept mille.

Le prince était président de la République française !

Devant un pareil triomphe, on n'avait plus qu'à se taire.

Maître Gaspard fut rétabli dans sa place de maire, et quelque temps après il fut nommé chevalier de la Légion d'honneur « pour services rendus à l'État ! » Cela ferma la bouche à tous ceux qui pouvaient encore avoir envie de se plaindre.

Aussitôt élu, Louis Bonaparte prit le nom de son oncle, et s'appela « Louis Napoléon » au *Moniteur*. Il s'établit au palais de l'Élysée, où le grand homme avait signé sa seconde abdication, qui nous enlevait définitivement la rive gauche du Rhin, de Lauterbourg à la mer, et la Savoie, conquises par la première République, environ sept millions d'âmes; c'était de bon augure !

Louis Bonaparte eut en main l'armée, la magistrature, le clergé, la police, le trésor public, et toute l'administration : lui seul donnait de l'avancement !

Il prêta serment à la République le 20 décembre 1848, dix jours après les élections :

« *En présence de Dieu, et devant le peuple français, représenté par l'Assemblée nationale, je jure de rester fidèle à la République démo-*

*cratique, une et indivisible, et de remplir tous les devoirs que m'impose la Constitution.* »

Bien des honnêtes gens crurent à la sincérité de ce serment, mais Cavaignac n'y crut pas. Le prince, en descendant de la tribune, vint lui présenter la main; le général mit la sienne dans sa poche, ce qui fut blâmé par de vrais républicains, qui ne pouvaient croire à la préméditation d'un parjure, au moment même où l'on appelait Dieu et les hommes à témoins. Nous avons appris que de tels crimes étaient possibles; et quelques-uns ont même nommé cette scélératesse monstrueuse : « rétablissement de l'ordre moral ! »

Alors eurent aussi lieu les promenades de ce personnage par toute la France, et ses discours à l'ouverture des tribunaux, à l'inauguration des chemins de fer, à Ham, en allant visiter son ancienne prison, à Tours, à Strasbourg, affirmant de plus en plus son respect de la loi et son dévouement à la République; si bien qu'il fallait presque être un bandit soi-même, pour douter encore de sa bonne foi.

Maître Gaspard et Frionnet avaient leur manière de voir à ce sujet; ils en riaient ensemble.

La défection éclatante de M. Fix avait révolté les hôtes de Tiefenthâl, mais il leur réservait bien d'autres surprises; l'époque des élections pour l'Assemblée législative étant arrivée, il se mit sur les rangs, avec l'appui du gouvernement, et put enfin déployer ses talents d'embauchage pour son propre compte.

Naturellement, il passa haut la main. Ce fut sa première grande étape sur le chemin de la gloire. Il dut confier la direction de sa brasserie et de ses autres intérêts au pays à Frionnet, pour aller occuper son siége de législateur, emmenant Michel, le successeur présomptif de ses dignités et de ses vertus, qui devait recevoir à Paris, une éducation digne des hautes destinées que le sort lui réservait sans doute. La pauvre mère Simone, enracinée dans ses habitudes, et ne comprenant rien à l'élévation de son mari, resta seule avec Catherine et les servantes pour conduire l'auberge. Les gendres eurent l'avancement stipulé par maître Gaspard dans son contrat avec Sabouriau ; un vieux temple protestant fut mis à sa disposition, pour débiter de la bière de la Neuville, au centre d'un quartier populeux de la capitale.

Tant de prospérité consterna M. Thomassin ; l'astre de Tiefenthâl pâlissait devant l'étoile de M. Fix ; c'est à lui maintenant qu'il fallait s'adresser pour obtenir les faveurs d'en haut ; la démocratie césarienne prenait hardiment la place de l'aristocratie bourgeoise : les loups succédaient aux renards !

Quand les hommes de cœur, les vrais patriotes, ceux qui mettent l'intérêt de la nation, « de toute la nation, » au-dessus des intérêts de classes et de partis, quand ces braves gens auront-ils leur tour ? C'est difficile à dire, car la résistance des autres est tenace ; ils ne veulent pas renoncer à leur égoïsme !

Après les élections du 10 décembre, le docteur Laurent, désolé, resta quelque temps sans s'occuper de politique. Il n'allait plus au casino; l'enthousiasme des Couleaux et autres conservateurs de même farine, célébrant chaque parole du prince-président et trouvant tout admirable, parfait, sous ce nouveau maître, comme du temps de Louis-Philippe, l'indignait. D'autre part, sa clientèle s'étendait de plus en plus; il avait fait, pendant la grande épidémie occasionnée par les défrichements du Hôwald, plusieurs cures remarquables; et dans le courant de 1851 il obtint un beau succès, en rendant la vue à Catherine Thévenot, femme du brigadier de gendarmerie Jean Thévenot, à Vandeuvre, aveugle depuis trois ans.

Cette malheureuse mère de famille, assise au coin de l'âtre, été comme hiver, ne pouvait plus donner le moindre soin à son ménage; sa fille aînée Thérèse, âgée de quinze ans, veillait seule à ses petits frères et sœurs. Thévenot, un vieux et brave soldat, se considérait avec raison comme très-malheureux; il n'avait jamais eu de chance, et c'était un crève-cœur pour lui, de voir là tous les jours cette bonne femme qu'il aimait, la mère de ses enfants, condamnée à d'éternelles ténèbres.

Or, ayant appris qu'un médecin de la Neuville avait guéri quelques années avant un boulanger de Vandeuvre, Nicolas Hulot, lequel se trouvait à peu près dans le même état que sa femme, et qui depuis vaquait à ses occupations, il prit tout à coup la résolution d'aller consulter ce médecin, qui n'était autre que M. Laurent.

Celui-ci promit de venir le lendemain à Vandeuvre, examiner la malade. Il reconnut que Catherine était affectée de la cataracte, et la fit transporter dans sa propre maison, à la Neuville, pour l'opérer, et surveiller avec plus de soin les suites de cette opération difficile, qui demande un traitement particulier.

C'est ce qui eut lieu.

Chaque fois que Thévenot n'était pas de service, il arrivait au galop voir sa femme, enfermée pendant six semaines dans une chambre obscure, pour ne pas blesser les organes de la vue, encore trop délicats après une aussi longue obscurité. Le brave homme ne pouvait croire à la possibilité de la guérison. Aussi, vers les derniers jours, lorsqu'on rendit progressivement la lumière à la petite chambre, et que sa femme, le reconnaissant, lui tendit les bras en s'écriant :

« C'est toi, Jean !... Je te vois.... Oh ! mon Dieu ! mon Dieu ! je suis sauvée !... Oh ! mes enfants, je vais donc vous revoir.... Où sont-ils que je les regarde ! »

Alors Thévenot ne put retenir ses larmes, et s'écria que c'était un vrai miracle. Il emmena sa femme en voiture, pour ne pas trop la fatiguer dans les commencements.

Cette cure fit grand bruit au pays ; on ne parlait que de cela de la Neuville à Vandeuvre et plus loin.

Jean Thévenot, plus que tout autre, appréciait l'immense service que le docteur Laurent venait de lui rendre en guérissant sa femme.

« Qu'est-ce que je peux lui donner ? pensait-il chaque jour. Une guérison pareille, avec les soins dans la propre maison du médecin, la nourriture, les remèdes et le reste, doit coûter des cent et des mille, quand on est riche. »

Cette inquiétude le suivait partout ; vingt fois il avait eu l'idée de demander son compte, sans oser se hasarder, car sauf une somme de trois cents francs, économisée péniblement pour s'acheter un cheval, quand le sien, déjà vieux, serait mis à la réforme, sauf cette somme, il n'avait absolument rien.

Cela durait depuis deux mois, lorsqu'un jour, prenant son courage à deux mains, il partit à cheval, en grande tenue, pour la Neuville, les trois cents francs en pièces de cent sous dans un sac, au fond de sa poche, pensant expliquer sa situation au docteur et lui faire accepter ses petites économies.

C'était un vendredi, jour de marché.

Ce jour-là, l'antichambre de Laurent était toujours encombrée d'infirmes et de malades assis sur des bancs tout autour de la salle, leurs paniers devant eux, attendant d'être appelés, pour se rendre au cabinet du docteur. Laurent lui-même appelait, ouvrant la porte après chaque consultation ; en congédiant un malade, il criait : « Un tel, entrez ! »

Thévenot, ayant attaché son cheval en bas sous le hangar, s'assit avec les autres.

M. Laurent le reconnut tout de suite, et lui envoya le bonjour de la main ; mais il ne l'appela que vers onze heures et demie, le tout dernier, quand tout son monde fut parti. Alors, venant à sa rencontre, il lui dit en souriant :

« J'ai bien vu que vous n'étiez pas malade, et je vous ai fait attendre, car les malades sont toujours les plus pressés. — Comment va votre femme ?

— Bien.... très-bien, monsieur le docteur; elle voit tout comme à vingt ans; elle va et vient, elle est au milieu de ses enfants.... Elle s'est même remise à chanter l'autre soir. »

Le brigadier souriait, les larmes aux yeux.

« Alors tout est bien, dit Laurent. Je vous remercie d'être venu me dire ça; j'en suis bien content.

— Oui!.... mais.... mais.... à cette-heure, dit Thévenot avec hésitation, ce n'est pas tout; il s'agit aussi de savoir ce que ça coûte.... Nous ne sommes pas riches, monsieur le docteur, nous sommes même pauvres.... Quand il faut élever cinq enfants avec sa petite solde, on a bien du mal de joindre les deux bouts.... Enfin je vous apporte ce que j'ai, tout ce que j'ai, fit le brave homme en tirant son petit sac de sa poche : trois cents francs! Je les avais mis de côté pour m'acheter un cheval, quand le mien sera mis à la réforme. »

Laurent le regardait tout ému.

« Combien gagnez-vous, brigadier? dit-il.

— Mille francs par an, monsieur le docteur.

— Mille francs pour sept personnes!.... Et dans le cas où votre cheval viendrait à être déclaré hors de service, qu'est-ce que vous feriez donc, monsieur Thévenot?

— Oh! je serais bien embarrassé.... On aurait des égards.... les supérieurs.... vous comprenez.... mais il faudrait tout de même emprunter.... se mettre dans les dettes.... »

Il tendait le sac au docteur, qui, prenant un ton de gaieté, s'écria :

« Non!.... brigadier.... non!.... Je ne peux pas accepter.... Tenez, la guérison de votre femme m'a déjà fait un bien que vous ne pouvez croire; on arrive de tous côtés en consultation.... Les riches payeront pour vous.... Que diable, n'est-ce pas juste? Vous rendez assez de services à la société! »

Et comme Thévenot insistait, il poussa la porte, criant :

« Hé! Jeanne, le brigadier m'apporte de bonnes nouvelles : Catherine est tout à fait rétablie. — Entrez, monsieur Thévenot, vous allez dîner avec nous. »

Mme Laurent était là, toute gaie et souriante, elle venait de dresser la table; et les fils de Laurent, Georges et François, en vacances depuis quelques jours, se trouvaient aussi là, assis au coin d'une haute fenêtre donnant sur le jardin, où brillait dans les arbres un magnifique rayon de soleil.

C'étaient deux beaux bruns. L'aîné, Georges, grand, mince, un peu pâle, ressemblait beaucoup à son père; il pouvait avoir dix-sept ans; François, le plus jeune, avait une bonne figure ronde et joufflue d'enfant de quatorze à quinze ans, qui se porte bien et ne demande encore qu'à rire.

Ils regardaient curieusement le grand gendarme debout sur la porte, la main à son tricorne.

« Hé! c'est vous, monsieur Thévenot, dit Mme Laurent. Vous arrivez à propos; asseyez-vous.... Ce que Laurent m'a dit de Catherine me fait bien plaisir.... C'est une brave femme.... une bonne mère de famille....

— Oh! quant à ça, madame Laurent.... oui!... oui!.... »

Et comme le vieux soldat, encore tout ému de ce qui venait de se passer, restait là dans une sorte de trouble, Laurent, qui se lavait les mains derrière la porte, s'écria :

« Allons, enfants, allons, tout le monde à table. Monsieur Thévenot, prenez place. Jeanne, tu peux faire servir. Je me sens bon appétit; et vous, brigadier? »

Cette question remit Thévenot dans son assiette.

« Oh! moi, monsieur le docteur, dit-il en s'asseyant, ça ne manque jamais; et pour aujourd'hui je puis dire qu'il est encore meilleur que les autres jours, car j'ai un grand poids en bas du cœur; tous les matins et tous les soirs, depuis deux mois que ma femme a recouvré la vue, j'avais ce chagrin de penser que nous ne pourrions pas vous payer convenablement, et que vous croiriez peut-être que c'était mauvaise volonté de notre part, ingratitude; car il y a des gueux dans le monde, des ingrats qui mériteraient la corde, si le bon Dieu était juste ; et d'être confondu parmi des bandits pareils....

— Bah ! dit Laurent, laissons les gueux tranquilles. C'est le plus grand de tous les plaisirs de pouvoir rendre service à un brave homme. »

Il lui tendait la main, et Thévenot, la serrant avec expression, parut tout à fait heureux.

Là-dessus on dîna gaiement, comme à la campagne. Le dîner ne se composait que d'un simple pot-au-feu, d'un rôti et d'une salade, arrosés de petit vin blanc d'Alsace ; mais le bon appétit, la bonne santé, la bonne conscience étaient du repas, c'est dire qu'on n'en fait pas de meilleur.

Le docteur parla beaucoup de ses fils, qui lui donnaient tous les deux de la satisfaction.

L'aîné venait de passer à Nancy, avec distinction, son examen de baccalauréat ès lettres ; il allait partir pour faire sa médecine à Paris ; le cadet devait entrer en rhétorique après les vacances.

« Monsieur Thévenot, disait Laurent, le plus grand bonheur qu'un homme puisse avoir dans ce monde, c'est de reconnaître dans ses enfants des sentiments honnêtes. J'ai ce bonheur. Mes fils savent que nous sommes tous ici pour rendre service à la société ; ils ne veulent pas vivre comme des fainéants, aux dépens de leurs semblables ; ils veulent remplir leur tâche de citoyens utiles, et travaillent à s'en rendre dignes. C'est ma consolation dans tous les chagrins de la vie. »

Les jeunes gens écoutaient attendris, ces bonnes paroles de leur père; et le vieux gendarme disait :

« Vous êtes bien heureux, jeunes gens, d'avoir un père qui fait des sacrifices pour votre instruction. Moi, je n'ai pas eu la même chance; j'étais le fils d'un pauvre bûcheron, chargé d'une nombreuse famille, et qui n'a jamais pu m'envoyer à l'école, même en hiver, parce qu'il n'y en avait point dans notre village. A sept ans, je gagnais ma vie en gardant les vaches d'un fermier anabaptiste; j'avais la nourriture et une paire de sabots tous les six mois; je ne coûtais déjà plus rien à la maison; et cinq ans plus tard, après avoir fait ma première communion, je travaillais au bois avec mon père; je grimpais comme un écureuil jusqu'à la cime des plus hauts sapins, pour les ébrancher, avant de les abattre. Je ne savais ni A ni B, en arrivant au régiment; voilà pourquoi je suis resté simple soldat, malgré mes campagnes, mes blessures et ma bonne conduite. Il m'a fallu terriblement de courage pour apprendre ensuite à lire, à écrire, à dresser un procès-verbal; j'en suis pourtant venu à bout; et maintenant, j'ai mon bâton de maréchal, comme brigadier de gendarmerie. J'avais autant de bon sens et de cœur que beaucoup de mes camarades, devenus capitaines et même colonels, mais ils avaient de l'instruction, leurs parents les avaient envoyés à l'école; c'est l'instruction qui fait tout dans la vie, avec la bonne conduite; sans instruction, on n'arrive à rien, on travaille jusqu'à la fin pour les autres. Ainsi, profitez bien, jeunes gens, profitez bien! »

Toute la conversation roula sur ce chapitre.

La mère disait que Georges travaillait trop, qu'il n'avait plus ses belles couleurs d'autrefois, et qu'il devait un peu se ménager à Paris, dans la crainte de tomber malade.

« Bah ! répondait le docteur, on ne devient pas malade à force de travail ; ou l'on se rétablit vite, par un peu de repos, après avoir passé de bons examens. On devient malade en négligeant ses cours, en oubliant de faire ses rédactions, en laissant s'accumuler l'ouvrage, en courant les bals et fréquentant les mauvais sujets, comme il s'en trouve malheureusement trop dans toutes les facultés : des jeunes gens riches, qui comptent sur la fortune de leur père, et qui passent leur vie à faire des dettes avec des drôlesses. Alors on devient malade ! Nous avons vu cela dans notre temps, et d'autres le verront après nous. La pire des maladies, c'est la fainéantise et la débauche ! Georges fera son devoir régulièrement, et s'il est un peu fatigué à la fin de l'année, il viendra se reposer ici ; nous irons ensemble respirer le bon air de la montagne ; il m'accompagnera dans mes courses et n'aura pas besoin d'autres remèdes. »

Ils causaient ainsi depuis longtemps ; les jeunes gens étaient sortis vers deux heures, et Laurent avec le père Thévenot prenaient le café en fumant une pipe, quand on vint appeler le docteur pour un malade.

Il se leva tout de suite.

Le brigadier, saluant et remerciant Mme Laurent, le suivit. Ils échangèrent une solide poignée de main sur le seuil, et chacun s'éloigna de son côté.

Thévenot, en trottant sur la route, et entendant sonner les pièces de cent sous dans sa poche, se disait :

« C'est Catherine qui va être étonnée!.... Quelle surprise !.... Ah ! le brave homme !.... le brave homme !.... Si tous les républicains ressemblaient à celui-là, le diable lui-même ne pourrait pas renverser la République. »

## XV

En cette année 1851 il n'était question que de coup d'État. La majorité royaliste de l'Assemblée législative ayant supprimé trois millions d'électeurs sous différents prétextes, le suffrage universel n'était plus complet. Louis Bonaparte avait fait présenter la loi dite du 31 mai par ses ministres, pour déconsidérer la Chambre aux yeux de la nation, et aussi pour mettre un atout dans son jeu, lorsqu'il risquerait la grande partie !

Cette majorité conservatrice se croyait déjà maîtresse ; elle rêvait de mettre un de ses princes à la tête de la République, en attendant le roi, et ne s'inquiétait pas du peuple, qui regardait et jugeait en silence, quand tout à coup le président Louis-Bonaparte demanda positivement à l'Assemblée de rapporter la loi du 31 mai et de rétablir le suffrage universel.

Alors toute la France devint attentive.

La majorité royaliste, honteuse de revenir sur ce qu'elle avait fait, refusa de rendre au pays les trois millions de voix qu'elle lui avait enlevés, ce qui la rendit très-impopulaire. Aussi, Saint-Arnaud, nommé depuis quelque temps ministre de la guerre, traitait ces messieurs du haut en bas : l'Assemblée demandait pour ses questeurs le droit de requérir au besoin la force publique, pour se défendre ; c'était un de ses droits inscrits dans la Constitution, et Saint-Arnaud lui riait au nez, il se moquait d'elle.

Quand on a renié le droit de ceux qui nous avaient accordé leur confiance, quand on a trahi son mandat, quand on a depuis longtemps étalé sa mauvaise foi, son mépris des choses et des hommes, on est forcé de recevoir les soufflets d'un soudard insolent, et c'est dans cette position que se trouvait la majorité, dite conservatrice, de l'Assemblée.

Puis le prince-président avait aussi dans cette chambre ses gens à lui, ses Gaspard Fix, pour crier et taper des pieds quand des républicains élevaient la voix et signalaient le danger. Ainsi vont les choses ici-bas, c'est l'éternelle justice qui décide de tout à la fin.

Saint-Arnaud, en sortant de l'assemblée, avait dit : « On fait trop de bruit dans cette maison, je vais chercher la garde. »

Il comparait l'Assemblée à un cabaret où des ivrognes se disputent et s'arrachent les cheveux. Ah ! que les honnêtes gens font bien de ne pas se rendre méprisables, même pour un gaillard de cette espèce!.... quelle terrible leçon!....

Les bruits de coup d'État, un instant apaisés, recommençaient donc avec une nouvelle persistance; on se demandait chaque matin :

« Sera-ce pour aujourd'hui ? Sera-ce pour demain ? Qui l'emportera ? »

Quelques-uns se rappelaient les paroles du général Changarnier : « Représentants, délibérez en paix! » Ils se disaient : « Ce n'est pas un général, qui prononce des paroles en l'air, surtout dans des circonstances aussi graves ! Il est sûr d'avoir l'armée pour lui, sans cela oserait-il se poser si fièrement ? »

Voilà ce que pensait tout homme sérieux, et c'est ainsi qu'en jugeait le docteur Laurent. Mais, dans les premiers jours de décembre, les journaux annoncèrent un matin que le président avait rétabli le suffrage universel malgré l'Assemblée ; que, dans la nuit du 2 au 3, les généraux Cavaignac, Lamoricière, Bedeau, Changarnier et d'autres avaient été arrêtés dans leur lit, par ses ordres, et enfermés à Mazas, à Vincennes ou ailleurs ; qu'il avait fait arrêter aussi M. Thiers, le général Le Flô, le lieutenant Valentin, enfin tous les hommes dont il se méfiait le plus ; que la Chambre avait été occupée militairement ; que les représentants échappés au coup de filet, comme on disait, réunis en différents endroits, avaient protesté contre l'arrestation de leurs collègues ; que Louis Bonaparte, en réponse, avait fait couvrir tous les murs de Paris d'affiches déclarant que l'Assemblée, qui devait défendre l'ordre, était devenue un foyer de complots; qu'en conséquence il l'avait mise à la porte, et qu'il prenait le peuple pour juge entre elle et lui.

Dans d'autres affiches, il glorifiait les soldats du beau coup qu'ils venaient de faire en arrêtant leurs anciens généraux et les représentants dangereux, sauvant ainsi la France et se couvrant d'une gloire immortelle !

Laurent, en lisant cela, comprit que la République était perdue; que les royalistes se rallieraient, pour avoir part au gâteau; que les républicains les plus braves, seuls, essayeraient la résistance, mais que n'étant pas soutenus, ils seraient écrasés.

Dans ce moment d'anxiété terrible, il essaya pourtant de rallier quelques amis pour défendre les lois ; il courut à Dâpremont, où s'imprimait le journal démocratique dont il était actionnaire, s'efforçant d'organiser une résistance, proposant de parcourir lui-même la montagne et de faire sonner le tocsin, pourvu qu'on lui donnât quelques hommes de bonne volonté. Mais tous les rédacteurs réunis là, consternés et la tête basse, regardant à leurs pieds sous la table, sans répondre, s'étonnaient sans doute qu'un homme eût encore le courage d'espérer, les nouvelles de Paris étant plus mauvaises que la veille; — On avait élevé quelques barricades, mais sauf une poignée de républicains décidés, personne n'était venu les défendre; les troupes fusillaient et mitraillaient tout ce qui passait sur les boulevards; il était défendu de relever les cadavres, même des femmes et des enfants, même les blessés, pour imprimer plus profondément la terreur.

Le rédacteur en chef du journal de Dâpremont avait disparu, personne ne savait où le trouver; enfin l'épouvante était partout.

Laurent resta là toute cette journée du 5 décembre, cherchant à ranimer le courage de ses amis ; mais sans organisation, entouré d'espions et de traîtres qui se dépêchaient de passer au succès, que faire ?

Laurent reprit le chemin de la Neuville, se rappelant ses malades, dont plusieurs réclamaient ses soins pressants; il les avait oubliés au milieu de ce trouble immense, et, plein d'inquiétude, vers quatre heures du soir, il traversait dans son petit cabriolet la grande plaine de Vandeuvre à la Neuville, couverte de neige fondante ; de gros nuages cachaient le ciel. Il rêvait, touchant de temps en temps son cheval du bout de son fouet, et songeait à son fils Georges, qui se trouvait là-bas, étudiant en médecine depuis deux mois, au milieu de la bagarre, peut-être parmi les combattants; il en frémissait, quand, levant les yeux et les promenant sur cette grande étendue morne et triste, il aperçut au loin sur la route, un cavalier en sentinelle; il s'en approchait rapidement et reconnut bientôt que c'était un gendarme.

« Tiens, se dit-il, c'est Thévenot ! »

En effet, c'était le brigadier, avec son grand tricorne recouvert de toile cirée et son lourd manteau, regardant aussi de tous les côtés la grande plaine, où n'apparaissaient à l'horizon que les petits toits en équerre du hameau de Champ-le-Bœuf, derrière les broussailles.

« Hé ! dit Laurent en s'arrêtant, c'est vous, brigadier ! Vous attendez un contrebandier, sans doute.... Comment va Catherine ? »

Dans ce moment il s'aperçut que le vieux soldat était tout pâle.

« Tout va bien, répondit Thévenot, chez nous tout va bien, monsieur le docteur; mais.... mais vous savez les bruits qui courent ?

— Quels bruits? demanda Laurent, devinant toute la vérité.

— Les bruits de Paris.... De vilaines affaires pour les républicains.... Je me suis laissé dire que plusieurs du pays sont partis.... Oui, plusieurs.... et ils ont bien fait.... à leur place, je serais aussi parti, moi ! »

Un trouble profond se trahissait dans l'accent et le geste du brave homme.

« Mais, dit Laurent, quand on n'a pas de crime sur la conscience, on reste ; les lois nous protégent.

— En temps de guerre civile, dit le brigadier, il n'y a pas de lois. »

Et comme Laurent le regardait d'un œil pénétrant, tout à coup après avoir encore promené ses regards au loin, se penchant et le saisissant au bras, le vieux soldat, d'une voix haletante, étouffée, s'écria :

« Sauvez-vous.... Sauvez-vous ! »

Laurent comprit qu'il avait ordre de l'arrêter.

« C'est bien, brigadier, dit-il en pâlissant à son tour ; vous avez un mandat d'amener contre moi ?

— Oui, dans quelques heures je dois aller vous prendre.... à la nuit.... Mais vous serez parti.... vous aurez déniché.... Tenez, voilà votre chemin, dit-il en indiquant la route du Hôwald, sous bois.... J'attendrai longtemps, jusqu'à minuit.... Vous aurez six heures d'avance.... Vous aurez passé la frontière au petit jour. »

Tandis qu'il parlait, Laurent, tout pensif, se représentait la scène terrible, si l'on venait l'arrêter chez lui : les cris, le désespoir de sa femme, le déchirement de la séparation, et les curieux, dehors, attirés par le bruit, venant assister à son départ ; il se dit :

« Je n'irai pas. »

Mais il ne voulait pas se sauver non plus, il avait pleine confiance dans la justice de sa cause, et il répondit :

« Brigadier, je ne me sauverai pas.... Je n'ai pas commis d'action dont je ne puisse répondre devant n'importe quel tribunal. Je me défendrai.... J'appellerai mes ennemis en témoignage, s'il le faut, même Gaspard Fix ! et tous seront forcés de reconnaître que je suis un citoyen honnête et utile ; ma réputation d'honneur est hors d'atteinte.... Marchons donc.... escortez-moi.... Je vous suis.

— Moi !... moi, vous escorter comme un voleur, s'écria Thévenot, jamais ! Vous ferez ce que vous voudrez, mais, au nom du ciel, encore une fois, sauvez-vous ! »

Et il partit seul, ventre à terre, dans la direction de Vandeuvre.

Laurent tourna bride et le suivit; il aurait cru faire injure à la patrie, à toute la nation, de croire une seconde qu'elle laisserait traiter ses plus honorables citoyens comme des scélérats; il se disait que tout cela ne pouvait durer que peu de temps, et que les hommes de cœur devaient aux autres l'exemple du courage et de la confiance.

La voiture trottait; trois quarts d'heure après, à la nuit close, Laurent s'arrêtait devant l'escalier de la gendarmerie; il attachait son cheval au grillage de la rampe et montait les marches du vestibule. Comme il entrait dans la salle en bas, où logeait Thévenot avec sa famille, le brigadier était debout auprès du bureau, à côté du gendarme Klein en train d'écrire sur un registre. Catherine et les enfants se trouvaient aussi là, dans le fond de cette pièce assez grande, réunis autour du petit poêle, où bouillonnait la marmite.

A la vue du docteur, les traits de Thévenot se décomposèrent; il parut consterné, et seulement au bout de quelques instant, il bégaya :

« C'est vous, monsieur le docteur, j'ai l'ordre de vous arrêter!...

— Je le sais, répondit Laurent tout ému.... Un vieil ami, un brave homme, employé dans l'administration supérieure, m'en a prévenu ce matin; il me disait de me sauver, mais j'aime mieux me constituer prisonnier, n'ayant rien à me reprocher. »

Klein le regardait tout surpris; et Thévenot, d'une voix enrouée, dit :

« C'est bien, monsieur le docteur, vous êtes mon prisonnier. Écrivez, Klein, que M. Laurent est venu se constituer lui-même.... C'est une bonne note.... écrivez ça.... Ceux qui se constituent prisonniers, au lieu d'attendre qu'on les arrête, sont presque toujours d'honnêtes gens, accusés injustement. Asseyez-vous, M. le docteur, je réponds de vous maintenant; vous n'aurez pas d'autre prison que ma chambre, jusqu'à demain à quatre heures, où nous vous emmènerons au chef-lieu. Je vous escorterai moi-même.... oui.... moi-même.... pour empêcher que des lâches vous insultent en route. »

L'émotion étouffait la voix du vieux soldat, et son regard, plein de reproches, était trouble.

Catherine, elle, dans son coin, la figure dans son tablier, sur les genoux, sanglotait tout bas.

Klein écrivait. Toute la brigade de Vandeuvre connaissait le docteur qui avait rendu la vue à Catherine, et tous les gendarmes, depuis l'arrivée du mandat d'amener, formaient des vœux pour sa fuite; Klein était donc aussi ému. Ayant écrit sa note, il se leva en disant :

« Nous sommes tous chagrins, monsieur le docteur, de ce qui vous arrive.... Oui, ici j'ose bien le dire, c'est un malheur terrible d'avoir des ordres contre des hommes comme vous, c'est pire que d'aller au feu. »

Là-dessus il sortait, lorsque le brigadier lui dit :

« Klein, vous irez chercher une voiture couverte; vous entrerez le cheval du docteur à l'écurie. Vous donnerez le fourrage demain matin, une heure avant le départ; il faut que nous soyons en route au petit jour. »

Et le gendarme étant sorti, Thévenot, regardant celui qu'il aurait tant voulu sauver, s'écria :

« J'ai fait ce que j'ai pu.... J'ai même oublié mon devoir, ce qui ne m'était jamais arrivé dans ma vie, mais vous n'avez pas voulu en profiter ; vous êtes un trop brave homme, monsieur le docteur. Est-ce que vous permettez que je vous embrasse ? »

Ils s'embrassèrent.

Les enfants autour du poêle, regardaient tout étonnés cette scène étrange, que les plus petits ne pouvaient comprendre ; mais, entendant pleurer leur mère à chaudes larmes, ils se mirent tous à sangloter, et la salle fut remplie de gémissements.

Thévenot conduisit le docteur dans la chambre à côté, dont la haute fenêtre sur la rue était grillée.

« Vous aurez sans doute à écrire, lui dit-il, dans des moments pareils, on a toujours quelque chose à écrire.... Voici du papier.... voici de l'encre et tout ce qu'il faut.... Et puis, si vous êtes trop fatigué, voilà mon lit. »

Il sortit, et Laurent écrivit deux longues lettres : l'une à sa femme, pour la rassurer sur les suites de son départ, disant qu'il s'était constitué prisonnier afin de prévenir son arrestation, mais que sa captivité ne serait pas longue, qu'il avait des amis pour le défendre, et la suppliant de prendre courage, de ne pas trop se désoler, etc. L'autre à son confrère Thiébaut, médecin à Oudelmont, pour le charger de sa clientèle, lui donnant la liste de ses malades, ses appréciations sur chacun d'eux, la période de leur maladie, le traitement qu'il avait suivi.

Il était une heure du matin lorsque, épuisé de fatigue et d'émotions, il se jeta sur le lit du brigadier.

Thévenot dans la salle à côté, allait et venait; son pas lent et grave s'entendait seul dans le silence; dans le fond de la cour, où se trouvaient les écuries, les chevaux piétinaient d'instant en instant. C'était tout. Les enfants étaient allés dormir.

A cinq heures Laurent s'éveilla au passage d'une voiture dans la rue; il entendit un cliquetis d'armes; son escorte s'apprêtait à monter à cheval, Thévenot alors parut en grande tenue. Le docteur venait de se lever.

« Je suis prêt », dit-il en s'enveloppant dans son manteau.

Il suivit le brigadier dans la salle à côté. Catherine, qui n'avait pas dormi, l'attendait; elle se mit à genoux et lui prit la main pour la baiser, sanglotant amèrement, sans prononcer une parole.

Laurent la regardait, tout pâle. Il la releva et l'embrassa en disant :

« Du courage, Catherine, du courage.... Ne pleurez pas trop.... votre vue est faible.... Soyez heureux tous.... vous êtes de braves gens. »

Cinq minutes après la voiture était en route, entre les gendarmes. Quelques bonnes gens de Vandeuvre, regardant à leur fenêtre, pensaient :

« C'est un brigand qu'on emmène! »

## XVI

Pas un tribunal régulier n'aurait condamné Laurent, car il n'avait commis ni crime, ni délit; lui et des milliers d'autres citoyens honnêtes, laborieux, utiles, auraient été rendus en peu de temps à leurs familles; mais Bonaparte, Morny, Saint Arnaud, Magnan et tous les héros du coup d'État le savaient bien; aussi, la première chose qu'ils firent, ce fut de remplacer les tribunaux par des commissions militaires et des commissions mixtes « procédant administrativement », comme on disait, et vous expédiant sans forme de procès, sous prétexte que vous étiez dangereux, soit à Lambessa, soit à Cayenne.

Quatre-vingts représentants républicains avaient été d'abord expulsés de notre territoire, avec défense d'y remettre les pieds, sous peine d'être transportés ; et, dans la seconde quinzaine de décembre, des convois de femmes, d'enfants, de vieillards, de malheureux innombrables enchaînés comme des assassins, sillonnèrent le nord et le midi de la France, pour être embarqués au Havre, à Brest ou ailleurs.

Le docteur Laurent était dans le nombre ; quelques scélérats, réunis soi-disant en conseil, l'avaient déclaré dangereux, et l'on put lire alors son nom dans la liste sans fin des victimes.

Quelques départements du Midi, les Basses-Alpes, Vaucluse, l'Ardèche, la Drôme, s'étaient soulevés à la nouvelle du guet-apens ; on mit trente-deux départements en état de siége, « pour leur appliquer la loi martiale ». Enfin, les braves dévoués au prince sauvèrent la société. L'archevêque de Paris chanta le *Te Deum*, à Notre-Dame, en l'honneur de celui qui venait de violer son serment; les aigles furent rétablies sur nos drapeaux, à la place du vieux coq gaulois, qui « vit, comme disait Bonaparte, sur le fumier », tandis que l'aigle vit au milieu de la charogne, ce qui est bien plus noble. Le prince-président alla s'installer aux Tuileries ; et, comme il tenait à faire endosser au peuple la responsabilité de son coup d'État, les élections par *oui* et par *non* eurent lieu tout de suite, sous la direction des préfets, des sous-préfets, des gardes-champêtres, des maires dont quelques-uns prenaient des poignées de bulletins dans la boîte, au hasard, et mettaient des poignées de *oui* à la place, pour être plus sûrs qu'il ne s'y trouverait pas de *non*. Cela les faisait rire comme des bossus; et si quelqu'un avait osé réclamer, sa place au violon était toute prête, et puis dans la chaîne des transportés! En même temps, les arrestations redoublaient. Par ce moyen, Louis Bonaparte eut 7,439,216 voix pour lui, et seulement 646,737 contre.

Alors, un des présidents de sa commission consultative lui fit un beau discours qu'on peut encore lire au *Moniteur*.

« Prenez possession, prince, du pouvoir qui vous est si *glorieusement* déféré; servez-vous-en pour développer, par de sages institutions, les lois fondamentales que le peuple lui-même a consacrées par ses votes. Rétablissez en France le principe d'autorité, etc. »

Il était aussi question là-dedans, de rétablir la morale. Je ne me rappelle pas bien aujourd'hui, ce que le prince-président répondit; c'est pourquoi j'aime mieux parler de sa Constitution, qui fut promulguée le 14 janvier, environ un mois après le plébiscite; le peuple l'avait acceptée d'avance, sans la connaître, et lui avait donné un blanc-seing. Donc le prince commençait par dire que sa Constitution garantissait les grands principes de 89, savoir : la liberté individuelle, l'inviolabilité du domicile, le droit de réunion, le secret des correspondances, la liberté de la presse, enfin tout ce qu'il venait de fouler sous ses pieds.

Ensuite il rétablissait le Sénat, gardien des libertés publiques, pour s'opposer à la promulgation des lois votées légèrement par le Corps législatif, et pour recevoir les pétitions des citoyens.

C'est lui, naturellement, qui nommait les sénateurs, parmi les plus vertueux citoyens. Maître Fix ne pouvait pas manquer d'en être, tôt ou tard !

L'Assemblée législative votait les lois sur sa proposition, et le conseil d'État l'aidait de ses lumières.

Quant à lui, sa Constitution le nommait pour dix ans président de la République ; elle lui donnait le commandement de toutes les forces de terre et de mer, le droit de faire la paix et la guerre, de faire les traités d'alliance et de commerce, de faire les règlements pour l'exécution des lois ; elle lui donnait la sanction et la promulgation.

Il avait aussi le droit de grâce.

C'est à lui que les fonctionnaires devaient prêter serment, et non au pays. Elle lui donnait aussi, cette bonne Constitution, le droit d'ouvrir par un simple décret, des crédits extraordinaires en dehors du budget voté par le Corps législatif ; on peut dire que c'était une Constitution libérale envers celui qui l'avait faite !

Enfin, cette Constitution le déclarait responsable ; il devait bien rire en se déclarant responsable, lui qui s'était moqué de Dieu et des hommes.

Le résumé de tout cela, c'est qu'il regardait les Français comme des bêtes, et qu'il les traitait en conséquence. Chacun voit clairement quelle espèce de gouvernement c'était ; les autres explications sont inutiles, je reviens donc à notre histoire.

Qu'on se figure avec quelle satisfaction maître Gaspard, Frionnet, Couleaux et les autres amis du *Mouton-d'Or* virent s'élever un gouvernement pareil; ils reconnurent au premier coup d'œil, que tous les intrigants, tous les êtres sans scrupules allaient nager dans l'abondance; qu'on pourrait tout faire, tout risquer, tout happer, en se tenant ferme avec le gouvernement, en le soutenant aux élections, en le glorifiant dans tout ce qu'il voudrait entreprendre. Et c'est le jour de la promulgation de la nouvelle Constitution qu'il y eut une fête au *Mouton-d'Or!* Comme l'Assemblée législative était dissoute et qu'il allait falloir bientôt en nommer une autre, MM. Fix et Frionnet faisaient éclater leur zèle et leur enthousiasme, le champagne sautait, les toasts au prince, à sa glorieuse famille, aux hauts dignitaires de l'État retentissaient. Maître Gaspard, qui s'était vite appris à faire des discours à la Chambre, étonnait tous ses convives par son éloquence; il arrondissait ses phrases, il se développait dans des tournures ronflantes; on aurait dit qu'il avait appris autre chose que le patois dans sa jeunesse, tant sa bouche était pleine d'expressions sonores et choisies. M. Couleaux, l'oreille penchée, n'y pouvait plus rien comprendre, et disait à ses voisins :

« Quel homme!... quel esprit supérieur! »

Qui se serait imaginé que maître Gaspard avait fait retentir autrefois une cave du bruit de son marteau, en enfonçant des douves, et que sa large échine s'était courbée sous un tendelin?

Frionnet, non moins surpris de ses facultés oratoires que M. Couleaux, se sentait embarrassé de lui répondre, tout court, par un « oui, monsieur le député » ; il aurait voulu l'appeler tout de suite « Mon Excellence! » car, à quel degré de splendeur ne pouvait pas s'élever un tel génie, dans des circonstances aussi favorables! Sa dynastie était en quelque sorte fondée; elle allait étendre au loin ses racines, ou, pour mieux dire, ses suçoirs; et ces agrandissements probables, certains, paraissaient aussi naturels que si Fix, rejeton d'un marchand de balais du hameau de Champ-le-Bœuf, fût descendu de Hugues Capet ou de Charlemagne. Décidément, le principe d'autorité se perd.

M. Thomassin, apprenant chaque jour l'influence et la prospérité croissantes de son rival politique, en desséchait. Il se promenait tout pensif, rêvant aux vicissitudes humaines. L'idée lui était venue cent fois de formuler une adhésion éclatante au nouveau gouvernement, et de déclarer avec M. de Montalembert, que son choix était fait; qu'après les grands services rendus par Louis Napoléon à la cause de l'ordre, de la morale et de la religion, après l'avoir vu rétablir le pape par les armées françaises et remettre l'Église en possession de ses conciles, de ses synodes, de la plénitude de sa dignité, et se signaler encore plus en garantissant la liberté de l'enseignement aux corporations religieuses, il aurait cru manquer à sa conscience de ne pas venir, franchement et loyalement, prendre sa part du gâteau, non-seulement comme homme politique, mais encore comme conservateur. Il pensait éclipser ainsi, du coup, maître Gaspard, mais, sans doute, il se trompait; Louis Bonaparte ne se souciait guère de l'aristocratie bourgeoise, il faut le reconnaître; les anciens serviteurs de Louis-Philippe, sauf quelques hautes capacités démontrées et bien établies, lui paraissaient un maigre gibier.

Une fois qu'il eut mis la main sur les biens de la famille d'Orléans, malgré les clameurs de tous les monarchistes constitutionnels, réclamant au nom de l'inviolabilité de la propriété, son affaire lui parut faite de ce côté; les épaves de ce parti ne le tentaient pas. Ce qu'il lui fallait à lui, c'était de la vieille noblesse appuyée sur le clergé, et puis des maîtres Gaspard, des hommes nouveaux, dignes de le comprendre et capables de le seconder.

Donc, le pauvre M. Thomassin était dans une complète illusion. L'ancien préfet, l'ancien recteur, tous les vieux hôtes de Tiefenthâl, étaient à Paris, se donnant du mouvement pour attraper quelque bônne place. Il se trouvait seul avec Mme Reine; son vieil ami de Muleroy lui-même, dont les conseils étaient fort appréciés au quartier général de la jésuiterie, trouvait à peine le temps de lui écrire tous les quinze jours un billet humoristique, pour l'engager à prendre patience. *Sic transit gloria mundi!* lui répétait sans cesse M. le curé de Tiefenthâl, consolateur des affligés et le seul ami qui ne l'eût pas abandonné dans ce délaissement général.

A force de tarder, ce pauvre M. Thomassin perdit toutes les bonnes occasions de se remettre en scène. Il lisait chaque jour au *Moniteur* les décrets du prince-président, rétablissant les ministères d'État et de la police, créant la médaille militaire, pour ne pas donner la croix à des caporaux, à des sergents, et maintenir les distances; rétablissant les titres de noblesse, — en vertu des principes de 89! — prescrivant un costume spécial à chaque classe de fonctionnaires, depuis le garde-champêtre jusqu'au sénateur, pour éviter toute confusion à l'avenir.

Sa désolation fut grande en lisant un beau matin la liste des nouveaux conseillers d'État, lesquels devaient jouir d'un traitement de vingt-cinq mille francs et d'une considération proportionnée à la somme; il aurait bien voulu donner des conseils à ce prix! Et puis un autre jour, en lisant les noms des premiers membres du Sénat, — rien que des marquis, des comtes, des ducs, des barons de l'ancienne et de la nouvelle noblesse, qui ne s'étaient pas fait tirer l'oreille, le prince s'étant réservé de leur accorder des dotations de quinze à trente mille francs, sans parler des bénéfices qu'un bon nombre allaient faire, en inscrivant leurs noms à la tête d'entreprises nouvelles en tout genre, lignes de chemins de fer, institutions de crédit, etc., etc. — quelle ne fut pas la surprise de M. Nicolas Thomassin, de voir figurer en première ligne le nom de son ami Muleroy!

Il en fut tellement frappé, que ses genoux en tremblaient et qu'il tomba dans son fauteuil en murmurant :

« Reine, Reine, je viens de lire dans la fournée de sénateurs, le nom de notre ami Muleroy. Ah! qu'il nous a trompés!... C'est à lui que je dois en partie la funeste résolution de me tenir à l'écart; ses grands sentiments, ses principes inflexibles m'avaient convaincu, et le voilà, le voilà sous la livrée de cet aventurier, avec les Gaspard Fix, lui un noble de vieille roche : habit de velours bleu, rehaussé de palmes en or, l'épée à poignée de nacre au côté, l'aigle impériale en coquille. Décidément tous ces légitimistes sont des jésuites!... »

Après ce coup, M. Nicolas Thomassin fut tellement découragé, qu'il ne donna pas suite à son projet de se mettre sur les rangs pour la députation, et maître Gaspard Fix, sans concurrents sérieux, passa avec une majorité proportionnée à celle qu'avait obtenue Louis Bonaparte.

Il n'avait pas non plus négligé les moyens nécessaires; il avait eu l'appui du préfet et des autres agents du pouvoir; mais cette élection hors ligne lui fit grand honneur; il fut considéré dès-lors comme l'homme indispensable de l'arrondissement, disposant de toutes les voix, un solide appui de l'ordre, un digne représentant de la démocratie césarienne.

Son unique chagrin était d'avoir une femme aussi bête, qui ne faisait que pleurer du matin au soir en pensant au beau-frère Laurent, qui se trouvait en Afrique, en train d'arracher des palmiers nains, et à sa sœur Jeanne, qui s'était vêtue de noir comme une veuve, depuis l'enlèvement de son mari. Souvent il en parlait à Frionnet et lui disait :

« Ah! quel malheur d'être attaché pour la vie à de pareilles brutes, qui ne peuvent se faire une raison, ni comprendre la différence des situations; on devrait rétablir le divorce!... Tenez, Frionnet, je ne suis heureux que loin d'ici, loin de cette bourrique, dans mon banc de député. Ah! c'est là que je respire! et maintenant surtout que nous allons être entre honnêtes gens, sans mélange de Cavaignac, de Grévy, ni d'autres gueux de cette espèce. Oui, nous allons être maintenant comme entre frères, et nous vous mènerons les affaires rondement; je vous en réponds.... vous verrez ça.»

Il partit de la Neuville le 15 mars, et, comme il le dit à tout le monde, tant son indignation contre Simone était grande, ce fut le plus beau jour de sa vie.

## XVII

On n'a pas oublié qu'après un grand voyage dans le Midi et son discours à Bordeaux, déclarant « que l'empire c'était la paix ! » Louis Bonaparte, rentrant à Paris sous des arcs de triomphe, harangué par tous les corps constitués et supplié par ses compères de reprendre la couronne, le sceptre et les abeilles d'or de son oncle, consentit à monter sur le trône de Charlemagne. Le sénat ayant proposé la chose, il la fit voter par le peuple réuni dans ses comices, et obtint cette fois 8,824,189 suffrages. En conséquence de quoi le prince-président de la République s'appela Napoléon III, et s'adjugea par un sénatus-consulte du 11 novembre 1852, une modeste dotation de 25 millions par an, non compris la jouissance des palais, des châteaux, des domaines attachés à la couronne, ni les dotations de l'oncle Jérôme, du cousin Napoléon, de la cousine Mathilde, des Bonaparte Lucien, Murat, etc., formant un chiffre rond de soixante et dix millions par an.

Quand on veut avoir des aigles, ça se paye! Bienheureux encore quand ça ne vous coûte pas des provinces et des milliards à la fin du compte.

Mais en voilà bien assez sur ces gens, revenons à maître Gaspard.

Il était donc là-bas en train de voter *oui*, toujours *oui!...* de tripoter, d'aller aux invitations des ministres, des hauts dignitaires, des princes, d'arrondir ses gros mollets dans des bas de soie, de s'épanouir sous des lustres, de demander, de demander, de demander des autorisations et des priviléges, de s'associer avec des filous de haute volée, pour piper l'argent des imbéciles. Au lieu de Frionnet, il avait alors pour compère Sabouriau; son nom figurait en tête de plusieurs sociétés de crédit. Naturellement ces sociétés, établies pour prêter de l'argent et n'en ayant pas, étaient d'abord forcées d'en emprunter, ce qu'elles faisaient d'une façon assez comique. Le gouvernement les autorisait à vendre quatre ou cinq cents francs pièce, de petits carrés de papier qui ne valaient pas un centime. Ces petits carrés de papier s'appelaient des actions; ils étaient cotés à la Bourse et devaient rapporter au dire des administrateurs, dix, quinze, vingt pour cent. Cela s'appelait dividende. Tant qu'il se présentait des acheteurs, les petits carrés de papier montaient à la Bourse, les caisses de la société se remplissaient d'écus et l'on payait de gros dividendes aux actionnaires, pour en attirer d'autres; mais, quand les petits carrés de papier étaient vendus, ou que les gens n'en achetaient plus, ils tombaient à zéro; ceux qui ne s'en étaient pas débarrassés, se trouvaient ruinés à moitié, aux trois quarts, tout à fait; ceux qui les avaient vendus pendant la vogue, en hausse, se trouvaient enrichis.

La principale affaire dans ce genre d'entreprise, on le voit, était d'abord d'inspirer confiance à des quantités de gens; il fallait de grands noms à la tête de la société, des noms de riches banquiers, de sénateurs, de députés, de vieux nobles, etc. Maître Gaspard, en compagnie de grands seigneurs, de hauts dignitaires et de descendants des croisés, ne prêtait que son nom et ne courait aucun risque; les administrateurs de toutes les compagnies, n'étant pas responsables de leur gestion, dans leur fortune, d'après la loi, quand la caisse était vide, ces messieurs s'en allaient les poches pleines, sans même tirer un coup de chapeau aux actionnaires qu'ils avaient mis sur la paille.

M. Gaspard Fix, député, officier de la Légion d'honneur, sa croix imprimée sur les annonces et les prospectus, à côté de son nom, faisait bonne figure au milieu de toutes ces illustrations; l'honneur de ces gens était au-dessus de tout soupçon, leur moralité sans tache était garantie par l'État, qui les avait élevés aux plus hautes dignités; donc tout allait bien; il ne s'agissait pour lui que d'empocher d'abord quelques centaines d'actions libérées, qui ne lui coûtaient pas un sou, et puis de profiter de la hausse pour les vendre au plus vite le plus cher possible.

Il avait en outre sa brasserie, qu'il avait agrandie considérablement, et ses débits de bière à Paris. Frionnet gérait l'entreprise, qui marchait on ne peut mieux ; étant intéressé dans les bénéfices, l'huissier y mettait tous ses soins et s'arrondissait à son tour.

« Quand M. Fix sera nommé sénateur, se disait-il quelquefois, je me mettrai sur les rangs pour la députation. J'irai aussi là-bas voter *oui*, toujours *oui*, pour qu'on m'accorde tout ce que je demanderai ! »

En attendant, il activait l'émission des actions recommandées par maître Gaspard ; il avait ouvert un bureau pour recevoir les espèces sonnantes en échange des petits carrés de papier, et souvent le soir, voyant sa caisse pleine d'écus et son portefeuille gonflé de billets de Banque, il partait d'un immense éclat de rire et s'écriait effrontément :

« Que les gens sont bêtes, mon Dieu ! »

Nos pauvres paysans, qui n'avaient eu confiance jusqu'alors qu'à ce qui se palpe, et qui demandaient des cautions et des hypothèques à leurs voisins, et même à leurs plus proches parents, pour leur prêter quelques écus, ces malheureux imbéciles commençaient à s'abandonner à l'amour du papier, en considération des gros dividendes qu'on faisait miroiter devant leurs yeux, comme on montre aux rats un morceau de lard au fond d'une attrape ; ils en perdaient l'esprit, ils vidaient le vieux pot de terre, le vieux bas caché dans le fond de l'armoire, où s'étaient entassées sou par sou, liard par liard, leurs économies, celles du père et du grand-père, pour avoir deux ou trois de ces bonnes actions vantées par M. Frionnet et signées par M. Gaspard Fix, député, officier de la Légion d'honneur.

C'était le temps de la rage des spéculations, le temps du rétablissement des loteries, le temps des mines d'or de la Californie, le temps de la roulette, du jeu, des entreprises véreuses, des spéculations fantastiques, des sociétés de toute sorte ! Le temps où les plus pauvres vendaient leur bout de champ pour jouer à la hausse et à la baisse ; où l'on ne lisait plus que le cours de la Bourse ; où l'on apprenait chaque matin que tel notaire, considéré comme le plus honnête homme de l'endroit, venait de lever le pied, en précipitant des centaines de familles dans la misère ; le temps de la débauche, du luxe effréné, de toutes les saletés, de toutes les lâchetés, de toutes les turpitudes honorées, pourvu qu'on eût gagné de l'argent ; enfin le temps des tripoteurs, des mouchards, des aventuriers et des filles de joie !...

Tout était à l'encan, la police connaissait le tarif de toutes les vertus ; et cela grandissait de jour en jour. Les journaux ne parlaient plus que de fêtes, de bals, de toilettes, de réceptions à la cour ; ils étaient pleins de ces descriptions babyloniennes, où le givre des diamants et les plumets frissonnant de rubis vous tiraient les yeux de la tête.

Et dans ce temps parut un livre terrible, un

des chefs-d'œuvre de l'esprit humain, les *Châtiments*, de Victor Hugo ; il brilla comme un éclair, précurseur de la foudre, au milieu de cette nuit noire des consciences. Ce livre sublime aurait peut-être arrêté la grande bacchanale, si la police de Bonaparte ne s'était dépêchée de lui fermer la frontière, de le proscrire, de traquer les exemplaires qui circulaient secrètement. Les journaux n'en dirent rien, et l'abomination continua jusqu'à la fin finale prédite par Hugo, c'est-à-dire la ruine, le déshonneur et la honte.

Voilà comment les gouvernements despotiques éclairent le peuple ; tout ce qui peut lui relever le cœur, tout ce qui peut lui découvrir l'abîme, ils le proscrivent, soit ouvertement, soit en secret ; mais cela n'empêche pas la justice de faire son chemin, et plus elle a marché lentement, plus elle est impitoyable.

Les fonctionnaires de l'empire et ses journaux continuèrent donc de célébrer plus que jamais la grandeur et la prospérité de la France.

Des milliers de gens, ruinés par le jeu, disparaissaient tout à coup ; on ne savait ce qu'ils étaient devenus. D'autres, qu'on avait rencontrés traînant la semelle sur les marches de la Bourse, et tâchant de piper quelques centimes pour déjeuner et prendre leur mazagran, passaient un beau matin devant vous en calèche découverte ; ils avaient leur hôtel, leur écurie, leurs danseuses ! Et devant une vitrine du boulevard, à Paris, on voyait s'amasser du matin au soir un tas de gens de toute condition, regardant, les yeux fixes, tout pâles, la bouche béante ; il y avait là des ouvriers, des paysans, des bourgeois ; et quand vous vous approchiez pour voir ce qu'ils regardaient ainsi, c'était le lingot d'or de cinq cent mille francs de la grande loterie, que l'on pouvait gagner pour vingt sous ! une grosse barre de métal jaune et gris. Voilà ce qu'ils regardaient, voilà ce qu'ils trouvaient plus beau que la morale, que la justice, que la vertu, que tous les chefs-d'œuvre du monde. Des paysans arrivaient du fond de la province pour contempler le lingot ; cela remplaçait la liberté !

Bonaparte avait réduit un peuple intelligent et fier au culte du veau d'or ; il lui avait inoculé la fièvre putride du gain sans travail et de la jouissance à tout prix.

Cela dura longtemps.

Les années se suivaient sans rien y changer. On apprenait de temps en temps ce qu'on appelait les événements politiques : le mariage de Sa Majesté avec Mlle Eugénie de Montijo ; la nouvelle étiquette ordonnant aux bourgeois admis à la cour, de porter l'habit vert de la livrée impériale ; les réceptions, les emprunts, les fêtes ; la guerre de Crimée, qui nous a coûté cent mille hommes et des centaines de millions, sans autre bénéfice pour le pays, que de gagner l'alliance anglaise à la nouvelle dynastie, et de jeter les Russes dans les bras de nos ennemis mortels, les Prussiens !...

Quant aux élections, où les candidats étaient forcés de prêter serment d'avance et par écrit, — quant aux élections, avec la recommandation de l'Empereur et l'appui des préfets, c'était une véritable farce. Le suffrage universel s'en allait ; ceux-là seuls votaient par ordre, qui voulaient avoir des places, ou qui craignaient les tracasseries de la police. Les républicains s'abstenaient, au moins le plus grand nombre, et les journaux étaient forcés de recommander aux gens d'aller voter.

Maître Gaspard, lui, venait se reposer de ses fatigues à la Neuville, après chaque session, toujours plus gras, toujours plus gai, toujours plus riche ; et son fils Michel avait aussi toujours de plus beaux chevaux, il faisait toujours mieux claquer sa cravache ; c'était un grand garçon en veste de chasse et petite casquette de cuir bouilli ; il amenait en vacances des camarades de collége, qui couraient au bois, sonnaient du cor, chassaient, enfin menaient joyeuse vie. Pendant deux mois, ce n'étaient que noces et festins au *Mouton-d'Or*. Quelques bons paysans venaient se plaindre à M. le député, qu'on avait foulé leurs récoltes ; d'autres disaient qu'on avait séduit leurs filles ; maître Gaspard faisait mine de se fâcher, il promettait à ces gens de tancer le garçon, et se dépêchait d'étouffer l'affaire au moyen de quelque légère indemnité ; mais dans le fond les exploits de son fils le faisaient rire.

« C'est un gaillard, se disait-il, un fameux gaillard ! »

Et quant à la mère Simone, n'ayant jamais eu voix au chapitre, elle baissait la tête et se contentait d'aider en cachette les victimes de son fils.

Au fait Michel était le seigneur du pays. Faxland, tout fier de son élève, lorsqu'il le voyait filer sur la route à franc étrier avec ses camarades, l'admirait et s'écriait, les yeux humides :

« C'est un vrai hussard !.... Il aime les chevaux, le bon vin et les jolies filles.... Il deviendra colonel pour sûr. »

Une seule chose ennuyait maître Fix dans son triomphe, c'était cette femme noire qui portait le deuil de son mari, M. Laurent, encore vivant en Afrique au bout de six longues années. De la voir là, juste en face, derrière sa fenêtre, en train de coudre, pâle comme une morte, et les dimanches aller prier à l'église, cela lui tournait le sang. Ayant appris que les fils de Laurent se distinguaient dans leurs études d'une façon extraordinaire, il avait voulu payer leur pension ; mais Jeanne, au premier mot de Simone à ce sujet, malgré toute l'affection qu'elle portait à sa sœur, lui avait montré la porte en silence, et Simone était revenue dans le plus grand trouble, disant à Fix :

« Elle aimerait mieux vendre sa dernière chemise, que de rien recevoir de nous. »

En effet, Jeanne vendait ses biens l'un après l'autre, les champs, les prés du père Hardy, pour élever ses fils.

Ceux-ci venaient aussi passer leurs vacances à la Neuville. On ne pouvait voir de plus beaux garçons, ni de plus sérieux, de plus grands travailleurs ; leurs distractions, leurs promenades même tournaient au profit des études, car Georges, étudiant en médecine à Paris, herborisait tout le temps, et François, admis à l'École normale supérieure, le suivait, écoutant toutes ses observations, comme il eût fait avec leur père.

M. Fix, voyant ses bienfaits repoussés par cette famille, en était indigné.

« C'est de la race à Laurent, disait-il au compère Frionnet; ils suivront le même chemin, et finiront aussi par aller se promener quelque part!... Vous verrez ça.... je vous le dis!... »

Or, au bout de cinq ou six ans, Georges ayant terminé ses études de médecine, vint s'établir dans la maison de son père; et maître Gaspard, en vacances, un matin qu'il prenait le frais sous la tonnelle de son jardin, voyant passer derrière la haie en treillis, ce jeune homme grave, l'air réfléchi, les lèvres serrées, allant visiter quelque malade aux environs, en fut tout saisi.

« C'est l'autre qui revient! se dit-il. Le gueux aurait pu se faire une clientèle à Paris; il a beaucoup de talent, à ce qu'on me racontait là-bas; il aurait gagné, au bout de quelques années, de l'argent comme un juif, et le voilà qui vient m'embêter ici.... C'est un coup préparé.... canaille!... »

Georges, en passant, l'avait aussi vu; et, le chapeau sur les sourcils, il avait passé, lui lançant ce regard froid de l'homme d'étude, qui vous juge et vous classe à l'instant. Maître Gaspard avait reconnu dans ce coup d'œil, qu'il était classé fort bas, ce qui l'exaspérait encore davantage.

En rentrant, il avait parlé de la chose à Frionnet, disant :

« A la moindre mouche qui va piquer ... si le

monsieur dit un mot, un seul mot de politique.... gare.... il aura de mes nouvelles! »

Mais Georges ne s'occupait que de médecine; tous les anciens clients de son père lui revenaient; il avait la science et le jugement de Laurent; l'expérience seule lui manquait encore, il devait forcément l'acquérir par le travail et la pratique.

Ceci se passait en 1858. François, sorti de l'École normale, débutait dans le journalisme. Mauvais moment pour débuter, que le régime des avertissements et des communiqués; les organes indépendants étaient rares, mais François avait du courage, des convictions solides et l'idée fixe de venger son père. Il donnait des leçons particulières, en attendant le succès.

Jeanne, voyant ses fils établis, avait voulu rejoindre Laurent à Lambessa, mais il s'y était opposé formellement; on suivait ses ordres comme s'il eût été là.

C'est en ce temps, le 14 janvier 1858, qu'eut lieu l'attentat des quatre Italiens, Orsini, Gomez, Rudio et Piéri, contre Napoléon III. Les conspirateurs n'agissaient que pour eux, ils n'avaient point de complices en France. Louis Bonaparte ayant renversé la République romaine et rétabli le pape dans ses États, ils le considéraient comme un obstacle à l'affranchissement de leur pays, et voulaient s'en débarrasser. Bonaparte eut peur. Une quantité de républicains, étrangers à la tentative des Italiens, furent enlevés par la police et transportés sans jugement en Afrique; des journaux républicains furent supprimés. Mais la crainte suivait toujours l'homme de Décembre ; il se mit en devoir d'apaiser ceux qu'il avait exaspérés, et l'année suivante, aux acclamations de toute la France, eut lieu la campagne d'Italie. Les victoires de Montebello, de Palestro, de Magenta, de Solférino, débarrassèrent une grande et noble nation de ses ennemis héréditaires ; Venise seule resta sous les griffes de l'Autriche. Seuls aussi les cléricaux furent désolés de nos victoires ; leur patrie à eux, c'est Rome, la Rome du pape. Ils travaillent pour Rome, parce que c'est de Rome qu'ils reçoivent leurs dignités, leurs priviléges et leurs ordres.

Ils criaient donc que le trône du saint père allait être menacé par Victor-Emmanuel ; et, pour les contenter, il fallut établir à Rome un corps d'armée ; il fallut perdre la reconnaissance de l'Italie, afin de rassurer des gens qui n'ont de Français que le nom.

Napoléon III se voyant acclamé par la nation, à la suite de cette campagne d'Italie, et voulant se donner des airs de force, de générosité, rendit le décret suivant :

« Napoléon, par la grâce de Dieu et la volonté nationale, empereur des Français, à tous présents et à venir, salut.

« Avons décrété et décrétons ce qui suit :

« Art. 1er. — Amnistie pleine et entière est accordée à tous les individus qui ont été condamnés pour crimes ou délits politiques, ou qui ont été l'objet de mesures de sûreté générale.

« Art. 2. — Notre garde des sceaux, ministre de la justice, et notre ministre de l'intérieur, sont chargés de l'exécution des présentes.

« Fait au palais des Tuileries, le 16 août 1859. »

Les plus illustres des exilés s'indignèrent avec raison qu'un tel personnage prétendît leur faire grâce, tandis qu'il aurait dû leur demander pardon à genoux de toutes les violations de droit et de justice commises; mais un grand nombre d'autres, épuisés par la souffrance et la misère, presque tous ceux qui restaient de Cayenne et de Lambessa, profitèrent de ce décret pour revoir la patrie avant de mourir.

## XVIII

Le retour de M. Gaspard Fix à la Neuville aux vacances d'automne, en cette année 1859, fut un véritable triomphe. M. le maire Périola, tout le conseil municipal en corps allèrent lui présenter leurs félicitations sur la politique de la Chambre, et leurs hommages.

Il reçut ces messieurs avec un sourire de bienveillance, dans la grande salle du Casino, dont il avait fait depuis deux ans un salon de réception. Le maire était embarrassé de lui parler, il s'entortillait dans ses phrases; mais lui, le rassurant d'un geste plein de bonté, disait :

« C'est bien, monsieur le maire, je comprends votre émotion, elle est toute naturelle. Je suis heureux de recevoir votre visite, messieurs. Je vois avec plaisir que vos sentiments à l'égard de notre illustre souverain n'ont pas changé. C'est très-bien. »

Il poussa même la civilité jusqu'à reconduire ces messieurs au bas de l'escalier, dans le vestibule, et à serrer la main du maire, qui partit tout ému en disant :

« Quel homme ! Et penser que j'ai l'honneur de m'asseoir dans le même fauteuil où il s'est assis, au conseil municipal !.... C'est pourtant vrai, Frionnet !

— Oui, monsieur le maire. Aussi, à la première séance, je veux faire la motion que ce fauteuil soit mis dans les archives, tel qu'il est, sans en renouveler le cuir, comme on a fait au musée de Paris pour l'uniforme de Napoléon Ier. M. Gaspard est le Napoléon de la Neuville.

— Sans doute, sans doute, disaient les autres, vous avez une grande idée, monsieur Frionnet, il faudra délibérer là-dessus. »

Il est certain que maître Gaspard jouissait à la Neuville de la même autorité que Napoléon III à Paris ; c'est à lui que remontait l'honneur de nos victoires de Crimée et d'Italie, comme s'il les eût remportées personnellement.

Il était aussi dans toute la plénitude de sa force ; son teint, autrefois vineux, avait pris les tons bistres de la seconde jeunesse ; ses petits yeux roux brillaient sous de gros sourcils grisonnants ; sa grosse chevelure, quoique blanche, restait entière, rude, ébouriffée ; son nez charnu commençait à se veiner de filets bleus et violets ; quant à son aplomb, il n'avait fait que s'affermir depuis neuf ans ; on sentait en lui l'étoffe d'un vrai sénateur ; l'uniforme à palmes d'or et feuilles de chêne devait nécessairement aller à sa large et solide encolure. C'était un homme sûr de lui-même, ne redoutant aucune concurrence, et regardant ses anciens adversaires avec le plus profond dédain.

Un jour Frionnet lui ayant parlé de l'opposition de M. Thomassin, du blâme qu'il ne craignait pas de porter sur les derniers actes du gouvernement, des complications qu'il prévoyait avec le pape et les jésuites, maître Fix répondit d'un ton brusque :

« Qu'est-ce que M. Thomassin ? Une vieille ganache orléaniste ; un de ces bourgeois envieux et poltrons, toujours prêts à critiquer, à déblatérer en secret, à dire des *si* et des *mais*, comme des pies borgnes, mais qui n'osent rien faire, rien entreprendre ; qui tremblent toujours de se compromettre ; enfin des intrigants sans courage, des renards qui aiment les poules, mais qui craignent encore plus la dent du chien. Nous connaissons ça ! C'est bon à laisser dans son coin. Qu'il critique, qu'il rabâche, qu'est-ce que ça peut me faire ? Je me rappelle que dans le temps ce M. Nicolas Thomassin me parlait de rétablir la noblesse au profit des gros bourgeois, au moyen du droit de tester, en rétablissant les substitutions, en invoquant la liberté du père de famille, enfin un tas de finasseries de jésuites, comme en ont tous ces prétendus libéraux. Il aurait fallu cinquante ans pour arriver à quelque chose, et Thomassin trouvait ça sublime. Pauvre diable !.... Est-ce que nous avons besoin, nous autres bonapartistes, d'y aller par trente-six chemins? Il plaît à l'empereur de rétablir la noblesse; — neuf millions de Français lui ont délégué leurs pouvoirs et leurs droits; — eh bien, il rétablit la noblesse purement et simplement. Le décret est fait, rédigé article par article, par le duc de Persigny; l'Empereur y mettra sa signature, et tout sera dit : les paysans resteront paysans, les ouvriers resteront ouvriers, les petits bourgeois resteront petits bourgeois; et tous les hommes capables, ayant donné des preuves de dévouement à la dynastie impériale, seront ducs, comtes, barons; ils feront souche. Ça n'est pas plus difficile que ça! Qui donc voudra s'y opposer? Les Thomassin! »

Il haussa les épaules.

« Est-ce possible? s'écria Frionnet. Comment! l'Empereur veut rétablir la noblesse?

— Oui, la chose est décidée. On n'attend qu'une occasion favorable.... Quand le moment sera venu, l'Empereur signera le décret, et tout sera dit! Moi, fit-il après un instant de silence, en posant sa large main sur son estomac et regardant l'huissier stupéfait, je serai comte! »

Ce n'était pas pour rien que maître Gaspard faisait de grandes dépenses dans son domaine du Hôwald, relevant tout un corps de bâtiment, rétablissant les jardins et les jets d'eau du parc, et qu'il partait chaque matin pour surveiller en personne les ouvriers tapissiers, charpentiers, menuisiers, dirigeant tout avec son activité ordinaire.

Frionnet, qui tenait ses comptes, l'accompagnait assez souvent au château; et dans un de leurs voyages, vers le milieu du mois de septembre, il leur arriva quelque chose de surprenant.

Ils revenaient du Hôwald ensemble dans le cabriolet de maître Gaspard, attelé d'un cheval qui filait comme le vent. Le temps était beau, de grandes traînées d'or et de pourpre sillonnaient le ciel; il pouvait être six heures. Sur la grande route de Vandeuvre à la Neuville, ils aperçurent un homme qui marchait au loin devant eux.

Cet homme, vêtu pauvrement et coiffé d'un feutre gris tout usé, s'arrêtait de temps en temps pour regarder ou pour reprendre haleine : il s'appuyait sur un bâton, et maître Gaspard disait :

« Ça, c'est un mendiant, un de ces vagabonds qui courent le pays, sans autre moyen d'existence que la charité publique.

— Oui, répondait Frionnet; et quelquefois, quand les paysans sont aux champs, ils entrent dans les baraques et se font la charité à eux-mêmes, avec tout ce qui leur tombe sous la patte. »

En causant ainsi, ils se rapprochaient vite du malheureux; lorsqu'ils furent près de lui, ils se retournèrent par curiosité, pour voir la figure de cet homme.

C'était une figure longue, pâle, les joues creuses, la barbe toute blanche, les grands yeux luisants; la figure d'un homme très-malade, qui n'a plus guère de temps à vivre.

Et ni l'un ni l'autre ne dit rien! Ils avaient

pourtant reconnu tous les deux ce malheureux.

C'était le docteur Laurent, qui profitait de l'amnistie pour revoir le pays, sa femme et ses enfants.

.Il était arrivé en chemin de fer jusqu'à Vandeuvre; et, voyant le temps beau et doux, il s'était dit :

« Je ferai bien le chemin à pied.... J'irai les surprendre!.... Et puis je reverrai les villages, ce beau pays où j'ai tant marché dans ma jeunesse; je le reverrai encore une fois ! »

« C'est ainsi que les deux compères avaient rencontré ce républicain incorrigible.

Au bout d'un quart d'heure, en rentrant à la Neuville, maître Fix ne put s'empêcher de dire :

« C'est pourtant ennuyeux que les honnêtes gens soient forcés de rencontrer sur leur chemin des revenants pareils, dont ils se croyaient débarrassés pour toujours. L'Empereur est trop bon!... Son décret est une faute; quand on a fait quelque chose de juste, il faut s'y tenir. »

Frionnet ne dit rien; il n'était pas aussi grand politique que M. Fix, et quoique les habitudes de sa profession ne l'eussent pas rendu tendre, il trouva cette réflexion bien dure. L'idée lui passa même par la tête que maître Gaspard était un scélérat, car Laurent ne lui avait jamais fait de mal, au contraire, il avait sauvé son fils. Ce ne fut qu'un éclair, il garda la réflexion pour lui, et répondit au bout d'un instant :

« Bah! il n'en a plus pour longtemps, d'après sa mine.

— C'est égal, dit l'autre, il peut entraîner ses fils, il peut leur donner de mauvais conseils; je suis sûr qu'il n'est revenu que pour ça. Si ce n'était pas pour ça, comment un homme aussi malade aurait-il eu le courage de se mettre en route ? »

Ils arrivaient alors devant la maison de maître Gaspard, et la conversation cessa.

M. Fix ne se trompait pas, Laurent n'était revenu d'Afrique que pour faire à ses fils et à sa femme des recommandations qu'il considérait comme de la plus haute importance. Une demi-heure après environ, maître Gaspard le voyait s'arrêter sur le seuil de sa maison en face et sonner.

Georges sortit, le père et le fils se reconnurent, ils tombèrent dans les bras l'un de l'autre et se tinrent longtemps embrassés; puis ils entrèrent dans l'allée et la porte se referma.

Maître Gaspard avait vu cela froidement; il tira ses rideaux et se mit à réfléchir.

Cependant une scène touchante et terrible se passait dans la maison du docteur; Jeanne, Laurent et leurs enfants, réunis après huit ans, se tenaient embrassés, gémissant et pleurant comme des malheureux. Ils ne pouvaient se séparer.

Laurent avait ce bonheur suprême de retrouver des fils braves, dignes de lui, et leur pauvre mère, encore forte, malgré tant d'épreuves et de souffrances ; c'était un débordement de joie et d'attendrissement inexprimable.

Enfin, brisé d'émotion, il s'écria :

« Mes fils.... Jeanne.... un peu de courage... Ne pleurons plus ! Je viens vous dire adieu !... Vous le voyez....je suis bien faible maintenant.... Il faut encore que je vous parle.... vos cris.... votre joie m'épuisent. »

Il s'assit, les regardant avec bonheur; mais eux, frappés alors de sa pâleur, de sa faiblesse, restèrent silencieux, consternés. Georges, médecin comme son père, était atterré, muet d'épouvante, ne sachant que dire.

« Oui, fit le docteur, s'adressant à lui, tu vois, Georges, où j'en suis ! »

Le père et le fils se comprirent.

« C'est donc pour peu de temps que nous sommes ensemble, reprit Laurent ; je vous apporte le peu qui me reste de souffle et de vie.... Oh ! ma bonne femme.... Oh ! mes enfants !... »

Il leur tendait encore involontairement les bras, et comme ils l'embrassaient avec frénésie, essayant de se dégager, il disait :

« Non !... non !... C'est assez.... assez.... J'étouffe !... Laissez-moi vous parler encore.... C'est pour cela que je suis venu. »

Et il s'évanouit.

Il fallut le porter sur son lit ; ses fils le déshabillèrent et le couchèrent. Jeanne, elle, n'avait pu bouger de la salle voisine, elle était à demi morte.

Longtemps après Laurent s'éveilla, il vit ses enfants debout auprès de lui, qui lui tenaient les mains, et leur sourit en murmurant :

« Oui, tenez-moi ainsi, mes fils.... cela me fait du bien.... ne disons plus rien !... rien !... »

Il regardait la fenêtre de la petite chambre à coucher, où brillait un dernier rayon de soleil, et murmurait :

« Voilà comme j'étais il y a huit ans, avant l'attentat du Deux-Décembre. C'était le temps du bonheur.... de la joie.... Oh ! que je suis bien maintenant, et que de mauvais jours nous avons passés !... Le moment du repos approche. »

Puis se rappelant sa femme, il demanda tout bas :

« Où donc est votre mère ? »

Jeanne venait de rentrer, et, la voyant au pied du lit, il dit en regardant leurs fils :

« Ce sont nos enfants, Jeanne, nos braves enfants ; nous ne mourrons pas tout entiers. »

Un long silence suivit ces paroles.

Les derniers reflets du jour caressaient le haut de la fenêtre, projetant sur les vitres l'ombre du feuillage, quand Laurent, qui semblait tout calme et rêveur, reprit :

« François, j'ai lu quelques-uns de tes articles dans les journaux ; j'en suis satisfait ; ils m'ont tous fait le plus grand plaisir ; c'est bien pensé, bien écrit, cela part d'un noble cœur, d'un esprit ferme et droit. J'étais fier de me dire qu'une partie du mérite de ces lignes me revenait, comme ton père et ton premier maître. Continue, tu es dans la bonne voie. »

Il serrait la main du jeune homme, dont le front se cachait près de l'oreiller.

Puis se tournant vers Georges :

« Toi, dit-il, tu me succèdes, je revis en toi ;

nous avons la même profession et nous l'exerçons dans la même pensée, dans le même sentiment. Je n'ai rien de plus à te dire; je suis heureux, très-heureux ! »

Arrêtant enfin sur Jeanne un regard attendri, il murmura :

« C'est toi seule que je plains, ma bonne, ma chère, ma pauvre Jeanne, malgré ton bonheur d'avoir des fils pareils. Oui, je sais combien il sera cruel pour toi de me perdre si vite, après nous être réunis. C'est ce qui m'a longtemps fait hésiter à revenir, mais il le fallait. J'ai beaucoup souffert, là-bas, les fièvres m'ont miné, et maintenant j'ai perdu mon poumon gauche, qui se trouve paralysé; l'autre s'engage. »

Georges voulut parler.

« Tais-toi, lui dit-il, tu l'as vu d'abord. J'ai lu cela dans tes yeux, et j'ai reconnu que tu es un vrai médecin. »

Georges, tout pâle, comprenant l'inutilité de ses dénégations, baissa la tête; et comme la mère sanglotait, Laurent poursuivit :

« Si ce temps continue, je vivrai encore quelques semaines; c'est un magnifique automne, un temps sec, sans être trop chaud; il me faut cela pour vivre; mais aux premiers brouillards, je vous quitterai ! Il vaut mieux le savoir d'avance, on se prépare aux derniers adieux, on se résigne à la nécessité. Jeanne, viens m'embrasser.... Mes enfants, laissez-moi.... je suis bien fatigué; ce chemin de fer depuis Marseille m'a complétement anéanti. Demain, je serai mieux. »

Alors Georges et François sortirent. Quelques instants après la mère vint les rejoindre dans la petite salle à manger, disant que le père avait sommeil, qu'il se trouvait bien, et l'on soupa en silence.

A neuf heures, tout dormait dans la maison du docteur. Jeanne veillait son mari ; la nuit fut paisible, et le soleil du lendemain se leva splendide, éclairant aux yeux du malade son jardinet entouré de murs en pierres sèches, où grimpait la vigne empourprée par l'automne. Il ordonna d'ouvrir la fenêtre pour respirer le bon air du pays, et sans doute aussi pour laisser entrer les vieux souvenirs, qui ne quittent pas la maison des braves gens et semblent leur souhaiter la bienvenue.

Georges était parti de grand matin faire ses visites ; en revenant vers dix heures, il trouva son père et toute la famille qui l'attendaient à table, pour déjeuner. Laurent, plus calme, lui dit en souriant :

« Allons, je vois que tout peut aller sans moi ; que Dieu m'accorde encore un sursis de quelques jours, et je n'aurai plus rien à lui demander. »

L'automne, cette année-là, continua d'être calme et doux jusqu'à la fin d'octobre. Le docteur Laurent passait ses après-midi dans le fond du jardinet, à l'abri de tous les vents, sous un vieux chêne robuste, aux feuilles couleur de rouille, où grimpait du houblon mêlé à quelques brindilles de volubilis. Il était là, dans l'ombre tremblotante du feuillage, devant une table de pierre ; Jeanne, toute rêveuse et les yeux rouges, travaillait près de lui; quelques geais goulus voltigeaient et bataillaient en l'air, se disputant les glands; et les mille bruits de la bourgade arrivaient dans ce recoin du monde, comme un dernier adieu de la vie.

François, dans sa petite chambre au premier en face, écrivait, la fenêtre ouverte, jetant de temps en temps un regard sous l'arbre, vers ses parents; Georges, toujours en course, ne revenait guère que le soir.

Ainsi se passaient lentement les heures. Laurent s'affaiblissait de plus en plus, sans grandes souffrances.

Tout le pays savait qu'il était revenu très-malade, et pas un seul de ceux qu'il avait aidés, soignés et secourus autrefois, n'allait le voir. Ses fils s'en indignaient, mais lui leur disait en souriant :

« Mes enfants, ce n'est pas pour les autres que nous remplissons notre devoir, c'est pour nous-mêmes; si j'avais compté sur la reconnaissance des hommes, ils m'auraient désabusé depuis longtemps; mais je n'avais pas besoin de cette dernière expérience pour devenir philosophe; ce qui m'arrive, je le savais d'avance. »

Un jour pourtant la sonnette au fond de l'allée, sur la rue, se mit à tinter; Jeanne, déposant sa couture, alla voir qui sonnait, et deux minutes après elle revenait avec le brigadier Thévenot, en habit bourgeois, car il était alors en retraite, et ses deux filles aînées, qui portaient au bras des paniers recouverts de serviettes bien blanches.

Ces bonnes gens arrivaient tout graves, et le docteur, les reconnaissant, leur tendit la main.

« C'est vous, monsieur Thévenot, dit-il, je suis heureux de vous voir toujours en bonne santé. Voici vos enfants, je les reconnais; de jolies filles, et qui sont bien sages, j'en suis sûr. Asseyez-vous sur le banc.... Comment va Catherine? »

Le vieux brigadier s'était assis, son bâton entre les genoux, et regardait sans pouvoir répondre un mot, tant la figure défaite de Laurent le consternait; et ses deux grandes filles, les joues rouges comme des pommes d'api, s'étaient aussi assises, le panier devant elles, les mains jointes et l'air atterré.

« Ah! pourquoi ne m'avez-vous pas écouté? dit enfin Thévenot d'une voix enrouée, pourquoi ne vous êtes-vous pas sauvé?... Quel malheur de voir un si brave homme dans un état pareil.... quel malheur!... Ça me fait une peine.... une peine!... »

Il ne put achever, penchant la tête et regardant devant lui, les yeux à terre.

« Oui, brigadier, dit Laurent attendri, vous aviez raison de me dire : « Sauvez-vous! » Mais je ne pouvais croire que des hommes seraient assez barbares pour fouler la justice à leurs pieds, et traiter d'honnêtes gens comme des criminels, dans leur seul intérêt; j'ai vu que c'était possible. »

Thévenot, absorbé dans sa douleur, ne disait plus rien, et Laurent reprit :

« Les rudes travaux de la terre, auxquels je

n'étais pas habitué, et les fièvres pernicieuses de ces pays chauds m'ont usé ; maintenant, il me reste juste assez de vie pour atteindre les premiers froids et me coucher avec les anciens.

— Ah ! les brigands ! murmura Thévenot.

— Vous êtes le premier, dit Laurent, qui veniez me voir.

— Le monde est plein de gueux, répondit le brigadier indigné. On est aussi venu me dire : « N'allez pas là !.... Vous allez vous compromettre.... un déporté.... un républicain.... un être dangereux.... prenez garde, brigadier.... » Mais j'ai répondu : « J'irai ! » Et ma femme m'a dit : « Vas-y tout de suite ! » Elle serait aussi venue, si elle ne s'était pas dérangé le pied la semaine dernière ; ça l'empêche encore de marcher ; mais ses filles sont parties à sa place ; elles ont mis les meilleures poires fondantes dans leurs paniers. J'ai maintenant, depuis ma retraite, un petit jardin que je cultive moi-même ; de bons fruits bien mûrs ne peuvent jamais faire de mal. Allons, mes enfants, montrez ce que vous avez apporté. »

Les deux braves filles se dépêchèrent de découvrir leurs paniers, et Laurent parut admirer beaucoup les beaux fruits ; il remercia Thévenot et ses enfants. Cette légère marque de reconnaissance l'avait ému.

Georges rentrait alors, et François descendit de sa chambre ; ils vinrent serrer la main du brigadier, qui, tout désolé, se mit à dire qu'il avait connu beaucoup de gens plus malades que le docteur, principalement des fièvres d'Afrique, et que le bon air du pays finissait toujours par les guérir ; qu'il ne fallait que de la patience et du courage.

Laurent, tenant compte de la bonne intention du brave homme, lui répondit :

« Hé ! ce que vous dites est bien possible, monsieur Thévenot. Espérons.... espérons toujours.... Quant à moi, je désire vivre encore, pour me trouver de temps en temps avec d'aussi braves gens que vous. »

Finalement, Thévenot et ses filles repartirent, en faisant des vœux pour le rétablissement de leur bienfaiteur ; et comme Jeanne les accompagnait, lorsqu'ils furent loin, Georges, d'un accent amer s'écria :

« Il en est donc venu un ! »

Cette réflexion affecta le père.

« Écoute, Georges, dit-il, tu juges mal l'espèce humaine; si la plupart des hommes, surtout parmi le peuple des champs, te semblent oublieux des bienfaits, sache bien que le cœur du plus grand nombre est excellent. C'est faute de culture, que ces pauvres gens restent à moitié sauvages et te paraissent insensibles. Le peuple n'est jamais que ce qu'on le fait ; donnez-lui de bons principes, développez en lui les bonnes tendances par une éducation sérieuse, et le peuple sera bon, il sera juste, il aura toutes les qualités dont vous aurez développé le germe dans son cœur. Mais si vous n'y déposez rien, si même, par l'exemple des classes soi-disant dirigeantes, il n'apprend que l'égoïsme, l'avidité sous toutes ses formes, la mauvaise foi, l'insolence envers les faibles, l'aplatissement devant les forts; si vous lui vendez tout très-cher, même la religion; si pour naître, pour se marier, ça lui coûte, tant pour l'orgue, tant pour les cierges, tant pour les chaises.... comment voulez-vous qu'il se montre désintéressé, dévoué, reconnaissant ? Comment ne verrait-il pas un calcul en tout, et ne se dirait-il pas : « L'intérêt c'est tout !.... Celui-là m'a soigné pour se faire une réputation ; maintenant les riches le payent ! » Et que de fois n'a-t-il pas raison de le penser et de le dire ? N'attribuons donc jamais au peuple le mal que nous voyons en lui. Si l'instruction gratuite, obligatoire et surtout démocratique lui avait été donnée, alors il serait responsable; mais dans l'état présent, toutes ses fautes, toutes ses violences, toutes ses révoltes depuis cinquante ans sont le fait de ceux qui l'ont gouverné. C'est à eux seuls qu'en remonte la responsabilité. Tant qu'ils n'instruiront pas le peuple, tout le mal viendra d'eux; et le bien qu'on verra, sera uniquement le propre d'une race généreuse. »

Ainsi parla le docteur. C'était en quelque sorte le résumé de toutes ses opinions; hors de l'instruction démocratique, il ne voyait point de salut pour notre pays. Et par instruction, il n'entendait pas seulement lire, écrire et compter, il entendait surtout l'enseignement des droits et des devoirs de l'homme, aux enfants dès le bas âge, et l'enseignement des intérêts de la patrie, en même temps que l'humanité dans les écoles supérieures :

« Dix années d'instruction démocratique en

France, disait-il à ses fils, et la question serait résolue pour toujours; nous aurions une génération républicaine ; la République s'établirait pour ainsi dire d'elle-même; et toutes les légendes, dont on farcit depuis des siècles la tête des hommes de notre race, se dissiperaient comme le brouillard sous les rayons du soleil. »

Quelques jours après la visite de Thévenot, un matin, on trouva Laurent mort dans son lit. Le second poumon s'était pris à son tour, et le docteur s'était éteint dans un étouffement rapide, comme il l'avait prévu.

## XIX

Aussitôt le docteur mort, on sut ce qu'il valait. Ceux qui depuis cinq semaines, dans la crainte de compromettre ou de retarder d'une heure la rentrée de leurs récoltes, n'étaient pas même allés lui serrer la main, se souvinrent de ce qu'ils lui devaient; ces gens vinrent en foule à son enterrement.

Jamais la Neuville n'avait vu de pareil cortége; mais ce qui produisit le plus d'effet, ce fut l'arrivée de M. Thomassin avec plusieurs de ses employés supérieurs, dans trois voitures en grand deuil, qui marchèrent immédiatement après la famille ; cela frappa d'autant plus, qu'on savait de longue date que le propriétaire des verreries de Tiefenthâl et M. Laurent n'étaient pas du même bord.

Était-ce un hommage que M. Thomassin voulait rendre à la mémoire du bon patriote, de l'ami sincère et désintéressé de l'humanité ? Était-ce une protestation indirecte contre les actes de l'empire, déportant des hommes de cœur et ne les rendant à la France qu'épuisés de misère, à la veille de mourir ? Y avait-il de la politique là dedans ?.... C'est assez probable.

Quoi qu'il en soit, cette démarche fit le plus grand bien à M. Thomassin et le plus grand tort à M. Gaspard Fix, qui n'avait pas même envoyé Faxland à l'enterrement de son beau-frère.

Il le sentit aussitôt lui-même, en voyant la foule, beaucoup plus considérable qu'il ne l'avait prévu, monter au cimetière, les trois voitures noires de Tiefenthâl à la file derrière le cercueil, et il dit à son compère Frionnet, parlant de Thomassin :

« Le gueux veut se remettre sur les rangs aux prochaines élections, j'en suis sûr ! C'est pour cela qu'il flatte la canaille. Ah ! vieux filou.... je te devine !.... Dans le temps, lui et toute sa bande de Tiefenthâl ne parlaient que de maintenir les distances, d'établir des barrières entre les classes ; mais depuis que Napoléon III leur a montré ce que valent les masses et la manière de s'en servir, ils veulent revenir en arrière, ils veulent tout doucement se fourrer dans notre nid. Ça, Frionnet, c'est le mot d'ordre d'en haut, le mot d'ordre des orléanistes ! Chaque fois qu'ils sont à terre, ces gens tâchent de se raccrocher aux républicains, assez simples pour se faire échiner à leur place ;

et, le coup réussi, d'empoigner les marrons tout chauds, comme en 1830. Mais c'est un tour usé, les républicains n'en veulent plus, ils en ont assez. Voilà la politique des orléanistes, jamais ils ne se mettent en avant; il leur faut des imbéciles pour les couvrir, soit d'un parti, soit d'un autre. Thomassin n'a pas inventé ça, il n'est pas venu de lui-même, il faut qu'on lui ait soufflé la chose à l'oreille. »

Puis se promenant dans son salon, tout pensif, il s'écria :

« Et moi, je me suis comporté dans cette affaire comme une bête. J'aurais dû tout le premier me faire trimbaler dans ma voiture, derrière le cercueil. Qu'est-ce que ça me fait, à moi, que Laurent ait été républicain? Il est mort, il n'aurait pas réclamé, et l'on aurait dit : « Quel bel exemple donne aujourd'hui M. Fix, d'oublier ses dissentiments de famille, pour rendre justice à cet homme de bien ! Voyez, les vrais bonapartistes n'ont pas de rancune, ils pardonnent toujours à la fin ! » Je n'avais pas vu ça d'avance ; je viens de commettre une faute énorme, dont Thomassin profitera ; au bout de huit ans il revient sur l'eau, il prend le beau rôle; c'est ma faute, ma très-grande faute.... Oui ! mais gare !.... gare!.... Tous les coups d'Etat ne sont pas faits!.... On peut les recommencer une fois, deux fois, cent fois.... Qu'on cherche seulement à nous mettre des bâtons dans les roues, aux élections, et l'on verra qu'il reste de la place à Cayenne ! »

Maître Gaspard, lancé dans les grandes affaires,

était devenu fort ombrageux à l'endroit de son influence. Il voulait conserver la réputation de tenir tout le pays sous sa coupe, d'en faire ce qui lui convenait; il voulait avoir toujours des majorités écrasantes, et que personne n'eût la prétention de se mesurer avec lui.

C'est de cette réputation-là que dépendaient encore les hautes faveurs qu'il avait à prétendre; figurant sur la liste des futurs sénateurs, à la moindre baisse sensible de son influence, si M. Thomassin, par exemple, ou tout autre, pouvait le contre-balancer sur le terrain électoral, bonsoir! maître Gaspard n'était plus l'homme nécessaire, et sa nomination de sénateur était renvoyée aux calendes grecques.

Qu'on juge d'après cela de son indignation, en apprenant que M. Thomassin, non content d'avoir conduit le deuil d'un républicain dont il se moquait pas mal, — en vue de se faire une popularité par l'étalage de ses grands sentiments, — venait d'offrir au fils de Laurent la place de médecin des verreries de Tiefenthâl; moyennant quoi il aurait hérité de l'influence du fils et du père, acquise par trente ans de travail, de patriotisme et de dévouement dans le pays.

Il est vrai que Georges avait refusé, ne voulant pas quitter sa mère, établie à la Neuville, ni sa clientèle, déjà fort étendue; mais, en songeant au danger que venait de courir son influence, aux tentatives de plus en plus hardies de M. Nicolas Thomassin pour le supplanter, il en conçut une humeur noire, et sans aucun doute, si l'Empereur avait voulu lui confier sa signature seulement deux minutes, il aurait envoyé le pauvre Thomassin à Cayenne d'un trait de plume.

Il ne dormait plus, il frisonnait de retourner à Paris à la rentrée des Chambres, en laissant cette espèce de rat au pays, en train de ronger les mailles de son filet, de s'étendre à ses dépens et de s'attirer des voix par tous les moyens qu'il avait à sa disposition; son caractère devenait méfiant, Frionnet lui-même craignait de l'aborder; et les soins de la grande politique auraient fini par lui dessécher la cervelle, comme à tant d'autres, si un événement heureux, imprévu, n'était venu le ranimer tout à coup, en l'élevant au pinacle de la gloire.

Le *Moniteur* annonça que M. Gaspard Fix était élevé, par décret impérial, au siége de sénateur.

Enfin, il avait donc atteint son but.

A la vue de ce décret, couronnement de son édifice, M. Fix, pour la première fois, eut un pleur d'attendrissement et se mit à bégayer :

« Sa Majesté me comble.... Je n'attendais cela que d'ici quatre ou cinq ans!.... Comment reconnaître jamais tant de grâces, dont je suis indigne? »

Il devenait modeste!

Et, quand Frionnet entra pour le complimenter, il se jeta dans ses bras, en disant :

« C'est à vous, à vous, Frionnet, que je dois en partie tant d'honneurs.... C'est vous qui m'avez mis le nez sur la piste de la politique! »

Il était tout changé, pendant au moins deux heures on ne le reconnaissait plus.

Mais, prenant ensuite son compère à part, il lui dit que cette élévation rapide venait de la confiance qu'on avait en haut lieu qu'il disposait de toutes les voix du pays d'une façon absolue, et qu'il pourrait les faire se porter sur qui bon lui semblerait, qu'un jeune légitimiste, rallié à l'Empire, et protégé de Sa Majesté l'Impératrice, éprouvant le besoin d'être député, on avait choisi l'arrondissement de Vandeuvre et ses dociles populations, pour lui procurer cette satisfaction légitime. Qu'ainsi Frionnet devait se mettre en devoir d'opérer cette espèce de virement au profit de M. le marquis de la Renardière; qu'il aurait à cet effet tous les fonds nécessaires et l'appui de toutes les autorités; mais qu'il ne fallait pas perdre de temps et brasser sans retard la matière électorale.

Frionnet se porta fort du succès; et, pour en finir d'un mot, il enleva l'affaire en présentant le jeune candidat comme particulièrement agréable à Leurs Majestés l'Empereur et l'Impératrice, et en faisant courir le bruit que M. Thomassin voulait rouvrir l'ère des révolutions, en renversant l'Empire, pour remettre la famille d'Orléans sur le trône et supprimer le suffrage universel.

M. Thomassin fut battu à plates coutures; le jeune marquis lui passa triomphalement sur e dos.

La seconde visite de M. de la Renardière, revenant de Paris après son succès, fut pour M. Gaspard Fix, auquel il rendit mille grâces pour son appui, ne pouvant attribuer son triomphe, dit-il, qu'à l'admirable discipline que M. le sénateur avait établie dans la circonscription de Vandeuvre.

M. Fix reçut ce compliment avec la conscience de l'avoir mérité, assurant du reste M. le marquis qu'il serait à ses ordres toutes et quantes fois le besoin s'en ferait sentir.

Le jeune homme, qui portait des médailles en breloques à sa chaîne de montre, et de larges boutons fleurdelisés à ses manchettes, se mit également à la disposition de M. le sénateur en tout ce qui pourrait lui être agréable.

Maître Gaspard, connaissant l'influence de M. le marquis dans le cercle de l'Impératrice, dont il devinait les charades et conduisait les cotillons avec une supériorité digne d'un descendant des croisés, se demanda tout de suite ce qui pourrait bien lui convenir pour le moment; il était officier de la Légion d'honneur, et ne dissimula pas au nouveau député que la croix de commandeur, accrochée à son cou, lui ferait un sensible plaisir.

Là-dessus ils se séparèrent, charmés l'un de l'autre.

Ainsi se traitaient les affaires politiques dans ce temps-là.

## XX

Deux ou trois mois après l'élévation de M. Gaspard Fix au siége de sénateur, eut lieu le mariage de sa fille Catherine avec M. Sabouriau, administrateur de plusieurs grandes entreprises financières, officier de la Légion d'honneur, et l'un des plus solides piliers de la Bourse.

Le maire Périola transporta sous sa responsabilité le registre de l'état civil au Hôwald, et prononça les paroles sacramentelles : « Je vous unis au nom de la loi. » Et M. le grand-vicaire Jacob, en présence d'une foule de sommités en tous genres, réunies dans la vieille chapelle du château, donna la bénédiction nuptiale aux nouveaux époux.

Inutile de vous dépeindre les réjouissances qui suivirent ces grandes solennités.

A partir de ce jour, M. Gaspard n'habita plus la Neuville; il fixa sa résidence au Hôwald. C'est là qu'il se livrait, dans le recueillement de la solitude, à ses profondes méditations politiques, et que M. Frionnet allait lui rendre ses comptes; on ne le voyait plus que de loin en loin, comme un être à part, au-dessus du vulgaire, se promenant d'un air méditatif dans les belles allées du parc, ou dans les galeries extérieures du château; accordant quelques rares audiences aux autorités locales désireuses de connaître son avis sur les difficultés d'une situation, et présidant en simple habit noir, la croix de commandeur à la cravate, aux distributions de récompenses du comice agricole de Dâpremont.

Quant à Michel, il venait aussi quelquefois au Hôwald, en l'absence de son père, pendant les sessions du Sénat, toujours accompagné d'une douzaine d'aigrefins du grand monde, beaux cavaliers, grands joueurs, grands connaisseurs en chevaux et en chiens, ayant mangé leur patrimoine, ou n'en ayant jamais eu; des gaillards menant joyeuse vie aux crochets de riches bourgeois vaniteux, deux mois ici, trois mois ailleurs, faisant sonner leur nom, leur particule, et parlant comme le mulet de la fable des exploits de leurs ancêtres, sans avoir jamais l'idée qu'il était temps de rafraîchir ces vieux lauriers.

Michel, élevé par les jésuites dans l'admiration et le respect de la noblesse, se trouvait flatté de la société de ces messieurs; il leur procurait tous les plaisirs de la villégiature, grandes chasses en plaine, au bois, parties de pêche, bon gîte, bonne table et le reste.

Eux, ils lui faisaient l'honneur de se plaire au Hôwald, tant qu'ils n'avaient pas reçu d'invitations plus dignes. Et le fait est que M. Michel Fix n'avait rien de bien séduisant : c'était à proprement parler un grand imbécile, battant ses domestiques, crevant ses chevaux pour faire merveille, tuant ses chiens à la moindre désobéissance, et ressemblant d'une façon étonnante, avec sa tête crépue, son gros nez aplati, ses larges épaules et son échine allongée, au grand-père Hardy, le meunier des Trois-Ponts.

Seulement le grand-père Hardy avait du bon sens pour son commerce de farine, et lui, malgré ses études à l'institution de la rue des Postes, ne comprenait rien de rien et raisonnait, selon l'expression de ses invités « comme un chaudron ! »

Par exemple, il était de première force à tous les exercices du corps : escrime, équitation, natation, boxe, bâton, savate, etc., etc. Les jésuites, ne trouvant rien à développer dans cette cervelle étroite, s'étaient rabattus sur la bête; ils avaient fait de Michel un homme capable d'assommer un bœuf d'un coup de poing et de terrasser les hercules du Nord!

Tous ses amis et connaissances se moquaient de lui, sans qu'il eût l'esprit de s'en apercevoir.

Quant à la pauvre mère Simone, qu'il brutalisait d'une façon horrible, pour la forcer de se dissimuler, parce qu'il aurait été honteux de la produire aux yeux de la brillante compagnie qui l'entourait, la pauvre femme n'avait qu'une consolation, c'était de faire dire des messes par M. le curé Rigaut, de lui confier la distribution de ses aumônes, et de s'échapper de temps en temps, les dimanches après vêpres, pour aller voir sa sœur Jeanne, malgré la défense formelle de M. le sénateur, et malgré l'accueil un peu froid de la veuve de Làurent, qui, ayant bien assez de ses propres chagrins, n'éprouvait pas le besoin de connaître ceux des autres. Enfin, les deux sœurs s'embrassaient tout de même, et ces jours-là Simone revenait moins triste.

Telle était l'existence vraie et sans flatterie au Hôwald depuis dix-huit mois, quand un matin, pendant les grandes chaleurs de l'été 1862, M. le sénateur Gaspard étant en vacances, un piqueur du château traversa la Neuville ventre à terre et s'arrêta devant la maison du docteur Georges Laurent.

Georges rentrait justement de ses visites, il dînait avec sa mère, lorsque cette espèce de lévrier, après avoir attaché son cheval à l'un des piliers du hangar, entra sans façon dans la petite salle à manger, disant que son excellence le sénateur Fix demandait instamment le médecin Georges Laurent; qu'il lui était arrivé un accident et qu'il n'y avait pas de temps à perdre.

« C'est bon, répondit Georges brusquement, en se levant les lèvres serrées et le sourcil froncé, vous pouvez remonter à cheval, j'arrive. »

Mais à peine le piqueur sorti, Jeanne se levant à

son tour, pâle comme une morte, et saisissant son fils au bras, lui dit avec autorité :

« Tu n'iras pas, Georges, tu n'es pas le médecin ordinaire de M. Fix; son médecin est M. Trichot, de Vandeuvre; tu n'iras pas! Si l'on t'appelle, c'est que cet homme se trouve en danger.... C'est un misérable! Tu sais le mal qu'il a fait à ton père.

— Oui, répondit Georges, fortement agité, mais mon père lui-même me dirait d'y aller, s'il était encore ici.

— Je t'en supplie, Georges, cria Jeanne en le retenant, laisse mourir ce bandit!

— C'est la seule chose, ma mère, que je ne puisse t'accorder, répondit Georges en se dégageant avec douceur; le devoir du médecin est tracé, il doit aller quand on l'appelle, n'importe où.... Cet homme aurait assassiné mon père, que j'irais.... en frémissant.... mais j'irais. »

Alors Jeanne tomba assise, la tête dans ses mains; à l'accent de son fils elle avait compris que rien ne pouvait l'arrêter, et Georges sortit précipitamment; il attela sa voiture et partit au trot vers le Hôwald.

Que de pensées traversaient l'esprit de ce jeune homme! que de souvenirs cruels! Mais cela ne l'empêchait pas de presser son cheval, et, trois quarts d'heure après il apercevait les deux grands toits recouverts d'ardoises, au-dessus des taillis et de quelques grands chênes de haute futaie restés autour de l'antique demeure seigneuriale.

Bien des fois, allant voir ses malades, il avait

longé les grands murs du parc, entendant le cor sonner au loin, la meute aboyer; il poursuivait alors son chemin, sans regarder, détournant sa pensée de ces gens, et se disant qu'il n'aurait jamais de rapports avec eux.

En ce moment il devint attentif. Au bout de la grande avenue de tilleuls, se dessinait la grille, dorée en partie; plus loin, une large pièce d'eau pleine d'herbes marécageuses; au bout de la pièce, une pelouse bordée de fleurs; le jardin, puis le château, avec ses deux tours de grès rouge, ses fenêtres en plein cintre, et, entre les deux tours, les appartements, auxquels montait un large escalier en double volute, jusqu'à la terrasse garnie de grandes caisses d'orangers.

C'est tout ce qu'il vit d'un coup d'œil; et, tout en trottant dans l'allée sablée à gauche de la pièce d'eau, il aperçut par hasard, au milieu des joncs, sur l'eau verdâtre, le corps gonflé d'un chien qui flottait là, au milieu d'un essaim de mouches. Il ne fit qu'entrevoir ce détail immonde, sa pensée étant ailleurs.

Il arrivait alors au pied du grand escalier; là, un domestique en livrée prit la bride de son cheval et lui demanda :

« Vous êtes le médecin ?

— Oui, monsieur.

— Eh bien, montez à la terrasse, à gauche dans la galerie, on vous conduira. »

Georges monta rapidement. Dans la galerie à gauche, sa tante Simone l'attendait.

« Ah! c'est toi! dit-elle. Je savais bien que tu

viendrais, j'en étais sûre.... arrive.... arrive!... »

Elle marchait vite, à travers ces magnifiques pièces richement meublées; il la suivait, tout grave et rêveur.

Au bout de la galerie, Simone ouvrit une porte en murmurant :

« C'est ici. »

C'était une haute pièce carrée, tendue de velours pourpre broché d'abeilles d'or; M. Gaspard Fix aimait le rouge et les ornements dorés, il en avait mis partout dans son château. Deux fenêtres éclairaient cette pièce donnant sur la terrasse des orangers. En face des fenêtres se trouvait une large et profonde alcôve, contenant le lit à baldaquin en vieux chêne sculpté, un lit de burgrave des anciens temps. C'est là que maître Gaspard reposait; une table chargée de papiers et de fioles à la tête du lit. Frionnet, qui lisait des paperasses, assis auprès de cette table, voyant entrer Georges, dit à voix basse en se tournant vers le lit :

« Monsieur le sénateur, voici le médecin. »

Et maître Gaspard aussitôt, s'éveillant de sa torpeur, regarda, son épaisse chevelure blanche ébouriffée et les yeux fiévreux.

Georges, traversant la pièce, déposa son chapeau sur une chaise et dit :

« Vous m'avez fait appeler, monsieur?

— Oui, répondit maître Gaspard d'une voix ferme, en le regardant jusqu'au fond de l'âme; mon médecin, M. Trichot, a fait une chute de cheval hier soir, en rentrant à Vandeuvre, il s'est cassé la jambe; j'aurais pu faire appeler son confrère de Vandeuvre, ou le docteur de Tiefenthâl, mais ils ne m'inspirent pas de confiance ; je connais vos brillantes études, vos succès depuis que vous êtes venu vous établir à la Neuville. Votre père était un honnête homme et un grand médecin, je sais que vous le remplacez dignement ; voilà pourquoi je vous ai fait venir.

— C'est bien, monsieur, dit Georges froidement, qu'avez-vous ?

— Depuis hier soir, je souffre d'un bouton entre les deux épaules, dit maître Gaspard ; cela me cause des élancements terribles : je n'en dors plus. M. Trichot m'a fait appliquer un cataplasme là-dessus, mais ce cataplasme n'y fait rien, la douleur augmente ; j'ai même dû rendre à plusieurs reprises, car je mange malgré tout, pour me soutenir.

— Très-bien. Voyons cela, dit Georges ; retournez-vous. »

M. Fix se retourna, ouvrant lui-même le col de sa chemise, et Georges fit écarter les rideaux des fenêtres ; puis, enlevant le cataplasme, il regarda, pressant avec les doigts. C'était un phlegmon, induré à sa base, et gros comme une noix. Au sommet, Georges remarqua tout de suite un point noir, couleur indigo foncé ; mais il n'en dit rien, et demanda :

« Vous avez cela depuis deux jours ?

— Oui ; je me rappelle bien comment c'est venu : avant-hier, il faisait très-chaud ; je me promenais, après-dîner, au bas de la pelouse, près du bassin ; j'avais même ouvert ma jaquette et défait ma cravate, pour me donner de l'air, et tout à coup je sentis une forte piqûre à la nuque; j'y portai la main, et j'écrasai une grosse mouche bleue; c'est ce qui me revient. Et le soir même, sentant déjà une brûlure, je fis appeler M. Trichot, qui ordonna l'application de son cataplasme, qu'on renouvelle cinq ou six fois par jour. Il est revenu hier dans l'après-midi, et n'a pas changé le traitement.

— Il a eu tort, dit Georges; il fallait agir sans retard. Tout à l'heure, en passant près du bassin, j'ai vu flotter au milieu des herbes le corps en putréfaction d'un chien couvert de mouches; tout me porte à croire qu'une de ces mouches a pu vous inoculer le charbon, car la putréfaction est fort avancée. »

Maître Gaspard, appuyé sur un coude, le regardait les yeux écarquillés.

« Est-ce dangereux? fit-il.

— Oui, monsieur.

— Mais il y a des remèdes?...

— Sans doute.... »

Il y eut un instant de silence.

« Ce n'est pas répondre, cela, reprit maître Gaspard. Je sais bien qu'il y a toujours des remèdes chez le pharmacien!... Je vous demande s'il y en a qui puissent me guérir. Il faut parler.... Je suis un homme, que diable!... Je peux entendre la vérité.... toute la vérité!... Dans un cas grave, j'aurais des dispositions à prendre.... Parlez.... Je le veux!...

— Vous le voulez absolument?

— Oui.... je vous l'ordonne!...

— Eh bien! prenez ces dispositions tout de suite.

— Tout de suite?

— Oui, monsieur. »

En entendant cela, maître Gaspard, assez calme en apparence, eut un spasme étrange; sa large bouche s'ouvrit jusqu'aux oreilles, hérissant ses favoris sur ses larges bajoues, et montrant ses dents blanches solidement plantées jusqu'au fond du gosier, comme un tigre qui bâille.

Michel venait d'entrer, en habit de chasse, la cravache au poing et les hautes bottes garnies d'éperons. Il écoutait, et dit :

« Hé! mon père, pourquoi tant vous inquiéter?... Les médecins exagèrent toujours le mal, pour se donner le mérite de vous guérir!... Votre forte nature triomphera de ça, comme de tant d'autres choses. »

Alors, se ranimant et se levant sur un coude, maître Gaspard le regarda, le sourire du mépris aux lèvres, et, d'une voix lente, pleine d'indignation, il lui répondit :

« Ma forte nature!... ma forte nature!... Est-ce que ma forte nature m'empêche d'être empoisonné par cette mouche?... Au lieu de venir ici me débiter tes grandes phrases creuses apprises par cœur chez les jésuites, tu ferais mieux d'enterrer les chiens que tu tues sans rime ni raison, animal!... »

Puis, avec une violence concentrée, il ajouta :

« Tiens, va-t-en! Tu me dégoûtes! Tu es trop bête!... »

Et s'adressant à Frionnet :

« Quand on pense, dit-il, que c'est pour des gaillards pareils qu'on travaille, qu'on amasse, qu'on fait des coups d'État.... qu'on envoie des milliers de pères de famille à Cayenne.... qu'on veut établir des titres de noblesse.... Ha ! ha ! ha ! »

Il poussa un éclat de rire sinistre.

Michel sortit en grommelant :

« Ce chien ne voulait pas rapporter.... je l'ai tué.... voilà tout!... Est-ce ma faute, à moi, si cette mouche t'a piqué?... Une piqûre de mouche.... la belle affaire!... »

Et M. Fix, se retournant vers Georges, s'écria :

« Alors, c'est fini!... L'autre médecin n'était qu'un âne.... et c'est moi qui paye sa bêtise.... moi, Gaspard Fix, taillé pour vivre cent ans.... Ah ! canaille!... canaille!... J'aurais dû m'en douter, le gueux est toujours fourré à l'église.... Ce n'est pas là qu'on apprend la médecine.... »

Puis, d'une voix sourde, et les yeux fixés sur ceux de Georges :

« Vous dites que c'est fini!... Est-ce bien vrai ?

— Vous m'avez ordonné de parler, répondit Georges, sans cela je me serais tu.

— Vous vous seriez tu?... C'est possible, répliqua maître Gaspard en lui lançant un regard fauve; mais vous avez été content tout de même de me le dire.... Au fait, à votre place, j'aurais fait la même chose!... Oui.... pour un républicain, pour le fils d'un déporté de Décembre, ça doit être un vrai plaisir de dire à un sénateur de l'Empire : « Tu vas crever de la piqûre d'une « mouche venue d'un chien pourri ! »

Georges était devenu pâle; ses joues tremblaient.

« Vous vous trompez, monsieur, dit-il d'une voix frémissante, en s'efforçant de refouler son indignation; il n'y a ici ni républicain ni fils de déporté : il y a un médecin et un malade. Vous m'avez fait appeler, je suis venu; vous m'avez sommé de dire la vérité, toute la vérité, je l'ai dite.... Que voulez-vous, maintenant?

— Je veux que vous remplissiez votre devoir jusqu'au bout, dit maître Gaspard les dents serrées.... Il y a toujours des ressources.... Votre père ne désespérait jamais.... Faites l'opération!

— Soit! » dit Georges.

Il retroussa les manches de son frac, et déploya sa trousse sur la table de nuit, en disant à Frionnet :

« Remplissez d'eau la cuvette, monsieur, et prenez l'éponge; vous laisserez couler l'eau sur la blessure, et vous enlèverez le sang, pour que je puisse y voir. »

Frionnet, fort douillet de sa nature, ne pouvait voir le sang; mais Mme Simone, à la vue des petits couteaux du docteur, venait de sortir épouvantée; et, maître Fix s'étant retourné, la chemise rabattue jusque sur ses reins poilus, Georges commença l'opération par deux larges entailles en croix.

Frionnet, voyant cela, se sentit frémir jusqu'au gras des mollets.

« Allons ! passez l'éponge », disait Georges en disséquant le phlegmon avec rapidité.

Frionnet était bien forcé d'obéir, mais il bégayait :

« Jamais je n'ai vu ça, moi.... Ce n'est pas mon métier ! Parlez-moi d'expropriation ou de saisie.... à la bonne heure ! On pouvait bien faire venir quelqu'un d'autre. »

M. Fix ne disait rien ; ses grosses mains crispées serraient l'oreiller, ses dents craquaient, il soufflait du nez.

Simone revenait alors avec un bassin d'eau tiède ; mais, en voyant Gaspard inondé de sang, elle s'assit, déposant le bassin sur le tapis, et se couvrit les yeux.

Au bout de deux minutes, Georges ayant reconnu que le phlegmon avait envoyé des chaumes au loin, vers les poumons, s'arrêta, disant :

« C'est assez !... cela suffit !... »

Puis il épongea lui-même, rabattit les lambeaux, pansa la blessure et se lava les mains avec soin ; il essuya ses instruments après les avoir savonnés, et les remit dans sa trousse.

Maître Fix s'était retourné, les yeux hagards.

« Eh bien ? fit-il au bout de deux minutes.

— Faut-il vous répondre franchement ? » lui demanda Georges.

Maître Gaspard, cette fois, hésita ; puis, d'un ton d'énergie sauvage, il dit :

« Eh bien, oui !... Je veux savoir la vérité.... Combien ai-je encore de temps à vivre ? »

Georges, regardant la pendule de la cheminée, répondit :

« Il est cinq heures, monsieur; à minuit, vous aurez vécu ! »

Puis, ayant pris son chapeau, il salua et sortit, pensant :

« J'ai fait mon devoir.... Je n'ai rien à me reprocher !... C'est égal, l'oncle Gaspard avait du caractère ; c'est une perte pour le parti bonapartiste. »

Simone courait après lui dans l'antichambre :

« Georges !... Georges !... cria-t-elle d'une voix chevrotante, est-ce qu'il n'y a plus rien à espérer?

— Non, ma bonne tante, je suis venu trop tard.

— Ah ! mon Dieu.... mon Dieu !... Et M. Rigaud qui n'est pas prévenu !... Est-ce que tu ne pourrais pas l'envoyer, Georges ?

— Volontiers, ma tante, je passe près du presbytère, et je lui dirai de se dépêcher.

— Oh ! merci.... merci, Georges. »

Il descendit, remonta dans sa voiture et reprit le chemin de la Neuville.

En ce moment, maître Gaspard, étendu sur le dos, les lèvres serrées, les paupières baissées et le front couvert de grosses gouttes de sueur, semblait réfléchir.

Frionnet le regardait d'un œil de pie, en se disant :

« Il a la vie dure !... Quel homme c'était pourtant !... un fier homme... Et quelle fortune il laisse !... C'est Sabouriau qui va se frotter les mains, et les deux autres..... Quelle succession!... »

Et comme il rêvait ainsi, tout à coup Fix l'appela :

« Frionnet?

— Monsieur le sénateur!

— Vous connaissez mon contrat de mariage?

— Oui, je l'ai lu vingt fois; toute la jouissance est au dernier survivant. »

— Au dernier survivant! répéta maître Gaspard, et c'est Simone qui va survivre.... elle qui ne sait pas compter jusqu'à quatre.... Elle aura la moitié de trois cent cinquante mille francs à dépenser par an!... »

Il se tut, l'indignation peinte sur sa figure.

Frionnet se disait :

« Trois cent cinquante mille francs d'intérêt, à cinq pour cent, font sept millions.... Il a sept millions!... Un homme parti de rien.... un ancien garçon brasseur! »

La pendule comptait les secondes; et comme Frionnet pensait à cela, maître Gaspard lui demanda :

« Il n'y a pas moyen de changer ce contrat?

— Non, monsieur le sénateur, les conventions entre époux par contrat de mariage sont irrévocables; vous le savez bien, je vous l'ai déjà dit.

— C'est honteux, des lois pareilles.... murmura maître Gaspard; elle ne m'a apporté que douze mille livres en dot, et sa jouissance sera quinze fois plus forte.... C'est abominable!... »

La fureur le gagnait, lorsque la pauvre Simone

entra toute tremblante, s'approchant du lit et murmurant :

« Fix ?

— Que veux-tu ?

— Il y a encore de l'espoir.... Georges m'a dit qu'il restait encore de l'espoir.... mais on ne sait pas ce qui peut arriver.... il faut mettre sa confiance en Dieu.... il faut songer....

— A quoi ?

— A ton âme !... J'ai fait prévenir M. le curé.... »

Les yeux de maître Gaspard s'allumèrent, et, malgré l'horrible douleur qui le tenait aux reins et à la nuque, se retournant, il dit en ricanant :

« Mon âme ? qu'est-ce que tu me chantes là ?... Si j'avais pensé qu'il y a une âme, est-ce que j'aurais fait de la bière avec de la mélasse, au lieu d'orge, pendant trente ans ?... Est-ce que j'aurais prêté mon argent à trente et quarante pour cent ? Est-ce que j'aurais appuyé Thomassin, qui est un écornifleur, contre Brunel, qui était un patriote ?... Est-ce que j'aurais volé cet imbécile de Poutchiéri, en graissant la patte de Sabouriau? Est-ce que j'aurais dansé la carmagnole avec Baragouin, pour enfoncer Laurent et tous les républicains honnêtes ? Est-ce que je me serais mis avec Bonaparte, qui avait violé son serment, assassiné des femmes et des enfants dans les rues, volé la Banque et déporté cinquante mille citoyens coupables d'avoir voulu défendre la loi ?... Est-ce que j'aurais fait avancer et décorer mes gendres, qui sont des bêtes, au détriment d'autres, plus intelligents et plus méritants qu'eux? Est-ce que j'aurais tripoté dans toutes les affaires où des milliers d'imbéciles apportaient leur argent, pour recevoir en échange des morceaux de papier, qui ne valaient pas deux sous!... Mon âme!... Il n'y a pas d'âme! C'est une invention pour faire prendre patience aux malheureux qu'on écorche, pour leur faire croire qu'ils seront récompensés dans un autre monde, de toutes les misères qu'ils supportent dans celui-ci.... pour les empêcher de se révolter.... Quelle farce!... Il n'y a rien, entends-tu? Rien que la ruse et la force!... Tant pis pour ceux qui ne le comprennent pas.

— Oh! Gaspard.... bégayait la pauvre Simone, agenouillée devant le lit de M. le sénateur, ne dis pas cela.... tu ne le penses pas.... C'est le mal qui te fait parler!...

— Tu es trop bête pour comprendre ces choses, reprit maître Gaspard d'une voix haletante, en regardant sa femme d'un air de mépris; mais il faut pourtant que je te les dise.... que j'essaye de les faire entrer dans ta pauvre cervelle. Tu vas avoir cent soixante-quinze mille francs à dépenser par an, ça fait presque cinq cents francs par jour! Les autres le sauront bien vite.... ceux qui vivent de l'âme!... Ils vont s'abattre sur cette maison comme une volée de corbeaux! Tu seras une sainte femme, la mère des pauvres qui pensent comme eux ou qui en ont l'air.... la consolatrice des affligés!... Ils t'apporteront des médailles bénites, de petits morceaux d'os ou de bois, qui ne valent pas un liard à la Bourse, et qu'ils te feront payer comme du diamant !... Ils te proposeront de fonder des messes avec de la musique, pour le repos de l'âme de M. le sénateur... S'ils veulent chanter gratis, laisse-les faire, mais autrement non ! Je ne veux pas qu'on donne à des célibataires, l'argent que j'ai amassé péniblement depuis quarante ans.... mon argent... mon cher argent !... M'entends-tu ?... »

Il tomba, comme épuisé.

La pauvre mère Simone sanglotait, le front contre le lit

Au bout d'un instant, maître Gaspard, dominant sa souffrance avec une énergie vraiment surprenante, reprit d'une voix entrecoupée :

« C'est Sabouriau qu'il faudra consulter.... chaque fois qu'on te demandera de l'argent.... Sabouriau.... et pas un autre !... Il a l'œil clair, celui-là.... on ne le prend pas avec des litanies.... Ce serait un homme, s'il n'avait pas tant de vices ! Oui !... — Et si le curé, le grand vicaire ou l'évêque voulaient marier Michel avec une jeune fille noble, sans le sou, tu refuseras ton consentement, quand même elle serait noble depuis le commencement du monde.... La noblesse est comme les bâtisses : plus c'est vieux, moins ça vaut, et plus ça coûte à entretenir.... Je ne veux pas qu'on dépense ma fortune à réparer des ruines.... Le beau mérite d'avoir dans ses ancêtres un homme qui avait du talent, il y a mille ans, et de vivre là-dessus comme un ver sur le tronc d'un arbre vermoulu !... Je suis plus noble à moi tout seul que tous ces nobles ensemble ; j'ai gagné ma fortune et mes grades moi-même, je ne les dois qu'à moi !... Il faudra donc que la fille ait de l'argent.... beaucoup d'argent. L'argent c'est tout.... tout.... tout !...

Maître Gaspard, épuisé par ce dernier effort, se recoucha, en murmurant :

« Ah ! mon pauvre argent !... Quel malheur.... j'ai travaillé pour des brutes !... »

La nuit venait ; Mme Simone sortit sans bruit, fuyant comme une ombre. Au loin, dans les gorges des Vosges, un cor sonnait le hallali ; c'était Michel, chassant le sanglier ; le feuillage semblait frémir à ce souffle.

Un domestique apporta de la lumière.

Depuis dix minutes, Frionnet, resté seul avec M. le sénateur, n'entendait plus que le tic-tac de la pendule ; le cor s'était tu, rien ne bougeait, lorsque maître Gaspard se mit à dire, comme en rêve :

« Une mouche.... un chien pourri.... L'imbécile !... j'allais doubler sa fortune.... j'allais racheter tous les droits sous main, avec Frionnet.... tout !... Et puis j'aurais demandé à l'Empereur.... Il m'aurait accordé cela, lui.... C'est un innocent.... qui ne sait rien !... Je les aurais tous volés !... tous.... tous.... et j'aurais passé pour le bienfaiteur du pays !... Le bienfaiteur ! »

Frionnet dressait l'oreille :

« Qu'est-ce que vous auriez donc racheté, monsieur le sénateur ? fit-il d'une voix douce, en se penchant sur maître Gaspard ; quoi ? Vous aviez une idée.... une idée de génie.... Quelle idée ? »

Il écoutait, retenant sa respiration et les sourcils hérissés de convoitise. Mais le rêve de maître Gaspard avait pris un autre cours. Il était comme un noyé, qui descend, qui s'accroche aux brins d'herbe, et qui descend toujours entraîné par le courant.

Au bout d'une minute, il reprit tout bas :

« Non !... Je ne veux pas mourir !... Un homme comme moi.... moi !... »

Il essayait de lever ses bras déjà morts.

« Qu'on cherche Laurent.... Laurent ! »

Puis, après un silence, et comme répondant à une observation :

« Je l'ai fait déporter ?... Oui.... c'est vrai ! Il me gênait.... il pouvait me nuire !... Mais ça ne fait rien... il viendra tout de même.... C'est un honnête homme.... il croit à l'âme, lui !... Qu'on le cherche.... il a sauvé mon fils.... il me sauvera ! »

Frionnet venait de tirer son mouchoir, pour essuyer la figure de maître Fix, couverte de sueur ; mais en entendant cela, il le remit dans sa poche, disant :

« Ça, c'est trop fort !... Il y a une limite à tout.... Canaille !... »

La respiration de M. le sénateur s'embarrassait de plus en plus, il bredouillait des paroles inintelligibles.

Tout à coup M. le curé Rigaud, le porte-clochette et Mme Simone, suivis de trois ou quatre domestiques, entrèrent précipitamment.

« Il vit encore ? demanda M. Rigaud tout essouflé.

— Oui, » répondit Frionnet.

M. Rigaud se pencha sur le lit, demandant :

« Monsieur le sénateur, m'entendez-vous ? »

Les lèvres du moribond s'agitaient rapidement.

« Il prie, » répondit Mme Simone.

Frionnet, de l'autre côté du lit, penchant l'oreille, entendait : « Un, deux, trois, quatre, cinq, six, sept ! Un, deux, trois, quatre, cinq, six, sept ! » Et pensait :

« Il compte ses millions ! »

— Oui, il prie, l'honnête homme, s'écria M. Rigaud en lui donnant l'extrême-onction, il prie, ce bon chrétien ! Nous sommes arrivés un peu tard, mais ce n'est pas sa faute ni la nôtre.... Les malheureux qu'il a secourus plaideront sa cause devant le trône du Tout-Puissant.... Les archanges sont là pour recevoir son âme.... Monsieur le sénateur, montez au ciel !

— *Amen !* » répondirent les assistants, en s'agenouillant et se mettant à prier tout bas.

Maître Gaspard Fix venait d'expirer, ses yeux, fermés depuis quelques minutes, se rouvrirent lentement ; il s'était arrêté à « Six !... six !... six !... » le sept n'avait pu sortir.

## XXI

Le surlendemain, les cloches tintaient, les équipages arrivaient, le grand monde des environs envahissait le château ; tout le pays, du Hôwald à la Neuville, de la Neuville à Vandeuvre et à Dâpremont se répétait la nouvelle :

« M. le sénateur Gaspard Fix est mort ! »

Lui, reposait dans la grande salle de la terrasse, sur une sorte d'estrade, en costume de sénateur, les mains jointes, les mâchoires serrées, un crucifix sur la poitrine.

M. Hurel, le pharmacien de Vandeuvre, était venu l'embaumer par le procédé Gannal, ce qui lui permettait de se conserver plus longtemps.

Je n'ai pas envie de vous peindre les obsèques de maître Gaspard ; chacun a vu cette cérémonie imposante, avec la grand'messe en musique, les chevaux noirs caparaçonnés d'argent, le conducteur en hautes bottes, les tentures et les plumets du char funèbre.

Aujourd'hui maître Gaspard Fix repose en terre bénite, dans l'antique cimetière des seigneurs du Hôwald, à l'angle du parc.

Sa tombe est formée d'une grande dalle de marbre blanc, portant cette simple inscription :

GASPARD FIX,

SÉNATEUR DE L'EMPIRE,
COMMANDEUR DE L'ORDRE IMPÉRIAL
DE LA LÉGION D'HONNEUR
1800-1862
R. Q. I. P.

C'est un endroit solitaire.

Trois vieilles tombes de grès rouge, à moitié ruinées et toutes moussues, mais fort armoriées, tiennent compagnie au monument de maître Gaspard ; l'une de ces tombes porte un vase ; le cippe de l'autre est surmonté d'un casque ; la troisième n'a rien de particulier.

Les inscriptions, presque effacées, remontent bien avant la Révolution.

Personne ne va là. Mais en automne, quand les premiers souffles de l'hiver balayent les feuilles des arbres, avec un bruissement aigre, c'est fort mélancolique et même imposant.

Au reste, tout ce que maître Gaspard avait prévu est arrivé.

Sa veuve, la pauvre mère Simone, est la providence de tous les curés du diocèse; elle donne, elle donne, elle donne!... malgré Sabouriau, malgré Péters, malgré Adrian. Sa chambre est tapissée du haut en bas d'images de saints et de saintes, de reliques et de médailles; on lui dit la messe tous les matins dans la chapelle du château; et le reste du temps elle reçoit tous les mendiants qui se présentent. Il en arrive de toute sorte, des gras, des maigres, des rasés et des barbus; les uns en bas de soie, les autres pieds nus, avec une corde autour du ventre; c'est une procession perpétuelle, surtout depuis que les Allemands nous envoient leurs moines, leurs ermites, leurs capucins, leurs religieuses, tous leurs célibataires! — pour nous consoler de la perte de l'Alsace-Lorraine, comme ils disent dans leurs gazettes!

Tous ces gens viennent tendre les mains, de larges mains. Pas un n'apporte un liard, cela va sans dire, mais tous emportent un morceau des cent soixante-quinze mille livres de rente!... Quel malheur que cette bonne mère Simone n'ait pas le capital; on lui ferait faire des miracles, on la canoniserait!...

Michel s'est marié avec une demoiselle de noblesse aussi ancienne que râpée, sur la recommandation d'un archevêque.

Le père et la mère de la jeune personne sont venus habiter avec leur gendre; ces nobles personnages lui font l'honneur de manger son pain, et lui rappellent de temps en temps que son père était un garçon brasseur.

C'est pour remplir ce magnifique rôle, que les jésuites élèvent les fils de notre haute bourgeoisie.

Le pauvre garçon est très-malheureux. Il n'est bien que hors de chez lui, avec ses chiens et ses gardes, dans les auberges forestières de la montagne.

Frionnet s'est retiré des affaires ; il est devenu philosophe, et se réunit trois fois par semaine au cabaret de la *Carpe*, avec cinq ou six épicuriens de son espèce, qui font venir de Paris des huîtres, dans tous les mois où se trouvent des *r*, et se donnent entre eux des bosses de rire.

Les fils de Laurent continuent la vie de leur père.

Sabouriau est une des fortes têtes du parti bonapartiste.

FIN

# L'ÉDUCATION D'UN FÉODAL

# L'ÉDUCATION

# D'UN FÉODAL

## I

Quand je songe aux premiers temps de mon enfance, dit le colonel Siegfried, je me vois tout petit, sur le bras du vieux baron Otto Von Meindorf, Seigneur de Vindland, mon respectable aïeul.

C'était un grand vieillard sec et nerveux, les moustaches blanches, le nez fièrement arqué, les yeux gris clair, aussi droit à soixante ans qu'un jeune homme.

Il avait fait la campagne de France contre les républicains en 1792, sous Brunswick, celle de 1806 sous Louis-Ferdinand, tué à Sâalfed, celles de 1813, 1814 et 1815, sous Blücher, sans pouvoir dépasser le grade de *rittmeister*[1], malgré ses blessures et ses actions d'éclat.

1. Commandant.

Le digne vieillard en conservait un fond d'amertume ; il se plaignait de l'ingratitude des Hohenzollern, et vivait seul dans son antique castel de Vindland, près du Curisc-Haff au bord de la Baltique. Ayant perdu mon père, qui servait sous ses ordres, à la bataille de Ligny, en Belgique, ma mère étant morte à la suite de ce malheur, et lui-même, après la campagne ayant été mis à la retraite, il n'aimait plus que cette solitude, qui lui rappelait la splendeur des Von Meindorf dans des temps plus heureux.

C'est là, dans le vieux nid en ruines, baigné par les vagues, que nous vivions avec un vétéran, Jacob Reiss, ancien ordonnance du grand-père, et sa femme, la vieille Christina, qui nous servaient de domestiques.

Nous étions vraiment pauvres, car les biens nobles du grand-père étaient criblés d'hypothèques ; il devait à tous les juifs de l'Allemagne et de la Pologne ; il leur en voulait à mort, disant que les misérables s'étaient fait un plaisir de laisser s'accumuler les intérêts, dans l'espérance de happer un jour l'héritage, dont les revenus se trouvaient saisis pour bien des années.

Ce bon grand-père avait aimé le jeu, comme tout brave soldat insouciant de la vie pendant la guerre, et maintenant il fallait payer les dettes !

En rêvant à cela, ses lèvres se serraient, son nez se recourbait, ses poings se crispaient d'indignation ; il maudissait toute la Judée de père en fils, depuis Abraham jusqu'au dernier marchand d'écus de Francfort.

Moi seul je pouvais le faire sourire, quand il me portait en haut, dans les antiques galeries et sur la plate-forme de Vindland, en vue de la mer, regardant par les arcades les flots se dérouler sur la grève toute blanche d'écume, les barques des pêcheurs au loin retirer leurs filets, ou regagner le rivage à l'approche du soir. Alors les deux coudes au bord d'une embrasure, m'entourant de ses bras, il me disait :

« Regarde Siegfried, regarde !... Toute cette terre et cette grande eau étaient à nous autrefois. Ces vaisseaux qui passent là-bas, leurs voiles grises déployées, nous payaient tribut pour entrer dans la baie ; ces barques nous devaient une partie de leur pêche ; les pêcheries, où l'on sale, où l'on marine le poisson, nous devaient tant pour le sel, tant pour le bois, tant pour leur place sur le sable. Ces paysans qui labourent, qui sèment et récoltent, nous devaient du seigle, de l'orge, du houblon, du chanvre ; ils nous devaient de la viande, des œufs, des légumes ; nous avions part à tout, nous étions maîtres de tout ! Nous seuls avions droit de chasse ; nos chevaux et nos chiens couraient seuls le daim, le renard et le loup dans les bois ; nos barques seules pénétraient au fond des lagunes du Curisch-Haff, faisant lever des nuages d'eyders et de canards sauvages, que nous abattions par milliers. Nous avions seuls tous les droits, parce que nous sommes de la race noble des Vandales, les premiers maîtres du sol, la noble race des conquérants. Comprends-tu ça, Siegfried, mon enfant ? »

Et je comprenais ; mes yeux s'accoutumaient à regarder tout comme étant à moi ; je voulais avoir les oiseaux, les poissons, les barques, les pêcheries, les villages ; je répondais au grand-père :

« Tout est à Siegfried ! »

Ce qui lui réjouissait le cœur.

« C'est bien, disait-il avec attendrissement ; les renards nous ont tout pris, il faudra tout reprendre : il faut que le paysan travaille, que le pêcheur pêche et que le marchand trafique pour les nobles descendants du vieux Meindorf à la dent de fer. »

Il m'embrassait, tout fier de mon intelligence précoce, et me remportait, mon petit bras sur son épaule, ma joue contre la sienne, en disant :

« Tire-moi les moustaches, Siegfried, je suis content de toi ; tu es un brave garçon ! »

C'était un esprit clair, positif. — L'antique château menaçait ruine sur plusieurs points, il en avait abandonné la plus grande partie, pour se loger dans une aile encore solide, abritée par le donjon contre les vents du nord. Une vaste salle, haute et voûtée, cinq chambres encore en bon état, dont les fenêtres donnaient sur la baie, et l'antique cuisine pourvue d'une immense cheminée à large manteau chargé de sculptures, formaient toute notre habitation.

Au-dessous, les écuries s'ouvraient sur une cour profonde, où nous descendions par un escalier à balustrade de granit.

Les hautes tours couvraient tout cela de leur ombre ; c'était un coup d'œil sévère, de pareils souvenirs sont ineffaçables.

Je vois encore la grande salle avec son vieux tapis usé, sa table de chêne, les armes du grand-père suspendues aux murs des deux côtés de la porte, les fenêtres en ogive, vitrées de plomb, et la mer au loin qui se déchaîne sur les récifs; la cuisine et sa flamme sur l'âtre qui tourbillonne autour de la crémaillère; la vieille Christina assise auprès, sous la cheminée, en train d'éplucher quelques légumes, de plumer des oiseaux ou de râcler un poisson, avec le vieux couteau ébréché. Elle était toute vieille, jaune et ridée comme une hohémienne de cent ans, les cheveux couleur de lin, ses larges poches carrées sur les hanches, le trousseau de clefs à la ceinture, la petite toque de crin sur la nuque, grave, méditative et pourtant causeuse, aimant à raconter les vieilles histoires du château, les apparitions de feux follets, de lapins blancs, les pressentiments à la mort d'un tel, pendant la grande tempête d'automne ou durant les longs silences de l'hiver.

Oui, je la vois, et Jacob Reiss aussi, debout près d'elle, avec sa longue échine maigre, les jambes arquées, le vieux bonnet d'uniforme sur l'oreille, les bottes éculées garnies de longs éperons de fer, la pipe dans ses grosses moustaches grises. Dehors la mer chante son hymne éternel et semble accompagner de ses plaintes les histoires étranges de Christina.

« Hé! dit Jabob, tout ça c'est bien possible.... J'avais toujours des pressentiments la veille d'une grande bataille, et le lendemain beaucoup de gens mouraient. »

Il parlait d'un air convaincu ; mais quand l'histoire était trop extraordinaire, il clignait de l'œil de mon côté, comme pour dire.

« Ne crois pas ça Siegfried, la vieille radote !... Le lapin blanc était un chat dans la gouttière, ou bien une martre zibeline dans le bûcher, sous les fagots. »

J'aurais écouté Christina raconter ses histoires durant des heures. Mais ce qui m'amusait encore bien plus, c'était de descendre avec le vieux hussard donner le fourrage à nos chevaux et les conduire à l'abreuvoir. Il ne manquait jamais de m'asseoir sur l'un d'eux, car nous en avions trois, fort beaux ; c'était le seul luxe que le grand-père se permît encore.

« Tiens-toi bien, Siegfried, me disait le vétéran ; prends la bride de ta main gauche ; voilà comme tu seras plus tard, à la tête de ton régiment ; tu lèveras le sabre et les trompettes sonneront la marche : Hop !... hop !... hop !... »

Quel bonheur d'être à cheval et de se promener au petit trot, dans la cour sombre !

Les autres parties du château restaient désertes, les portes fermées, et, il faut bien le dire, ses fenêtres n'avaient plus de vitres ; les corneilles, les orfraies habitaient ses corniches, elles tourbillonnaient à tous les étages, jacassant et piaillant ; leurs ordures blanchissaient toutes les saillies, leurs nids remplissaient toutes les salles abandonnées, personne ne venait les troubler ; et le vent d'hiver, se démenant parmi ces ruines, produisait une harmonie sauvage, surtout quand la mer y mêlait ses clameurs plaintives.

Combien de fois, dans ma petite chambre, la nuit, ne me suis-je point éveillé, prêtant l'oreille aux sifflements de la bise par les fissures innombrables du vieux castel, me rappelant soudain les histoires de Christina, et croyant entendre les âmes des morts glisser au loin dans les immenses corridors.

J'avais bien peur !

Heureusement la chambre du grand-père touchait à la mienne, la porte en restait toujours ouverte, et la respiration forte, cadencée du vieillard, me rassurait. Il dormait d'un sommeil paisible, et je me disais :

« Si les esprits arrivent, je crierai.... le grand-père décrochera son sabre ! »

Le sabre du grand-père et ses pistolets m'inspiraient confiance; avec le grand-père, j'aurais bravé tous les esprits du monde.

Pourtant il advint un soir quelque chose d'étrange à propos des esprits, je ne l'oublierai jamais.

C'était aux premières neiges de 1822, j'avais dix ans. Le grand-père et moi, ce soir-là, nous soupions ensemble comme d'habitude, la table entre nous, la lampe au-dessus, sur un trépied de bronze. Jacob nous servait, entrant et sortant, pour chercher les plats à la cuisine. Et comme il arrive aux changements de saison, la mer était grosse, les premières neiges fouettaient les vitres par rafales.

Nous finissions de souper, quand tout à coup poussée par le vent, la porte s'ouvrit, et moi tout pâle, je criai :

« C'est Meindorf à la dent de fer ! »

Le grand-père alors, tout étonné, déposa son verre sur la table, et regardant le vieux hussard d'un œil sévère, lui demanda :

« Qu'est-ce que cela veut dire ? D'où vient que cet enfant s'effraye ?

— C'est Christina qui lui raconte des bêtises, balbutia le vieux soldat, se dépêchant d'aller refermer la porte.

— Christina ! s'écria le grand-père avec indignation ; si la vieille folle était ici, je lui tordrais le cou.... Que cela n'arrive plus !... »

Puis, se calmant et s'adressant à moi :

« Écoute, Siegfried, dit-il, retiens bien mes paroles : Meindorf à la dent de fer est mort depuis six cents ans et les morts ne reviennent pas ; ce que tu entends, c'est le vent qui souffle sur la mer.... Et ça, fit-il, en montrant les hautes fenêtres tour à tour blanches et noires, c'est la neige que le vent chasse contre les vitres ; il n'y a rien d'autre.... il n'y a pas d'esprit sans un corps. Ceux qui parlent de l'esprit des morts et qui y croient sont des ânes. Tu comprends ?

— Oui, grand-père, lui répondis-je.

— Eh bien, tu vas prendre ce fallot, je vais t'ouvrir le grand corridor, et tu iras seul jusqu'au bout, dans la vieille tour en face. Moi, je reste ici, je verrai la lumière par cette fenêtre ; et quand tu seras dans la tour, tu crieras : « Meindorf.... « Meindorf à la dent de fer, arrive ! » Tu m'entends ! Si tu ne fais pas cela, tu n'es pas de la vieille race des conquérants, tu as peur.... un homme noble n'a pas peur ! »

Aussitôt je me levai et je pris le fallot sans répondre. Le grand-père prit une grosse clef pendue sous ses armes et sortit m'ouvrir lui-même l'antique galerie des chevaliers. La tempête s'engouffrait dans cet édifice délabré, la lumière toubillonnait au milieu des ténèbres. J'aurais voulu courir, mais le grand-père me dit :

« Marche lentement.... Ceux qui courent ont peur.... ils tombent !... Prends garde aux décombres !... »

Alors je partis seul. Les arceaux se suivaient à la file ; les larges dalles, couvertes d'herbes marines et d'arêtes de poissons, apportées par les oiseaux qui avaient élu domicile dans l'antique masure, ne rendaient aucun son, je marchais sur ce fumier, regardant tourner l'ombre des colonnes sur la voûte et parfois une orfraie, surprise dans son sommeil, déployer ses ailes et plonger dans l'abîme noir de la tempête.

Ainsi je vis défiler l'un après l'autre, les fenêtres, les balustrades, les tas de varech et d'autres débris en décomposition répandant une odeur infecte, malgré la hauteur des assises et le vent qui les balayait, en les couvrant de neige ; et dans la grande tour, levant mon fallot, après avoir repris haleine, je criai, non sans émotion, car les histoires de Christina me revenaient :

« Meindorf à la dent de fer.... Meindorf à la dent de fer.... arrive!... »

Mais sauf les mille sifflements de la tempête, et les clameurs des vagues au pied de la falaise, rien ne répondit, rien ne bougea.

Je tenais ma petite main devant le fallot, pour l'empêcher de s'éteindre; puis ayant encore répété le même cri, je revins lentement, m'empêchant toujours de courir; les arcades défilèrent sous mes yeux une seconde fois, et je rentrai dans la chambre du grand-père, qui ne me fit aucun compliment, et parut trouver la chose toute naturelle.

« Assieds-toi, Siegfried, me dit-il; le vent souffle fort, n'est-ce pas.... il fait bien froid dehors?

— Oui, grand-père.

— Tiens, bois un bon coup. »

Il remplit à moitié mon verre et je le vidai d'un trait.

« Tu as appelé Meindorf? fit-il en souriant.

— Oui.

— Il n'est pas venu!... C'était pourtant un brave dans son temps, et qu'on n'appelait jamais sans le voir arriver aussitôt, avec son casque et sa hache; mais il est mort, et le plus lâche coquin, le plus misérable juif pourrait le défier sans émouvoir sa poussière. Voilà ce que c'est que la mort, Siegfried. Depuis le commencement du monde, des milliers de milliards d'hommes sont morts, et pas un seul n'est revenu, pas un! Cela prouve clair comme le jour que la mort est la fin de tout et qu'il n'y a rien après. Mets-toi cette idée dans la tête, c'est la clef de tout le reste. »

Ayant dit cela d'un air grave, le grand-père se leva ; il rentra dans le corridor refermer la grande porte et revint ensuite se remettre à table ; puis le souper fini, il me souhaita le bonsoir comme d'habitude et nous allâmes nous coucher.

## II

Le grand-père m'avait appris à lire de bonne heure, il m'avait enseigné les premiers éléments du calcul, mais à partir de ce jour il s'occupa de mon instruction réelle. Chaque matin, après le déjeuner, nous descendions à l'écurie et lui-même me donnait une leçon d'équitation, m'apprenant d'abord à bouchonner le cheval, à le seller, à le brider. Comme j'étais encore trop petit pour mettre la selle et passer le mors, il m'aidait, il serrait les boucles, le tout avec méthode, m'expliquant la destination de chaque courroie, son utilité. Puis il me parlait du caractère propre à chaque race chevaline, et m'en faisait remarquer avec soin les qualités et les défauts.

Après ces explications, nous montions en selle et nous faisions un tour aux environs, tantôt sur le rivage, tantôt au bois.

Quelquefois nous poussions notre pointe jusqu'au bourg de Vindland, ancienne dépendance du château, dont la population s'étendait de plus en plus et prenait de l'importance par son commerce.

Quelques gros marchands étaient venus s'y fixer; M. Strœmderfer, le plus riche armateur de la côte, venait d'y faire construire une halle superbe pour fumer et mariner le poisson ; il avait des barques à lui, une grande maison, la plus belle du bourg, une tonnellerie, des employés. La pêche de l'esturgeon et l'expédition du caviar dans toutes les parties de l'Allemagne lui procuraient de grands bénéfices.

C'était un homme vêtu d'une façon simple mais cossue, le large feutre carrément planté sur les sourcils, les favoris bruns ébouriffés autour de ses joues musculeuses, saluant toujours le *her oberst* Von Meindorf dès qu'il l'apercevait, mais d'un air calme, sans empressement et presque comme d'égal à égal.

Le grand-père abhorrait cet homme; il répondait à son salut, en levant brusquement sa casquette à la hauteur d'un pouce et serrant les éperons. Il faisait de même pour tous les autres commerçants et boutiquiers du bourg; et tout en continuant de galoper, il me disait :

« Tiens, Siegfried, tous ces gens-là, avant l'arrivée des Français en 1806, étaient nos serfs; ils étaient attachés à notre terre; nous pouvions les imposer et même les vendre, sans qu'ils eussent à réclamer. Dans ce temps-là, leur costume se composait d'une chemise en grosse toile bise, sans col, et d'une espèce de caleçon bouffant en été ; et l'hiver d'un casaquin en peau de mouton ; ils avaient les cheveux pendants sur les sourcils, marque de leur servage. Aujourd'hui cela s'habille d'un bon gros drap bleu, cela se tire le gilet sur le large ventre, cela se pose carrément sur les talons : « Houm !... Houm !... » en vous regardant en face, sans baisser les yeux, comme pour dire :

« Voici M. Strœmderfer, le riche armateur, qui vous fait l'honneur de vous saluer le premier, monsieur le baron ; il croit remplir en cela un devoir de convenance ; mais il pourrait à la rigueur s'en dispenser, car sa caisse est mieux garnie que la vôtre ; son nom est connu dans plus d'un comptoir à Hambourg, à Brême, à Lübeck, même à Liverpool et Manchester, en Angleterre ; sa signature vaut tant, et ses produits sont cotés sur la place de Londres. Je vous salue pourtant le premier, parce que c'est un vieil usage ; et puis mes fils seront forcés de servir, et votre jeune homme sera peut-être leur officier ; on fait toujours bien de ménager les amour-propres, quand cela ne coûte rien. »

Ainsi parlait le grand-père ; puis il poussait un éclat de rire sec et criait :

« Allons, un temps de galop.... Tiens-toi bien, Siegfried ! Tout cela pourra changer.... il faut que cela change.... Ah ! nous avons perdu de la marge.... ces Hohenzollern nous ont coûté cher !.... Mais pourvu qu'ils tiennent leurs promesses par la suite, qu'ils nous rendent au centuple ce qu'il a fallu leur céder dans un temps de malheur.... qu'ils rétablissent notre autorité sur de plus larges bases.... on oubliera les vieilles déceptions.... Seulement, il faut que le grand coup réussisse.... il faut que le filet prussien englobe toute l'Allemagne.... c'est la première étape.... après cela nous verrons pour le reste!.... »

J'écoutais ces hautes pensées politiques, dépassant de beaucoup mon intelligence; mais elles me sont revenues depuis, et j'ai souvent admiré la pénétration, le rare bon sens de cet honnête vieillard.

Une fois revenus au château, vers une ou deux heures, les chevaux débridés, étrillés, épongés par Jacob sous nos yeux, le grand-père et moi nous montions à la bibliothèque, qui se trouvait dans son cabinet de travail, à côté de la grande salle, et nous commencions d'autres études.

Alors le temps était venu d'apprendre les langues, l'histoire, la géographie, les mathématiques, pour être admis à l'école des cadets royaux, où j'avais droit d'entrer avec bourse entière. Mais il fallait passer un examen sérieux; et le grand-père voulait que ce fût avec distinction, comme il l'avait subi lui-même quarante-cinq ans avant.

« Pour faire la guerre, disait-il, et surtout dans la cavalerie légère, où je puis encore te recommander près de vieux camarades, la première chose à connaître, ce sont les langues; il faut savoir les parler autant que possible sans accent;

car il s'agit souvent en campagne d'interroger adroitement les gens du pays sans éveiller leur méfiance, de s'informer des chemins, des sentiers, de la position des corps ennemis, et naturellement c'est toujours comme amis qu'on se présente. Il faut aussi savoir les lire rapidement, pour éplucher les correspondances que l'on a surprises à la poste, les dépêches des courriers que l'on a arrêtés, et pour en transmettre un résumé clair, succinct et complet à l'état-major. Tu comprends cela, Siegfried? Et la première langue que nous devons étudier, nous autres Prussiens, c'est la langue française, celle de nos ennemis naturels. Frédéric II n'a jamais écrit que dans cette langue; il était entouré de Français, et les imbéciles croyaient que c'était par admiration de leur génie; il écrivait des livres comme l'*Anti-Machiavel,* pour leur faire croire que lui, Frédéric, était complétement incapable de suivre les idées de ce finaud Italien, et qu'il les condamnait absolument. Cela ne l'a pas empêché de les suivre toute sa vie; et, par ce simple moyen, de s'arrondir dans tous les sens aux dépens des voisins, en s'assurant encore la réputation d'être un philosophe, un souverain moral et le plus délicat du monde. Je te dis cela, mon enfant, pour te montrer que la première chose c'est de tromper ses ennemis, et que pour mieux les tromper, il faut connaître leur langue à fond. »

Après m'avoir donné ce précepte judicieux qu'il me répétait souvent, nous commencions à lire l'Hipparchie, ou le maître de la cavalerie, de

Xénophon, dans l'excellente traduction française de Gail, le texte grec et la version latine en regard. Le grand-père connaissait aussi ces deux langues, et surtout le latin, qu'il écrivait couramment, comme tous les hommes instruits de son époque. C'est en latin que se rédigeaient alors tous les livres scientifiques ; il me l'enseignait en passant, et se plaisait à le parler avec moi ; pour me faciliter la conversation, il me faisait apprendre par cœur les colloques d'Érasme ; ainsi toutes les études marchaient ensemble.

Les choses allaient ainsi depuis deux ans, le grand-père était content de mes progrès, lorsqu'un jour il me dit :

« Tout va bien, Siegfried, nos études avancent ; mais il ne faut rien négliger des choses de la vie : c'est un usage dans le monde d'avoir une religion, de se déclarer protestant, catholique et même juif, si l'on veut. Tout cela revient à peu près au même ; seulement il est bon de choisir la religion qui vous est la plus avantageuse ; chez nous, en Prusse, c'est la religion réformée, celle du roi, de la noblesse ; en France, en Autriche, c'est la religion catholique ; suivons donc la coutume, car les imbéciles disent qu'on ne peut être honnête homme sans religion. Je vais faire venir le pasteur de Vindland ; il t'enseignera la religion du pays, il te fera remplir les cérémonies accoutumées en pareil cas ; je le payerai raisonnablement, et tu seras luthérien réformé. A l'école des cadets, tu suivras les exercices religieux, car le roi y tient beaucoup, pour le bon exemple ; pourvu qu'on aille au temple de temps en temps, qu'on chante un cantique, cela suffit. Quant au reste, nous avons liberté de conscience; qu'on chante en allemand, qu'on chante en latin, l'Éternel entend toutes les langues. »

Après m'avoir tenu ce petit discours, qui servit à me faire comprendre toute l'importance de l'instruction religieuse, le grand-père envoya Jacob Reiss chercher M. le pasteur Brandhorst en char-à-bancs.

M. Brandhorst était un homme de trente-cinq à quarante ans, grand, mince, les cheveux blond filasse et les paupières rouges; il passait à Vindland pour être très-sévère sur les pratiques religieuses; c'est ce que j'ai su depuis. Il arriva donc vêtu de noir, un petit manteau sur les épaules, un grand chapeau de soie sur sa grosse tête, l'air satisfait, heureux d'avoir été choisi par M. le baron Otto Von Meindorf, pour l'instruction religieuse de son petit-fils; ce qui ne pouvait qu'ajouter au relief de M. le pasteur parmi ses confrères et ses ouailles.

Au moment où rentrait le char-à-bancs, le grand-père et moi nous étions dans la cour; je venais de prendre une leçon d'équitation, et c'est là que nous reçûmes M. le pasteur, avec force salutations de sa part et cajoleries à mon sujet.

Il parlait fort bien; le grand-père lui répondait avec un sourire de bienveillance. C'est ainsi que nous montâmes le grand escalier, et que nous entrâmes dans la bibliothèque, où M. Brandhorst, s'étant débarrassé de son petit manteau, s'assit auprès de moi, devant la cheminée, et commença tout de suite son instruction religieuse, me parlant de Dieu, de la création du monde en sept jours, d'Adam et d'Ève, etc., etc.

Le grand-père, pendant la leçon, se promenait derrière nous de long en large, la tête penchée, les mains croisées sur le dos, écoutant d'un air rêveur, sans desserrer les lèvres.

A la fin du premier chapitre, M. Brandhorst me fit répéter ses explications, pour voir si j'avais bien compris; il parut charmé de ma bonne mémoire; puis en me félicitant, ainsi que M. le baron, il se leva, remit son manteau et nous salua très-profondément. Le grand-père l'accompagna jusque sur la porte; il descendit seul l'escalier; et, du haut de la rampe, je le regardai monter en voiture.

Cela se renouvela de la sorte durant quinze jours ou trois semaines. Le grand-père écoutait toujours sans rien dire. Nous en étions arrivés, après la lecture de l'ancienne loi, de l'histoire des juges, des rois, de la chronique et des prophètes, à la mission du Christ, enseignant l'égalité des hommes devant Dieu, les déclarant tous frères, leur prescrivant le pardon des injures, leur ordonnant de tendre la joue gauche, quand on leur avait frappé la droite.... et M. Brandhorst s'animait sur cette haute morale, s'exprimant d'une façon fort éloquente, lorsque le grand-père, jusqu'alors simple auditeur, s'arrêta tout à coup de marcher et prit la parole :

« Tout cela, monsieur le pasteur, dit-il d'un

ton net, est fort bien pour les bourgeois, les ouvriers et les paysans que vous rencontrez au village.... Oui, vous faites très-bien de leur prêcher cette morale, de leur dire de se soumettre à la volonté des supérieurs, de recevoir les coups sans les rendre, et de compter sur la vie éternelle, en récompense de leur résignation ; c'est fort juste et fort utile. Mais autre chose est de parler à des gueux, descendants de serfs, destinés de père en fils à l'obéissance, et de parler à des nobles, descendants de nobles, destinés au commandement. Voilà ce que vous devriez bien expliquer et faire ressortir au jeune baron Siegfried Von Meindorf, afin de l'initier à ses devoirs. Car chaque instruction, pour être bonne, utile et vraie, doit s'adapter à l'état des personnes ; les points de vue changent quand l'état change ; un aigle, en train de planer, ne voit pas l'herbe des champs du même œil qu'un âne qui broute ! »

Monsieur Brandhorst, tout surpris, ne répondit rien, et le grand-père continua :

« Remarquez bien, monsieur le pasteur, que l'Église n'a jamais pratiqué le pardon des injures ; au contraire, elle s'est toujours montrée impitoyable envers ses ennemis ; elle les a proscrits, torturés, brûlés, détruits dans ce monde et damnés dans l'autre chaque fois qu'elle en a eu le pouvoir. Son exemple doit nous servir de règle ! — Et maintenant, pour en revenir à l'histoire sainte proprement dite, je vous ferai observer que tous vos patriarches et vos juges en Israël, que vous admirez tant, étaient des fainéants, qui voulaient commander au peuple, percevoir la dîme et dicter des lois sans porter les armes. Pendant que les autres allaient se faire tuer à la guerre, eux ils restaient à la maison, ils veillaient sur l'arche sainte, et l'abandonnaient bravement pour sauver leur peau, quand les Philistins avaient le dessus. Le peuple finit par s'apercevoir qu'il était conduit par des lâches, il fallut, bon gré mal gré, que Samuel consentît à lui donner un roi ; mais il choisit, dans l'intérêt de sa caste, un véritable imbécile, ce Saül, qui, la veille de la dernière bataille, alla consulter la pythonisse, une espèce de bohémienne cachée dans un trou, loin du camp, laquelle lui prédit insolemment sa défaite ; de sorte que pendant l'action, ce crétin perdit tout courage et se perça lui-même de son épée. Ces choses sont claires, il faut être aveugle pour ne pas les voir ! Et quant à David, c'était un bédouin courageux, rusé, il avait du sang, comme le coursier arabe ; il était toujours à cheval, rôdant à droite, à gauche, pillant celui-ci, détroussant celui-là. Ce brave garçon finit par éprouver le besoin d'assurer sa retraite, il jeta les yeux sur Yabous Kadischta, la ville sainte, depuis Jérusalem ; il s'entendit avec les prêtres, qui gardèrent leurs priviléges et lui soumirent le peuple. Ce David est le plus bel exemple de ce que peut faire la pureté du sang dans les races primitives ; il fonda sa dynastie ; il fit traîner ses ennemis sous des herses, il laboura leurs os ; il vécut jusqu' à l'extrême vieillesse ; il eut toutes les gloires de la sainteté, de la poésie, avec les satisfactions réelles, positives de l'existence.... Voilà, monsieur le pasteur, les exemples qu'il faut choisir pour l'instruction d'un jeune noble, et non pas les exemples de Jonas, d'Élias et d'autres pareils démagogues. Parlez aux paysans de Job, de Ruth et de Boos, de Tobie, à la bonne heure; mais parlez de David, de Mathathias, de Judas Machabée à des gens de guerre; et surtout ne venez pas leur donner des préceptes contraires à leur profession, capables de les faire manquer à l'honneur, comme de recevoir des coups sans les rendre. »

Le pasteur était confondu.

« Mais, monsieur le baron, dit-il à la fin, mais ce précepte est écrit en toutes lettres dans les Évangiles....

— Dans les Évangiles, répliqua le grand-père avec impatience, on trouve de tout, seulement il faut savoir choisir. Le Christ n'était pas ce que vous croyez, c'était un homme de race noble; il descendait de David, il voulait être roi d'Israël. Il essaya de soulever le peuple et de se faire proclamer. Malheureusement les Romains dominaient le pays, ils en avaient déjà fait nommer les rois, de race étrangère, cela va sans dire : Hérode, un Iduméen, percevait les impôts et partageait le pouvoir avec le procurateur Ponce-Pilate. Les prêtres juifs, sous ce régime, conservaient en partie leurs priviléges; ils comprirent très-bien que si le peuple se soulevait, trois ou quatre légions romaines viendraient le mettre à l'ordre, que Jérusalem serait saccagée et qu'eux-mêmes pourraient être massacrés ou vendus comme esclaves; ils eurent peur, et le grand-prêtre Caïphe, dans un conseil secret, prononça ces paroles mémorables : « Il faut qu'un seul périsse pour le salut de tous ! » Les prêtres dénoncèrent la révolte sur le point d'éclater ; le Christ fut arrêté, ses partisans se dispersèrent ; ils abandonnèrent lâchement le roi national, qui fut crucifié avec cette inscription ironique attachée au haut de la croix : « Jésus de Nazareth, roi des Juifs !.... » qui seule explique toute l'histoire. Ces faits sont clairs, palpables. Le Christ, pour s'attirer le peuple, avait déclaré contre toutes les règles du bon sens et de la nature, que les hommes sont égaux, comme ces fameux jacobins de 93, qui l'appelaient dans leur nouveau calendrier « le premier des sans-culottes » et prétendaient appliquer ses doctrines. — Mon Dieu, monsieur le pasteur, vous savez ces choses aussi bien que moi, pourquoi donc embrouiller les questions ? Enseignez la soumission, la résignation, l'obéissance, aux bourgeois, aux ouvriers, aux campagnards, c'est bien, très-bien.... ces gens sont faits pour obéir !.... Mais présentez les choses à la race noble sous leur vrai point de vue. Sachez que la religion est une institution politique, une sorte de discipline morale, qui prépare les gens à la discipline réelle. Et puisque nous en sommes sur ce chapitre, je vous déclare que la religion catholique, apostolique et romaine, remplit cette destination bien mieux que la nôtre ; en défendant au peuple de lire les Évangiles, où l'on trouve les maximes les plus révolutionnaires ; en lui donnant l'ordre de croire tout ce que décide l'Église, sans raisonner, sous peine d'aller en enfer; en défendant aux prêtres de se marier, pour les attacher exclusivement à leur état, pour en faire des soldats sans autre famille, sans autre patrie que le drapeau; en exigeant des fidèles la confession de leurs péchés, pour prévenir de loin toute révolte; en maintenant la langue latine dans toutes les cérémonies, pour en dérober le sens aux ignorants, et conserver au culte un caractère mystérieux qui frappe toujours les esprits faibles, cette religion est une institution politique admirable ; la plus grande et la plus profonde que le monde ait vue. Tant qu'elle a régné chez nous, la race noble et le clergé se sont parfaitement entendus, le peuple n'a pas bougé. Le pape et l'Empereur se faisaient souvent la guerre, mais le couvent et le château, sauf les petites querelles de voisinage, s'accordaient très-bien ensemble; ils avaient un intérêt commun : celui de ne pas éveiller les convoitises de la brute, en l'instruisant sur ses prétendus droits naturels, et de la tenir toujours courbée sur la glèbe. Quand je pense à cette glorieuse époque féodale, où chaque chose était à sa place d'après l'ordre naturel, je ne puis m'empêcher de reconnaître que Luther, premier violateur de la discipline ecclésiastique qu'il avait juré d'observer, nous a fait un mal irréparable; ses principes de libre discussion, de libre conscience, de droit pour chacun d'interprêter les livres saints à sa manière, sont le renversement du sens commun ; il est le père légitime des droits de l'homme, cet évangile monstrueux de la canaille. Le gueux avait eu l'adresse d'intéresser les puissants à sa cause, en flattant leurs passions, en leur accordant toutes les permissions que le pape leur refusait, en approuvant leurs divorces, en bénissant leurs troisième et quatrième mariages, en excitant leurs convoitises, et sanctifiant le débordement de toutes leurs passions. C'était un rusé compère. Mais depuis lors la discipline est brisée. Alors la discipline morale avait tout soumis, aujourd'hui la force est redevenue nécessaire; on l'emploiera et le peuple rentrera dans l'obéissance, il reconnaîtra de nouveau ses maîtres : la distance prodigieuse existant entre sa propre nature infime et bornée et celle du seigneur destiné de tout temps à la tenir en bride. Seulement, pour atteindre ce but, le premier devoir du clergé sera de nous seconder en tout; il faudra que chacun reçoive l'instruction religieuse convenable à son rang : — J'ai dit ce que je pensais; maintenant, monsieur le pasteur, continuez votre leçon et tâchez de vous conformer à mes intentions. »

M. Brandhorst entra tout de suite dans les vues du grand-père; il s'étendit sur la carrière de David, sur les exploits des Machabées; il fut récompensé de ses soins convenablement, et quelque temps après, un dimanche, pendant l'office divin, le grand-père et moi nous nous rendîmes à cheval au temple de Vindland. Je reçus la confirmation seul, en présence des fidèles. M. le pasteur, à cette occasion, crut devoir prononcer une allocution touchante; les bonnes femmes en pleurèrent d'attendrissement. Après quoi, le service divin étant terminé, je mis un double frédéric d'or dans l'assiette du sacristain, qui recevait les aumônes à la porte. Nous sortîmes sur la petite place, où Jacob Reiss tenait nos chevaux en main, et nous étant remis en selle, nous repartîmes au galop pour notre résidence.

Ainsi je devins chrétien réformé, selon le désir du grand-père, et les vieilles traditions de la Prusse.

## III

Cela fait, il n'en fut plus question, et le grand-père s'occupa de pousser vigoureusement mes études mathématiques, point essentiel pour être admis à l'école des cadets royaux. Nous avions déjà revu l'arithmétique plusieurs fois, je la possédais suffisamment; la géométrie et l'algèbre entrèrent en ligne. C'étaient ses études favorites ; on aime toujours ce que l'on connaît bien; il me tenait des heures entières au tableau, puis, me voyant fatigué, tout à coup il s'écriait en riant :

« Allons, Siegfried, c'est assez pour aujourd'hui; laissons la craie et l'éponge; en route! »

Je respirais.

Nous descendions seller nos chevaux, nous partions comme des bienheureux.

L'excellent homme semblait rajeuni ; il voulait tout m'apprendre : la natation, l'équitation, les armes, et tout en galopant sur le rivage, Jacob derrière nous, à distance, il s'écriait :

« Siegfried, je tiens à ce que tu sois le premier cadet royal à l'École; je tiens à ce que tes professeurs n'aient plus rien à t'enseigner. Je veux que tu sois fort, vigoureux, adroit et rusé, comme je l'étais à trente ans, et que le jour où l'on tirera le sabre contre ces gueux de welches, qui nous avaient réduits à zéro en 1806, et qui nous ont valu la perte des trois quarts de nos priviléges, avec leurs principes de 89, je veux que tu puisses les hacher comme de la chair à pâté. Je serai déjà mort sans doute, mais tu te souviendras de moi, tu croiras m'entendre crier : « Courage, Siegfried, courage !... Tape ferme.... hache.... massacre.... pas de quartier.... la pitié est une bêtise française.... Brûle tout ce que tu ne peux pas emporter.... happe !... happe.... mon garçon.... c'est le droit de la guerre.... ce qui est conquis par le glaive est bien acquis !... » Canailles !... nous ont-ils fait du mal avec leurs droits de l'homme et leur égalité !... Sans eux, jamais le baron de Stein n'aurait obtenu de Frédéric-Guillaume l'abolition du servage, ni l'admissibilité des brutes aux emplois civils et militaires ; ni la déclaration que les anciens serfs pourraient acquérir des terres nobles ; ni le droit pour les communes d'élire leurs magistrats municipaux; ni cinquante autres ordures pareilles, qui montrent bien l'abomination de la désolation où nous étions alors.... Jamais les Hardenberg n'auraient osé porter la main sur notre vieille constitution.... Mais il fallut promettre au peuple des libertés; il fallut lui accorder des droits; il fallut imiter la constitution des jacobins, pour entraîner toute la nation à nous soutenir, à combattre avec nous les envahisseurs. Ah! oui, les gueux nous ont coûté cher.... mais gare.... gare.... nous sommes en train de dresser nos boule-dogues à la chasse, de leur apprendre à mordre, de leur inculquer dès l'école la haine impitoyable du Velche. Une fois la première partie gagnée, l'Allemagne sous notre griffe et toutes ces grosses brutes allemandes disciplinées à coups de triques, nous irons là-bas régler le compte définitif de ces bandits : nous serons cinq ou six contre un, car ils sont trop bêtes pour s'attendre à une chose pareille.... nous les écraserons sous le nombre.... nous les écraserons!... Nous brûlerons leur Paris.... nous prendrons l'Alsace, la Lorraine, la Champagne, la Bourgogne, tout le pays jusqu'aux deux mers; ils travailleront pour nous, comme leurs ancêtres ont travaillé pendant quatorze siècles pour les Francs; et l'ordre naturel régnera encore un fois : la noble race des conquérants, qui a bousculé l'empire romain et fondé toutes les dynasties et toutes les aristocraties de l'Europe, sera encore une fois maîtresse de l'Occident! »

En parlant ainsi, le digne homme serrait avec fureur ses vieilles mâchoires édentées, ses moustaches grises se hérissaient, et, brusquement, reprenant haleine, il criait :

« En avant!... Hourra!... hourra!... »

Nous filions comme des flèches sur la grève; Jacob avait peine à nous suivre.

Quelquefois aussi, pendant les grandes chaleurs du mois d'août, le bonheur du grand-père était de me conduire sur la plage, au fond d'une petite anse, derrière les remparts du château, et de m'apprendre à nager. Jacob Reiss, sur la rive, nous regardait en fumant sa pipe; et, tout en fendant les vagues, en faisant la coupe, en se retournant et me lançant joyeusement une poignée d'eau à la figure, pour rire, ce vigoureux vieillard, quand nous étions un peu loin du bord et qu'il me voyait fatigué, disait :

« Allons ! mon enfant, passe-moi le bras sur l'épaule; tu es las, n'est-ce pas?

— Oui, grand-père.

— Eh bien! regagnons la rive, mais lentement, sans nous presser.... Tu sais que rien n'est plus mauvais que de se dépêcher; on n'avance plus, on perd ses forces; plus on va lentement, mieux cela vaut. »

Et, tout en me parlant, en me répétant : « Doucement!... doucement!... » nous arrivions sur le sable comme deux poissons frétillant au soleil.

Jacob déroulait nos couvertures; on s'asseyait, on se séchait, regardant la haute mer, écoutant les flots chanter le long du rivage ou bouillonner en écumant le long des récifs.

C'était un moment de calme solennel, de repos et de rêverie, dont le souvenir me procure encore, après tant d'années, un plaisir inexprimable.

Puis on rentrait au château; la vieille Christina avait préparé le déjeuner, on buvait un bon verre de vin. Quelle éducation aurait pu me rendre plus fort, plus sain de corps et d'esprit, plus apte aux fatigues de la noble vie militaire, et me donner des idées plus nettes sur l'ordre véritable en ce monde, sur la subordination des classes, sur les droits et les devoirs de la noblesse, et mieux me préserver de toutes ces théories absurdes dont les professeurs de métaphysique ont toujours la bouche pleine dans nos universités, et qui réduisent bientôt leurs élèves au crétinisme le plus absolu? Aucune! Aussi je ne puis songer, encore maintenant, aux soins du grand-père, sans éprouver une douce émotion, et je suis forcé de reconnaître qu'à lui seul se rapporte le mérite de mes convictions, que j'espère bien faire partager, bon gré, mal gré, à tous les gueux d'opinion contraire.

En ce temps-là, dans le courant de l'été 1828, parut pour la première fois la fermeté de mon caractère et le succès des bonnes leçons du grand-père, ce qui lui fit un plaisir extraordinaire.

Il souffrait depuis quelque temps d'une ancienne blessure qui le forçait de garder la chambre, étendu dans son fauteuil, la jambe en l'air, et de fort mauvaise humeur. Mais cela ne m'empêchait pas de faire chaque matin une promenade à cheval, avec Jacob, car il le voulait absolument, pour entretenir les bonnes habitudes.

Ce jour-là, donc, nous galopions, le vieux hussard et moi, sur la route de Vindland; le temps était superbe, on fauchait les seigles, la fumée des pêcheries se déroulait dans les airs, quelques voiles grises couraient au loin sur la mer bleue, unie comme un miroir.

Naturellement, tout cela nous avait égayés, quand, arrivant près de la Mulsen, au moment de passer le petit pont de bois, nous vîmes arriver derrière nous un jeune homme à cheval, un grand garçon à peu près de mon âge, en petit frac vert, bottes molles garnies d'éperons et casquette de chasse; il montait, à la mode anglaise, appuyé sur les étriers, un magnifique bai-brun, et nous devança sur le pont sans nous regarder, d'un air d'indifférence; il se permit même d'écarter mon cheval d'un petit coup de sa cravache, ce qui me rendit d'abord tout pâle d'indignation.

« C'est le fils aîné de M. Strœmderfer, le bourgmestre, dit Jacob; il vient de visiter leurs récoltes; ces grandes voitures de gerbes qui s'avancent là-bas sont à eux. »

Je l'avais bien reconnu; depuis longtemps cette figure me déplaisait, aussi, sans répondre, je partis ventre à terre sur ses traces, en criant :

« Halte!... halte!... Attends!... Halte!... »

Mais lui, se retournant à demi et m'observant du coin de l'œil d'un air moqueur, redoublait de vitesse; son cheval, plus grand et meilleur coureur que le mien, m'eut bientôt distancé d'un quart de lieue, et je le vis entrer au bourg.

Alors, tout frémissant de colère, j'attendis Jacob.

« Un *méchel*[1], un fils de marchand de poisson, oser se rire d'un Von Meindorf!... »

1. Expression de mépris, pour désigner les hommes du peuple.

Jamais je n'avais éprouvé d'indignation pareille.

« C'est un gueux ! me dit le vieux hussard, il faudra se plaindre.

— Se plaindre !... A qui ?... Devant le juge Kartoffel, qui lui ferait des remontrances honnêtes, dont il rirait avec tout le village !... Non !... Suis-moi.... tu vas voir !... »

Et, sans dire un mot de plus, nous arrivâmes à Vindland. La troisième maison à droite, de la grande rue, était celle de M. le bourgmestre Strœmderfer. Un domestique bouchonnait encore le grand bai-brun à la porte de l'écurie. C'est ce que je vis d'abord ; puis, regardant par les fenêtres du rez-de-chaussée ouvertes au beau soleil, j'aperçus toute la famille à table, le père, la mère, les garçons et les filles, en train de dîner ; il était midi. Les bons plats et les bouteilles ne manquaient pas, ni la belle nappe blanche non plus.

Alors je mis pied à terre, et, jetant la bride à Jacob, j'entrai carrément, le chapeau sur la tête. Tout le monde me regardait, étonné ; le père fit mine de se lever en me saluant ; mais, sans lui répondre, et m'adressant à son fils aîné d'un ton de maître, je lui dis :

« Dis donc.... toi.... sais-tu bien que le cheval ne fait pas l'homme ? Sais-tu bien qu'il en coûte de prendre le pas sur un Von Meindorf, de le braver, de lui rire au nez et de courir quand il vous ordonne d'attendre ? »

Tous ces gens étaient stupéfaits. Le vieux voulut parler, demander des explications ; mais je lui dis :

« Taisez-vous !... Ce drôle m'a insulté.... il a osé frapper mon cheval ; je vais lui donner une leçon dont il se souviendra. »

En même temps, me tournant vers le fils, je lui cinglai la figure de deux coups de cravache épouvantables, qui le firent hurler comme un chien.

« Que ceci t'apprenne, lui dis-je alors en m'en allant lentement, la différence qu'il y a entre l'héritier d'un marchand de poisson et le descendant d'une race illustre. »

Je sortis au milieu de la consternation générale.

Jacob, à cheval devant la fenêtre, avait tout vu, tout entendu. Personne ne bougeait à la maison ; on criait, on se désolait.

Je me remis en selle, et dis au vétéran :

« Allons !... en route !... »

Il voulait galoper ; mais je le retins en lui répétant :

« Au pas !... On croirait que nous avons peur ! »

Et c'est ainsi que nous sortîmes de Vindland ; à la dernière baraque seulement, nous reprîmes le trot.

Jacob était muet d'admiration ; il se tenait à distance derrière moi, comme avec le grand-père ; il avait compris que j'étais un Von Meindorf, que l'âge de raison m'était venu, et qu'il me devait le respect.

Vers une heure, étant arrivés au château, et, voyant mon cheval baigné de sueur, je l'essuyai avec soin avant de monter. Jacob était parti. Je sortais de la cour après avoir fini ma besogne, lorsque j'aperçus le grand-père, au haut de l'escalier, appuyé sur la rampe, le vieux hussard derrière lui. Il m'attendait, et, d'une voix pleine d'attendrissement, il me cria :

« Siegfried.... mon enfant.... arrive.... que je t'embrasse.... A cette heure, je vois que tu m'as compris, que tu es un digne représentant des anciens. »

Je montai ; le brave homme m'embrassa ; puis, s'appuyant sur mon épaule, nous entrâmes ensemble dans sa chambre, et, d'un accent que je n'oublierai jamais, s'asseyant dans son fauteuil près de la table, il me dit :

« Ceci, cher Siegfried, est le plus beau jour de ma vie.... Jacob m'a tout raconté.... Maintenant, je puis partir.... le vieux sang des Meindorf me survivra !... C'est beau.... d'autant plus que cela te semble tout naturel, n'est-ce pas ?

— Sans doute ! lui répondis-je ; ne m'as-tu pas répété cent fois que les rustres doivent être mis à l'ordre ? »

Alors son enthousiasme éclata d'un façon étrange ; il riait, il tapait du poing sur la table et criait :

« Oui !... oui !... oui !... C'est bien ça !... Quelle mine le gros marchand de poisson devait faire !... Hé ! hé ! hé ! j'aurais bien voulu voir cette mine.... Et il n'a pas bougé ?... il n'a rien dit ?...

« Rien.... pas un mot.... il en aurait reçu tout autant ! »

Alors le grand-père, se calmant tout à coup et me serrant la main, devint grave.

« Tu m'as fait le plus grand plaisir qu'un

homme puisse éprouver en ce monde, dit-il, je veux t'en faire un aussi, je veux te marquer mon estime. »

Puis, remettant une petite clef à Jacob, il lui donna l'ordre d'ouvrir un placard derrière la cheminée et d'apporter le coffre qu'il trouverait au fond. Et cette chose faite, lui-même ouvrit le coffre sur la table; c'était un petit meuble en chêne, contenant divers objets : des bijoux, des papiers, des décorations et quelques vieux frédérics d'or, une poire pour la soif.

Il remuait tous ces objets d'un air sérieux; nous le regardions. A la fin, il choisit parmi toutes ces vieilleries, une montre en or, et s'adressant à moi :

« Tiens, Siegfried, me dit-il, cette montre.... je te la donne.... c'est une montre de prix, à double répétition; mais c'est encore sa moindre valeur : cette montre est un souvenir de ma vie militaire, je l'ai gagnée à la pointe de mon sabre.... c'est autre chose que de l'avoir achetée à quelque juif, avec une poignée d'or.... Tu comprends cela, mon enfant ?

— Oui, grand-père, lui répondis-je attendri.

— Eh bien, fit-il, elle est à toi ! »

Les yeux du vieillard étaient troubles, et durant un instant nous restâmes silencieux; puis il continua :

« C'est le 9 mars 1814, la veille de la bataille de Laon et le lendemain du combat de Craône, que j'ai gagné cette montre. J'étais en reconnaissance avec mes hussards aux environs de la ville, qui se trouve sur une hauteur. Jacob était là. Nous allions dans la nuit, pour tâter les avant-postes ennemis ; et le jour commençait à paraître, quand au détour d'un chemin, nous aperçûmes quelques dragons d'Espagne, qui, sans doute, faisaient le même service de leur côté. Ils avaient leurs grands manteaux blancs et portaient la barbe entière ; nous avions nos dolmans rouges. Aussitôt qu'on se reconnut, les sabres furent en l'air : ils rejetèrent le coin de leurs manteaux sur l'épaule, nous notre pelisse, et je me trouvai dans la mêlée, face à face avec le chef de la reconnaissance ; il essaya de prendre à ma gauche, heureusement je l'avais prévenu, et malgré sa parade, les chevaux étant lancés, je le perçai d'un coup de pointe au cœur. Les dragons avaient attaqué bêtement, ils n'étaient pas en force, mais ces gens-là ne doutent jamais de rien et c'est pour cela que nous les battrons toujours. Sept ou huit des leurs restèrent sur place, je perdis deux hussards et j'eus un blessé. L'affaire s'était passée dans un clin d'œil. Les dragons, repoussés, allèrent se reformer plus loin ; mais comme le canon se mettait à tonner, annonçant la bataille, et que mes ordres étaient remplis, je ne voulus pas les poursuivre. Seulement, en repassant sur la route, et voyant mon homme en travers du fossé, je dis à Jacob de mettre pied à terre pour le visiter. Tu t'en souviens, Jacob ?

— Oui, mon commandant.

— Il avait cette montre, reprit le grand-père, et cinquante napoléons dans une ceinture. Je distribuai l'argent à mes hussards et je gardai pour moi la montre. Je l'ai portée jusqu'à mon départ du régiment. Elle a marqué l'heure la plus sublime de ma vie, l'heure, où chargeant à la tête de mes hussards, dans la plaine de Waterloo, j'ai vu fuir devant nous, comme une armée de barbares en déroute, les dernières légions de Bonaparte !... La voici.... porte-la toujours.... Et puisse-t-elle marquer pour toi des heures encore plus glorieuses, si c'est possible.... Puisse-t-elle marquer la dernière heure de la puissance welche, en même temps que le triomphe de la vieille race féodale ! »

A partir de ce jour, Otto Von Meindorf me traita en homme.

Quelques mois plus tard j'entrais à l'école des cadets avec le numéro deux. Ce fut un nouveau jour de bonheur pour le bon grand-père. Il se réjouissait de me voir bientôt, le sabre au poing, à la tête d'un peloton de hussards, mais cette satisfaction ne lui était pas réservée : en apprenant la révolution de juillet 1830 et la fuite de Charles X, il fut pris d'un tel accès de rage, qu'il en tomba comme foudroyé.

Vous pensez bien que cette fin tragique ne diminua pas la haine que le digne vieillard m'avait inspirée contre la race welche. Cette haine, je l'ai portée dans mon cœur, toujours grandissante, jusqu'en 1870, mais alors je l'ai assouvie : partout où le colonel Siegfried a passé avec ses hussards, il n'a laissé derrière lui que des ruines ! Ah ! la montre du vieux baron a marqué des heures glorieuses dans cette campagne, des heures sublimes, telles que la race féodale n'en avait plus connues depuis des siècles ; pourquoi faut-il qu'elle ait aussi marqué l'heure à jamais maudite de l'évacuation ? Certes, si le vieux baron de Meindorf pouvait revenir en ce monde, s'il revoyait son antique manoir, autrefois en ruines, magnifiquement restauré et rempli de dépouilles welches, il reconnaîtrait avec plaisir que j'ai suivi son précepte : « Emporte ce que tu ne peux brûler ! » Il en pleurerait d'attendrissement, le digne homme. Mais, ensuite, si on lui disait qu'après avoir conquis la France, nous sommes revenus chez nous, le sabre au fourreau, laissant à l'Erbfeind[1] le temps de se relever, de reprendre des forces, de préparer une revanche, il crierait à la trahison et demanderait à rentrer dans la tombe. Ah ! quelle faute nous avons commise.... quelle faute !.... Et l'homme qui a négocié et signé ce traité funeste passe pour un grand politique !... C'était pourtant bien facile de faire de la France ce que nous avons fait de la Pologne : de la partager, d'en donner un morceau à l'Italie, un à la Suisse, un à la Belgique, un autre à l'Espagne, de nous créer des alliés fidèles, c'est-à-dire des complices, et de garder pour nous la plus grande part.... Qui pouvait nous en empêcher ? Nous avions écrasé toutes les armées ennemies, nous étions les maîtres du pays, l'Europe, terrifiée par nos victoires, aurait fermé les yeux !... Mais on s'est laissé tromper par un vieux bourgeois welche ; on a perdu la tête comme un parvenu devant la tentation des milliards.... on

1. L'ennemi héréditaire.

19

n'a pas eu le cœur à la hauteur de sa fortune.... on a mis de côté l'intérêt de la vieille race féodale, pour s'allier avec les nationaux libéraux, descendants des anciens serfs.... et d'un trait de plume, en une minute, on a perdu ce qu'une politique prévoyante avait mis un demi-siècle à préparer, et ce que le glaive avait glorieusement accompli.



FIN.

# TABLE



17129. — Typographie Lahure, rue de Fleurus, 9, à Paris.

PRIX — ÉTRENNES — BIBLIOTHÈQUES POPULAIRES — ETC.

3 Fr. Broché. **BIBLIOTHÈQUE D'ÉDUCATION ET DE RÉCRÉATION** 4 Fr. Cartonné.

## VOLUMES IN-18

**Brochés, 3 fr. — Cartonnés toile, tranches dorées, 4 fr.**

| | | |
|---|---|---|
| Ampère (A.-M.)...... | Journal et correspondance........ | 1 v. |
| Andersen....... .... | Nouveaux Contes suédois......... | 1 v. |
| Bertrand (J.)........ | Les Fondateurs de l'astronomie... | 1 v. |
| Biart (Lucien)........ | Aventures d'un jeune naturaliste.. | 1 v. |
| Boissonnas (Mme B.).. | Une Famille pendant la Guerre 1870-71....................... | 1 v. |
| Brachet (A.)......... | Grammaire historique (préface de Littré) (Couronné par l'Académie française)............... | 1 v. |
| Bréhat (de).......... | Aventures d'un petit Parisien..... | 1 v. |
| Carlen (Emilie)...... | Un Brillant Mariage............. | 1 v. |
| Cherville (de)....... | Histoire d'un trop bon chien...... | 1 v. |
| Clément (Ch.)........ | Michel-Ange, Raphaël, etc....... | 1 v. |
| Desnoyers (Louis).... | Les Mésaventures de Jean-Paul Choppart.................... | 1 v. |
| Durand (Hip.)........ | Les Grands Prosateurs........... | 1 v. |
| — | Les Grands Poëtes............... | 1 v. |
| Erckmann-Chatrian.. | Le Fou Yegof ou l'Invasion....... | 1 v. |
| — | Madame Thérèse........ ....... | 1 v. |
| — | Histoire d'un paysan (complète).. | 4 v. |
| Foucou............... | Histoire du travail.............. | 1 v. |
| Gratiolet (P.)....... | De la Physionomie............... | 1 v. |
| Grimard............. | Histoire d'une goutte de sève..... | 1 v. |
| Hippeau (Mme)........ | Cours d'économie domestique..... | 1 v. |
| Hugo (Victor)....... | Les Enfants................ ... | 1 v. |
| Immermann........... | La Blonde Lisbeth......... .... | 1 v. |
| Lavallée (Th.)....... | Histoire de la Turquie...... .... | 2 v. |
| Legouvé (E.)......... | Les Pères et les Enfants au XIXe siècle (Enfance et Adolescence).... | 1 v. |
| — | Les Pères et les Enfants au XIXe siècle (La Jeunesse)...... ....... .. | 1 v. |
| — | Conférences parisiennes . ....... | 1 v. |
| Lockroy (Mme)........ | Contes à mes nièces... .......... | 1 v. |
| Macaulay........... | Histoire et Critique............. | 1 v. |
| Malot (Hector)...... | Romain Kalbris.................. | 1 v. |

| | | |
|---|---|---|
| **Macé** (Jean).......... | Histoire d'une bouchée de pain.... | 1 v. |
| — | Les Serviteurs de l'estomac...... | 1 v. |
| — | Contes du petit château.......... | 1 v. |
| — | Arithmétique du grand-papa...... | 1 v. |
| Maury (commandant). | Géographie physique............ | 1 v. |
| Muller (Eugène)..... | La Jeunesse des hommes célèbres. | 1 v. |
| Ordinaire........... | Dictionnaire de mythologie....... | 1 v. |
| — | Rhétorique nouvelle..... ........ | 1 v. |
| Ratisbonne (Louis)... | Comédie enfantine (ouvr. cour.).. | 1 v. |
| Reclus (Elisée)....... | Histoire d'un ruisseau........... | 1 v. |
| Renard............... | Le Fond de la mer............... | 1 v. |
| Roulin (F.).......... | Histoire naturelle............... | 1 v. |
| Rozan (Ch.).......... | Petites ignorances de la conversation | 1 v. |
| Sandeau (Jules)....... | La Roche aux Mouettes........... | 1 v. |
| Sayous............... | Conseils à une mère sur l'éduc. lit. | 1 v. |
| — | Principes de littérature.......... | 1 v. |
| Simonin.............. | Histoire de la terre.............. | 1 v. |
| P.-J. Stahl et de Wailly. | Scènes de la vie des enfants en Amérique : | |
| — | Les Vacances de Riquet et Madeleine | 1 v. |
| — | Mary Bell, William et Lafaine.... | 1 v. |
| **Stahl** (P.-J.)......... | Contes et récits de Morale familière (ouvr. couronné)............. | 1 v. |
| Stahl et Muller. .. | Le Nouveau Robinson suisse...... | 1 v. |
| Susane (général)..... | Histoire de la cavalerie........... | 3 v. |
| Thiers............... | Histoire de Law................ | 1 v. |
| Vallery Radot (René) | Journal d'un volontaire d'un an... | 1 v. |
| Verne (Jules)....... | Aventures du capitaine Hatteras : | |
| — | — Les Anglais au pôle Nord..... | 1 v. |
| — | — Le Désert de glace........... | 1 v. |
| — | Les Enfants du capitaine Grant : | |
| — | — L'Amérique du Sud.......... | 1 v. |
| — | — L'Australie................. | 1 v. |
| — | — L'Océan Pacifique........... | 1 v. |
| — | Autour de la lune............... | 1 v. |
| — | Avent. de 3 Russes et de 3 Anglais... | 1 v. |
| — | Cinq Semaines en ballon.......... | 1 v. |
| — | De la Terre à la Lune............ | 1 v. |
| — | Histoire des grands voyages et des grands voyageurs.............. | 1 v. |
| — | Le Pays des Fourrures........... | 2 v. |
| — | Le Tour du Monde en 80 jours..... | 1 v. |
| — | Vingt mille Lieues sous les mers... | 2 v. |
| — | Voyage au centre de la terre...... | 1 v. |
| — | Une Ville flottante.............. | 1 v. |
| — | Le docteur Ox..... ............. | 1 v. |
| — | L'Ile mystérieuse................ | 3 v. |
| **Zurcher et Margollé** | Les Tempêtes.................... | 1 v. |
| — | Histoire de la navigation......... | 1 v. |
| — | Le Monde sous-marin............ | 1 v. |

## SÉRIE DES VOLUMES IN-18, AVEC GRAVURES

Brochés, **3 fr. 50** — Cartonnés, tr. dorées, **4 fr. 50.**

(Suite de la Collection *Éducation et Récréation.*)

| | | |
|---|---|---|
| Anquez | Histoire de France | 1 v. |
| Bertrand (Alex.) | Lettres sur les révolutions du globe | 1 v. |
| Faraday (M.) | Histoire d'une chandelle | 1 v. |
| Francklin (J.) | Vie des animaux | 6 v. |
| Hirtz (Mlle) | Méthode de coupe et de confection pour les vêtements de femme et d'enfants, 154 gravures | 1 v. |
| La Fontaine (Jouaust) | Fables annotées par Buffon | 1 v. |
| Lavallée (Th.) | Les Frontières de la France | 1 v. |
| Mayne-Reid | William le Mousse | 1 v. |
| — | Les Jeunes Esclaves | 1 v. |
| — | Le Désert d'eau | 1 v. |
| — | Les Chasseurs de girafes | 1 v. |
| — | Les Naufragés de l'île de Bornéo | 1 v. |
| — | La Sœur perdue | 1 v. |
| — | Les Planteurs de la Jamaïque | 1 v. |
| Mickiewics (Adam) | Histoire populaire de la Pologne | 1 v. |
| Mortimer d'Ocagne | Les Grandes Ecoles de France | 1 v. |
| Nodier (Ch.) | Contes choisis | 2 v. |
| Parville (de) | Un Habitant de la planète Mars | 1 v. |
| Silva (de) | Le Livre de Maurice | 1 v. |
| Susane (général) | Histoire de l'Artillerie | 1 v. |
| Tyndall | Dans les montagnes | 1 v. |

## SÉRIE IN-18. — PRIX DIVERS

(Suite de la Collection *Education et Récréation.*)

| | | |
|---|---|---|
| Block (Maurice) | Petit Manuel d'économie pratique. | 1 fr. |
| A. Brachet | Dictionn. étymologique de la langue franç. (couronné par l'ac. franç.). | 8 fr. |
| Clavé (J.) | Principes d'économie polit., in-18. | 2 fr. |
| Grimard (Ed.) | La Plante (2 vol.) *en réimpression* | 10 fr. |
| Macé (Jean) | Théâtre du petit château | 2 fr. |
| — | Arithmét. du grand-papa (éd. pop.) | 1 fr. |
| — | Morale en action | 1 fr. |
| — | Lettres d'un paysan d'Alsace sur l'instruction obligatoire | » 30 |
| — | Le Génie de la petite ville. 1 v. in-32 | » 25 |
| — | Annivers. de Waterloo. 1 vol. in-32 | » 15 |
| — | Une carte de France; le Gulf-Stream | » 25 |
| — | La Ligue de l'enseignem., nos 1 à 4 à | » 25 |
| Souviron | Dictionn. des termes techniques | 6 fr. |

## LES CAHIERS D'UNE ÉLÈVE DE SAINT-DENIS

COURS D'ÉTUDE COMPLET ET GRADUÉ D'ÉDUCATION
POUR JEUNES FILLES ET JEUNES GARÇONS, A SUIVRE EN SIX ANNÉES,
SOIT DANS LA PENSION, SOIT DANS LA FAMILLE

Par deux anciennes Elèves de la Légion d'honneur et

**LOUIS BAUDE**

Ancien professeur au Collége Stanislas

La collection complète. Broché, **49** fr. — Cartonné, **52** fr. **75**.

| | | | | Broché. | Cartonné. |
|---|---|---|---|---|---|
| T. 1. | 1re année | 1er semestre | | 1 50 | 1 75 |
| — 2. | — | 2e — | | 2 50 | 2 75 |
| — 3. | 2e — | 1er — | | 2 50 | 2 75 |
| — 4. | — | 2e — | | 2 50 | 2 75 |
| — 5. | 3e — | 1er — | | 3 » | 3 25 |
| — 6. | — | 2e — | | 3 50 | 3 75 |
| — 7. | 4e — | 1er — | | 3 50 | 3 75 |
| — 8. | — | 2e — | | 3 50 | 3 75 |
| — 9. | 5e — | 1er — | | 3 50 | 3 75 |
| — 10. | — | 2e — | | 4 » | 4 25 |
| — 11. | 6e — | 1er — | | 4 50 | 4 75 |
| — 12. | — | 2e — | | 4 50 | 4 75 |
| Cahiers complémentaires | | | | 5 » | 5 25 |
| Cours de lecture | | | | 2 » | 2 25 |
| Instruction élémentaire | | | | 3 » | 3 25 |

*En préparation :*

COURS D'ÉCRITURE PRÉPARATOIRE AVEC PLANCHES.

## COLLECTION HETZEL

HISTOIRE, POÉSIE, VOYAGES, ROMANS, LITTÉRATURE
FRANÇAISE ET ÉTRANGÈRE

### VOLUMES IN-18 A 3 FR.

| | | |
|---|---|---|
| AUDEVAL | Les Demi-Dots | 1 v. |
| — | La Dernière | 1 v. |
| BENTZON (Th.) | Un Divorce | 1 v. |
| BIART (Lucien) | Le Bizco | 1 v. |
| — | Benito Vasquez | 1 v. |
| — | La Terre chaude | 1 v. |
| — | La Terre tempérée | 1 v. |
| — | Pile et Face | 1 v. |
| — | Les Clientes du docteur Bernagius | 1 v. |

| | | |
|---|---|---|
| CHAMFORT. ........ | (Edition Stahl)................. | 1 v. |
| CHEUVREUX (Mme)..... | André-Marie et J.-J. Ampère...... | 2 v. |
| COLOMBEY........... | Esprit des voleurs.............. | 1 v. |
| DAUDET (Alphonse)... | Le petit Chose .................. | 1 v. |
| — | Lettres de mon moulin ........... | 1 v. |
| DEVIC (Marcel) ....... | Le Roman d'Antar................ | 1 v. |
| DOMENECH (l'abbé).... | La Chaussée des Géants.... ..... | 1 v. |
| — | Voyage et aventures en Irlande.... | 1 v. |
| DROZ (Gustave) ....... | Monsieur, Madame et Bébé....... | 1 v. |
| — | Entre nous........................ | 1 v. |
| — | Le Cahier bleu de Mlle Cibot...... | 1 v. |
| — | Autour d'une source... .......... | 1 v. |
| — | Un Paquet de lettres. (*Prix*, 1 *fr.*; *sur papier vergé*, 3 *fr.*)......... | 1 v. |
| — | Babolain......................... | 1 v. |
| DURANDE (Amédée)... | Carl, Joseph et Horace Vernet.... | 1 v. |
| ERCKMANN-CHATRIAN . | Le Blocus........................ | 1 v. |
| — | Le Brigadier Frédéric............ | 1 v. |
| — | Une Campagne en Kabylie........ | 1 v. |
| — | Confidences d'un joueur de clarin. | 1 v. |
| — | Contes de la montagne........... | 1 v. |
| — | Contes des bords du Rhin........ | 1 v. |
| — | Contes populaires................ | 1 v. |
| — | Le Fou Yegof..................... | 1 v. |
| — | La Guerre........................ | 1 v. |
| — | Histoire d'un Conscrit de 1813..... | 1 v. |
| — | Histoire d'un homme du peuple.. . | 1 v. |
| — | Histoire d'un paysan, complète en.. | 4 v. |
| — | Histoire d'un sous-maître......... | 1 v. |
| — | L'illustre docteur Mathéus......... | 1 v. |
| — | Madame Thérèse ................. | 1 v. |
| | — *Édition allemande, avec les dessins hors texte*, **1 vol., 3 fr.** | |
| — | La Maison forestière............. | 1 v. |
| — | Maître Daniel Rock.............. | 1 v. |
| — | Waterloo ....................... | 1 v. |
| — | Histoire du plébiscite............ | 1 v. |
| — | Les Deux Frères ................ | 1 v. |
| — | Le Juif polonais, pièce à 1 50..... | 1 v. |
| ESQUIROS (Alph.)..... | L'Angleterre et la vie anglaise.... | 5 v. |
| FAVRE (Jules)........ | Discours du bâtonnat............ | 1 v. |
| FLAVIO.............. | Où mènent les chemins de traverse. | 1 v. |
| GENEVRAY........... | Une Cause secrète............... | 1 v. |
| GOURNOT............ | Essai sur la jeunesse contemporaine | 1 v. |
| GOZLAN (Léon)........ | Émotions de Polydore Marasquin.. | 1 v. |
| GRAMONT (comte de).. | Les Gentilshommes pauvres....... | 1 v. |
| — | Les Gentilshommes riches......... | 1 v. |
| JANIN (Jules).......... | La Fin d'un monde. Le neveu de Rameau.......................... | 1 v. |
| — | Variétés littéraires ............... | 1 v. |

| | | |
|---|---|---|
| LAVALLÉE (Théophile). | Jean-sans-Peur | 1 v. |
| MALOT (Hector) | Un Beau-Frère | 1 v. |
| MULLER (Eugène) | La Mionette | 1 v. |
| MORALE UNIVERSELLE. | Esprit des Allemands | 1 v. |
| — | — Anglais | 1 v. |
| — | — Espagnols | 1 v. |
| — | — Grecs | 1 v. |
| — | — Italiens | 1 v. |
| — | — Latins | 1 v. |
| — | — Orientaux | 1 v. |
| OLIVIER (Just) | Le Batelier de Clarens | 2 v. |
| PICHAT (Laurent) | Gaston | 1 v. |
| — | Les Poëtes de combat | 1 v. |
| — | Le Secret de Polichinelle | 1 v. |
| POUJARD'HIEU | Les Chemins de fer | 1 v. |
| — | La Liberté et les intérêts matériels. | 1 v. |
| PRINCESSE PALATINE. | Lettres inédites (trad. par Rolland). | 1 v. |
| QUATRELLES | Voyage autour du grand monde | 1 v. |
| — | La Vie à grand orchestre | 1 v. |
| — | Sans Queue ni Tête | 1 v. |
| RIVE (DE LA) | Souvenirs sur M. de Cavour | 1 v. |
| ROBERT (Adrien) | Le Nouveau Roman comique | 1 v. |
| ROQUEPLAN | Parisine | 1 v. |
| SAND (George) | Promenades autour d'un village | 1 v. |
| STAHL (P.-J.) | LES BONNES FORTUNES PARISIENNES : | |
| — | — Les Amours d'un pierrot | 1 v. |
| — | — Les Amours d'un notaire | 1 v. |
| — | Histoire d'un homme enrhumé | 1 v. |
| — | Voyage d'un étudiant | 1 v. |
| TEXIER et KÆMPFEN. | Paris, capitale du monde | 1 v. |
| TOURGUÉNEFF (J.) | Dimitri Roudine | 1 v. |
| — | Fumée (préface de MÉRIMÉE) | 1 v. |
| — | Une Nichée de gentilshommes | 1 v. |
| — | Nouvelles moscovites | 1 v. |
| — | Histoires étranges | 1 v. |
| — | Les Eaux Printanières | 1 v. |
| WILKIE COLLINS | La Femme en blanc | 2 v. |
| — | Sans Nom | 2 v. |

## LIVRES IN-18 EN COMMISSION (3 F.).

| | | |
|---|---|---|
| ANONYME | Mary Briant | 1 v. |
| ARAGO (Etienne) | Les Bleus et les Blancs | 2 v. |
| BAIGNIERES | Histoires modernes | 1 v. |
| — | Histoires anciennes | 1 v. |
| BASTIDE (A.) | Le Christianisme et l'Esprit moderne | 1 v. |
| BERCHÈRE | L'Isthme de Suez | 1 v. |

| | | |
|---|---|---|
| Boullon (E.) | Chez Nous | 1 v. |
| Bugeaud (Jérôme) | Jacquet-Jacques | 1 v. |
| Carteron (C.) | Voyage en Algérie | 1 v. |
| Chauffour | Les Réformateurs du xvie siècle | 2 v. |
| Dollfus (Charles) | La Confession de Madeleine | 1 v. |
| Duvernet | La Canne de Me Desrieux | 1 v. |
| Favier (F.) | L'Héritage d'un misanthrope | 1 v. |
| Fos (Maria de) | Les Cercles de feu | 1 v. |
| Grenier | Poëmes dramatiques | 1 v. |
| Habeneck (Ch.) | Chefs-d'œuvre du théâtre espagnol | 1 v. |
| Huet (F.) | Histoire de Bordas Dumoulin | 1 v. |
| Lancret (A.) | Les Fausses Passions | 1 v. |
| Lavalley (Gaston) | Aurélien | 1 v. |
| Laverdant (Désiré) | Don Juan converti | 1 v. |
| — | Les Renaissances de Don Juan | 2 v. |
| Lefèvre (André) | La Flûte de Pan | 1 v. |
| — | La Lyre intime | 1 v. |
| — | Les Bucoliques de Virgile | 1 v. |
| Lezaack (Dr) | Les Eaux de Spa | 1 v. |
| Nagrien (X.) | Prodigieuse Découverte | 1 v. |
| Paulin Paris | Garin le Lohérain | 1 v. |
| Réal (Antony) | Les Atomes | 1 v. |
| Simonin (Louis) | Les Pays lointains | 1 v. |
| Steel | Haôma | 1 v. |
| Vallory (Mme) | A l'aventure en Algérie | 1 v. |
| Worms de Romilly | Horace (traduction) | 1 v. |

## LIVRES EN COMMISSION

### Prix divers.

| | | |
|---|---|---|
| Anonyme | Le Prisme de l'âme | 6 fr. |
| — | Rome | 6 fr. |
| Foley (E.) | Quatre Années en Océanie | 3 fr. |
| Laverdant (Désiré) | Appel aux artistes | 1 fr. |
| Paultre (E.) | Capharnaüm | 6 fr. |
| Pirmez | Jour de solitude, 1 vol in-8 | 6 fr. |
| Ratisbonne (Louis) | Les Figures jeunes | 5 fr. |
| Raynald | Histoire de la Restauration | 5 fr. |
| Rive (de la) | Souvenirs sur M. de Cavour | 6 fr. |
| Anonyme | Mademoiselle Segeste | 2 fr. |
| Antully (Albéric d') | Fantaisie | 2 fr. |
| Bruière (S.) | Une Saison en Allemagne | 1 fr. |
| Guimet (Émile) | Croquis égyptiens | 3 50 |
| — | L'Orient d'Europe au fusain, in-18. | 2 fr. |
| Schnéegans (A.) | Contes. 1 vol. in-18 | 2 fr. |

## VOLUMES IN-18 A PRIX DIVERS

| | | |
|---|---|---|
| ARAGO (E.)........... | L'Hôtel-de-Ville et le Gouvernement du 4 Septembre 1870-1871. | 3 50 |
| BERTHET (André)..... | Mes Lunes (*Boutades d'un sceptique*). | 2 fr. |
| A. DECOURCELLE..... | Les Formules du docteur Grégoire (*Dictionnaire du Figaro*)........ | 2 fr. |
| ERCKMANN-CHATRIAN.. | Le Juif polonais, pièce en 3 actes. | 1 50 |
| HUGO (Victor)........ | Les Châtiments. 1 vol. in-18...... | 2 fr. |
| — | Napoléon le Petit. 1 vol. in-18.... | 2 fr. |
| MERSON (Olivier)..... | Ingres, sa Vie et ses Œuvres, avec sa photographie, 1 vol. (in-32).. | 1 50 |
| NADAR............... | Le Droit au vol................. | 1 fr. |
| PROUDHON............ | La Guerre et la Paix. 2 volumes.. | 2 fr. |
| VERNE............... | Neveu d'Amérique, comédie en 3 actes..................... .. | 1 50 |

## VOLUMES IN-8° A PRIX DIVERS

| | | |
|---|---|---|
| ABOUT (Edmond)..... | Rome contemporaine............ | 5 fr. |
| — | La Question romaine............. | 4 fr. |
| BERTRAND (J.)........ | Arago et sa vie scientifique....... | 1 fr. |
| — | Les Fondateurs de l'astronomie .. | 6 fr. |
| — | L'Académie et les Académiciens... | 7 50 |
| BLANC et ARTOM...... | Œuvre parlement. du c[te] de Cavour. | 7 50 |
| LAFOND (Ernest)...... | Les Contemporains de Shakspeare : | |
| | Ben Jonson (2 vol.), à........ | 6 fr. |
| | Massinger — ........ | 6 fr. |
| | Beaumont et Fletcher......... | 6 fr. |
| | Webster et Ford.............. | 6 fr. |
| RICHELOT............ | Gœthe, ses Mém. et sa Vie (4 vol.) à | 6 fr. |
| STRAUSS (D.-F.)...... | Nouv. Vie de Jésus (traduite par Ch. Dollfus et A. Nefftzer), 2 vol. à | 6 fr. |

## VOLUMES IN-32, A 1 FRANC

Cartonnés, 1 fr. 25.

| | | |
|---|---|---|
| DE BALZAC........... | Les Femmes...................... | 1 v. |
| ALFRED DE MUSSET et P.-J. STAHL. | Voyage où il vous plaira, 10 édition. | 1 v. |
| Eugène NOEL........ | Vie des fleurs et des fruits......... | 1 v. |
| P.-J. STAHL.......... | Théorie de l'amour et de la jalousie. | 1 v. |

Typographie Lahure, rue de Fleurus, 9, à Paris.

www.ingramcontent.com/pod-product-compliance
Lightning Source LLC
LaVergne TN
LVHW020537230826
846091LV00002B/305

* 9 7 8 2 0 1 4 0 2 9 1 2 3 *